Active Learning Practice Ⅱ

アクティブラーニング 実践 Ⅱ

～アクティブラーニングとカリキュラム・マネジメントがよくわかる～

下町壽男 ／ 浦崎太郎
藤岡慎二 ／ 荒瀬克己
安彦忠彦 ／ 溝上慎一 著
アクティブラーニング実践プロジェクト 編著

産業能率大学出版部

はじめに

　本書の前作である『アクティブラーニング実践』を刊行した2015年8月前後より、アクティブラーニングは、まさに異常とも言えるほどの大きなうねりとなって、押し寄せてきました。アクティブラーニングという言葉は一人歩きし、様々な書籍が発刊され、セミナーも開催されるようになりました。そのためかアクティブラーニングへの批判や不満などの声も大きくなり、本来の目的や意図が見えなくなっている状況もあります。

　『アクティブラーニング実践Ⅱ』は、アクティブラーニングの目的と果たすべき役割について再確認することを意図し、さらに次期学習指導要領でも問われている「習得・活用・探究」による学習プロセスに着目し、活用とはどのような授業するのか、探究とはどのような学習なのかを、先進的な取り組み事例とともに紹介しています。

　特に「探究」では、地域連携による探究学習こそが、深い学びにつながると確信し、ベストプラクティスとなる高校での事例を集め、成功への要因と評価について解説しています。離島・中山間部が「地域連携による探究」ではアドバンテージになることを本書では示しており、このことは日本の教育再生における大きな示唆となるのではと考えています。

　『アクティブラーニング実践』は、主に教科学習での授業改革について紹介しましたが、本書『アクティブラーニング実践Ⅱ』では、教科学習と課題研究学習（＝探究）について詳しく紹介しています。それは、学習意欲を高め、学力向上につながる授業改革には、どちらもが重要だからです。教科の授業だけを改革しても、また課題研究だけを充実させても、目的とする子供たちの成長には不十分です。そのことを、本書のすべての執筆者や事例から理解していただければと思います。

　よって、本書は先に刊行した『アクティブラーニング実践』と対になっ

た下巻の位置にあります。ぜひ、それぞれの実践事例をヒントに、みなさまの学校の教育改革に活かして頂くことが、執筆者およびプロジェクトメンバー全員の願いでもあります。

　21世紀に生まれ、21世紀を生きていく子供たちのための教育改革に向け、本書が少しでもお役に立つことが出きれば、これ以上の喜びはありません。

編集プロジェクト一同より

はじめに　…i

第1章　自らの言葉で語り、自分たちの意思で創り、進めるアクティブラーニング　…001

- 1　アクティブラーニングが生み出した躁うつ　…002
- 2　マインドセットを整えるために　…008
- 3　アクティブラーニングはどうあるべきか　…017
- 4　盛岡三高の「参加型授業」　…026
  - 授業実践例①　データの分析（数学I）　…032
  - 授業実践例②　合同式（数学A・整数）　…040
  - 授業実践例③　シミュレーションゲーム（数学I・確率）　…048
  - 授業実践例④　深い学びとは何か（分点の座標を題材にして）　…052

第2章　「いま、高校を地域に埋め戻すとき」　…057
　〜学力向上、地方創生の一体的・循環的展開〜

- 1　「アクティブラーニング」の現状　…058
- 2　地域再生が教育再生のカギ　…065
- 3　教育再生が地域再生のカギでもある　…083
- 4　いま、可児で起きていること　…095

第3章 辺境で進む教育改革
～高校魅力化プロジェクトと地域課題発見解決型キャリア教育による学習意欲と学力向上、高大接続改革への取り組み～ … 101

第4章 高等学校での〈活用・探究〉取り組み事例 … 135

- 活用事例① 奈良女子大学附属中等教育学校 … 136
- 活用事例② 桐蔭学園中等教育学校 … 144
- 探究事例① 富士市立高等学校 … 150
- 探究事例② 島根県立隠岐島前高等学校 … 160
- 探究事例③ 岩手県立遠野高等学校 … 168
- 探究事例④ 宮崎県立五ヶ瀬中等教育学校 … 174
- 探究事例⑤ 京都市立堀川高等学校 … 182
- 探究事例⑥ 神戸大学附属中等教育学校 … 192

第5章 学びをどのようにデザインするか
～堀川高校の取り組みと高大接続システム改革から～ … 199

1. 堀川高校がめざしてきたもの … 200
2. キャリア教育を進める … 204
3. 学力とは … 208
4. アクティブ・ラーニングとは … 211

- ⑤ 堀川高校の「探究基礎」　　　　　　　　　… 222
- ⑥ カリキュラム・マネジメント　　　　　　　… 225

第6章 これから求められる「資質・能力」育成の鍵となる「活用」と「探究」について　… 227

- ① 最近の主な教育政策の動向　　　　　　　　… 228
- ② 「活用」と「探究」の学習による「資質・能力」の育成　… 232
- ③ 次期学習指導要領の学力観の方向性　　　　… 245

第7章 習得・活用・探究に繋がるアクティブラーニング　… 251

あとがき　… 256
著者略歴　… 258

自らの言葉で語り、
自分たちの意思で創り、
進めるアクティブラーニング

岩手県立花巻北高等学校 校長
下 町 壽 男

1 アクティブラーニングが生み出した躁うつ

<ALによって生まれる新たな学びのテーブル>

　昨今、アクティブラーニング（以降ＡＬと表記）は、高校現場を包囲するかのように、国が推進し、企業が乗り出し、大学が発信し、草の根ネットワークが形成され、そして世界情勢が後押しています（図表1-1）。

　そんな前のめりな、お祭り騒ぎ的状況が、学校現場にある種の躁うつ状態を生み出しているように思えます。

　その躁うつ状態のひとつとして、校種と職種を越えた学びの場ができているということを最初に指摘したいと思います。

　私は、これを「アクティブラーニングおでん論」と名づけました。

　図表1-2のおでんの串をご覧ください。かつては初等・中等・高等教育がつながって「学び」について語り合うなどということはそうはありませんでした。日本にはレッスンスタディという「世界に誇る」学び合いの教育文化があります。でもそれは、それぞれの校種ごと、学校ごと、あるいは教科内における研修として機能している傾向が強かったのではないでしょうか。ところが、ＡＬが推進されたことで、そのような校種や教科を乗り越えて「学び」が語られだしています。ここで、ＡＬは、いわばおでんの串、つまり「学びの軸」という意義が見えてきます。

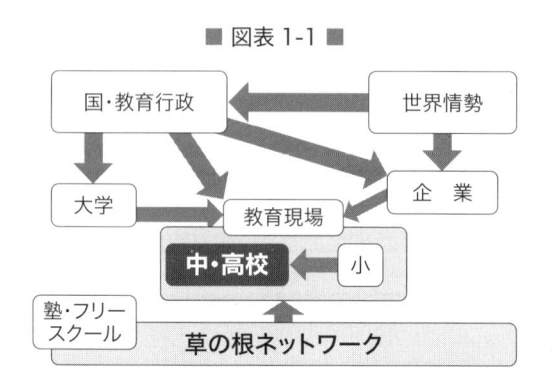

■ 図表1-1 ■

いわゆる知識注入型を乗り越えた学習者主体の学びや、マインドセットを整えて汎用的な能力をつけること、あるいはコンテンツベース（各教科・科目の目標・内容中心）からコンピテンシーベース（各教科・科目横断型の「資質・能力」重視）へという理念をALは内包しています。それゆえ、ALが、小・中・高・大が共に「学び」を議論するためのキーワードになっているように感じます。私は、この「躁状態」は積極的に評価してもよいのではないかと思っています。

　さらに、図表1-2の右にあるおでんの盛り合わせについても言及しておきます。ALとは今述べたように「学びの軸」であるとともに、「学びの土壌」であるともいえます。今、大学の研究者、企業人、行政関係者、起業家、小中高校等の教師など、業種や年代を超えて様々なジャンルの人が集まり、「学習デザイン」「教える技術」などについてのフラットな議論が起きだしています。これも、今まではあまり見られなかった光景です。

　「おでん」はいろいろな食材を一緒に煮ることで一層おいしくなります。ほかの食材の味がしみ込むからです。つまり、様々な職業の人と同じテーブルに着くことで相乗効果が生まれ、互いに影響し合い、新しい価値や意味づけが生まれているということです。AL推進を契機にそういう学びの場が広がれば、内向きの教員文化から開かれた教員文化に変わる。そして教師のマインドセットが形成され、学校に社会的知性が生み出されていくチャンスになるのではないかと思います。

■ 図表 1-2 ■

アクティブラーニングおでん論

- 高等教育
- 中等教育
- 初等教育

アクティブラーニングという「学びを突き通す軸」

- 小中高教師
- 塾・民間企業
- 行政関係者
- 大学研究者
- コーチ・ファシリテーター・起業家

アクティブラーニングという「学びのテーブル」

<教師のマインドが問われる>

　もうひとつの躓うつは、ALの進展によって教師の「学び」に対する姿勢が、いみじくもあぶり出されてしまっているということです。つまりALというカードが突きつけられたことで、教師は否応なく自分の「教育観」をつまびらかにすることが迫られていると思うのです。私は今、ALに対して、大きく見て、図表1-3に示すような教師の5つの立ち位置を感じています。

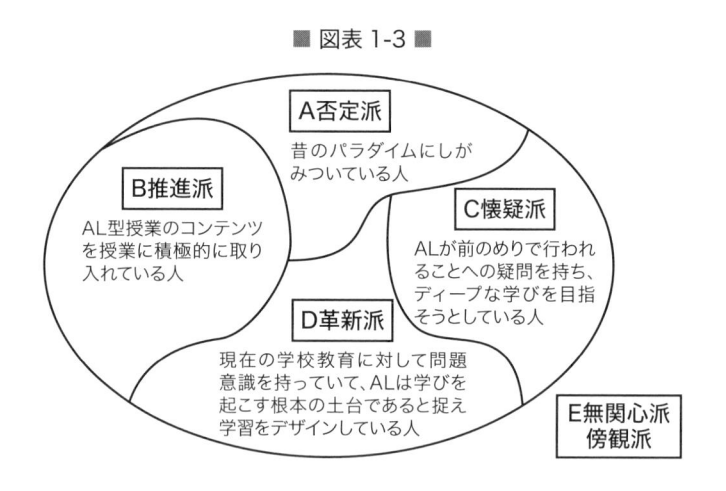

■ 図表1-3 ■

- **A否定派**：昔のパラダイムにしがみついている人
- **B推進派**：AL型授業のコンテンツを授業に積極的に取り入れている人
- **C懐疑派**：ALが前のめりで行われることへの疑問を持ち、ディープな学びを目指そうとしている人
- **D革新派**：現在の学校教育に対して問題意識を持っていて、ALは学びを起こす根本の土台であると捉え学習をデザインしている人
- **E無関心派 傍観派**

・**否定派**：教師の都合や、内向きの視点で学びを考える人たちです。彼らの多くは、失敗や変化を恐れ、行動を起こす前にできない理由を考える傾向があるように思います。

・**推進派**：いろいろな工夫を取り入れてAL型授業を行おうとしている人たちです。ただ、教師主導で生徒を過剰にコントロールするような「お手盛りのAL」や、「手法ありきのAL」に陥ってしまう授業もしばしば見受けられます。時に、深い知識の理解に及ばない場面も見られることから、「活動ありて学びなし」という懐疑派の批判の標的にもなっています

・**懐疑派**：ALが前のめりで行われることへの疑問を持ち、大学進学に耐えうる学力を身につけるための骨太の授業設計を考えている人たちです。「永続的な理解のための本質的な問いを立てる」とか、

「生徒が自ら問いを立てることを目指す」といった、ディープな方向でＡＬを捉えようとしているように思います。ただ、私の偏見かもしれませんが、彼らの多くが「ＡＬ」という言葉の流通を嫌うことからもわかるように、ＡＬが進展する前から行われていた授業論に回帰しているように感じることもあります。

・改革派：授業だけではなく、現在の学校教育に対して問題意識を持っていて、ＡＬは学習者が主体的な学びを起こす根本であると捉えている人たちです。そして、社会とのつながりや共創のマインドセットを整えるような学習をデザインしようとしていることや、キャリア教育的なスタンスからＡＬにアプローチしようとしていることも特徴ではないかと思います。

・評論派（無関心派）：「結局はブーム。ＡＬ、ＡＬと騒いでいる人たちは、自己主張したいだけ。最後は形骸化してコンテンツ倒れになる」などと言う人です。私は、このような人から、教師によく見られる「自分は何でも知っている」という何様モードを感じてしまいます。

さて、革新派の人たちに「なぜＡＬを行うのか」と聞いてみると、だいたい次のような答えが返ってきます。

■主体的に学び続ける生徒を育てるため。
■アクティブラーナーをつくるため。
■生徒のマインドセットを整えるため。
■社会と学校をつなぐ学びをつくるため。
■知識・技能だけではない学力をも評価するため。
■一元的な価値観により序列化をするのではなく、多様な価値観を認め、他者と共存するため。
■グローバル社会・共生社会に生きるためのマインドを身につけるため。
■安心と安全の学習の場を与えるため。

一方、否定派や無関心派の人に「なぜＡＬに反対か」と尋ねると、次のような答えが返ってきます。

●そんなことは昔からやっていること。

- 所詮一時的な流行である。
- ＡＬとは何なのかがわからないからできない。
- 授業とは、教師が教え、それを生徒が真面目に静かに聴き、理解を深める場である。
- ＡＬなどを行うと教室内の秩序が乱れ、学力が伸びない。
- それは理想論かもしれないが、それよりまず学習規律の確立が先。そして基礎基本を徹底することが第一。
- ＡＬは準備が大変なので教師はますます多忙化する。
- 主体性や態度を評価するのは教師の傲慢。
- 学びは個人のものでグループのものではない。
- ＡＬだと教科書を終える進度が確保できない。

　これを見ると、革新派は、これまでの教育方法が行き詰まっていることを自覚し、未来の学びを考えています。対して否定派は、教師の都合や現実対応という視点が優先し、注入型教育（行動主義的）の価値観にとらわれてＡＬをイメージしているように思えます。

　ちなみに、否定派のコメントの極めつきとしてこんなものもあります。
- ＡＬ大いに結構。俺、来年退職だから。

　笑うしかないのですが、これこそが学校文化を如実に表した言葉なのかもしれません。このような後ろ向きの姿勢をあえて是として、頑張る教師を冷ややかに見る人や、自らを更新しようとしない人たちの存在がＡＬの進展によって浮き彫りになってきたともいえます。

　私としては、こういう文化をなくすためにもＡＬという爆弾を投下したいという思いがあります。ただ、学校という組織の中で、ＡＬ推進派と否定派が対立したり、革新派が浮き上がってしまったりという状況は避けていかなければならないと思います。

　私が言いたいことは、たとえＡＬに対してどんなに批判や否定する言葉を持っていたとしても、目の前にいる生徒をどうすればハッピーにできるかを考え続けることが私たちに求められているということです。そして、きっとそれは、どの層の教師からもコンセンサスを得られるのではないでしょうか。

であるなら、上から降りてくるＡＬを拒むのではなく、また、迎合するのでもなく、未来視点、生徒目線に立って自分たちの言葉で語り、考え、ＡＬを再構築していくこと。できない言い訳を考える前に、どうすれば上手く進めることができるかアイデアを出し合うことではないでしょうか。ＡＬにしてもキャリア教育にしても、「自分事」として捉え直し、自分たちで創り上げるという気持ちが必要です。
　そのためには教師や組織のマインドセットが問われてくると思います。

2 マインドセットを整えるために

<マインドセットを整えること>

　私はＡＬを語る際に「マインドセットを整えること」と「教師がパワフルな問いを立て、生徒に自ら問いを生み出す力をつけること」ということを特に強調してきました。

　マインドセットとは何か。辞書（コトバンク）によると、「考え方の基本的な枠組みのこと」とあります。「行動と経験、教育などによって形成される思考パラダイム、心構え、信念や価値観」とも言い換えられます。でもこれではだめです。カリ・マネ（カリモノ・モノマネ）の段階で、自分の言葉になっていません。

　先ほど述べたように、「自分の言葉で、自分事として考える」ことなしに、本当に生きて使えるものとして定着することはありません。

　そこで例えばこれを、「自分の世界を広げ、人生を切り開くためにどう思考、判断、表現（行動）を行うかという、様々な事象に応じて持つべきスタンス」とすればどうでしょう。少しは、私が感じていることに近づいているような気がします。

　図表1-4は、授業を行う際、教師の旧パラダイム型マインドセットを象

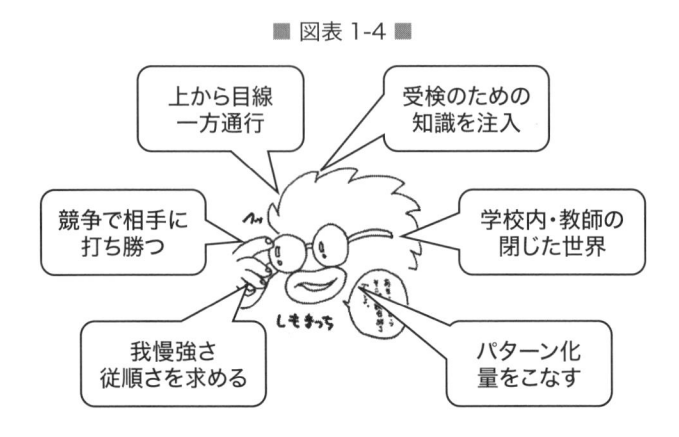

■ 図表 1-4 ■

- 上から目線 一方通行
- 受検のための知識を注入
- 競争で相手に打ち勝つ
- 学校内・教師の閉じた世界
- 我慢強さ 従順さを求める
- パターン化 量をこなす

徴的に表現したものです。学校という閉じた世界の中で、受験のための知識を、上から目線の一方通行で伝え、パターン化し、量をこなしていくというカンジです。そして、そのような中で生徒に我慢強さや従順さを要求し、競争で相手に打ち勝つことを目標とするというものでしょうか。

　そのようなマインドセットを保持したままであれば、授業の中に、たとえ、グループワークやジグソー法などのＡＬ的テイストを取り入れたとしても、それはＡＬとはいえないのではないかと思うのです。

　図表1-5に、私が最近考えているＡＬを行うための教師のマインドセットを、思うままピックアップしてみました。私たちが変革させなければならないのは、授業のスタイルだけではなく、実はマインドセットなのではないかと思います。

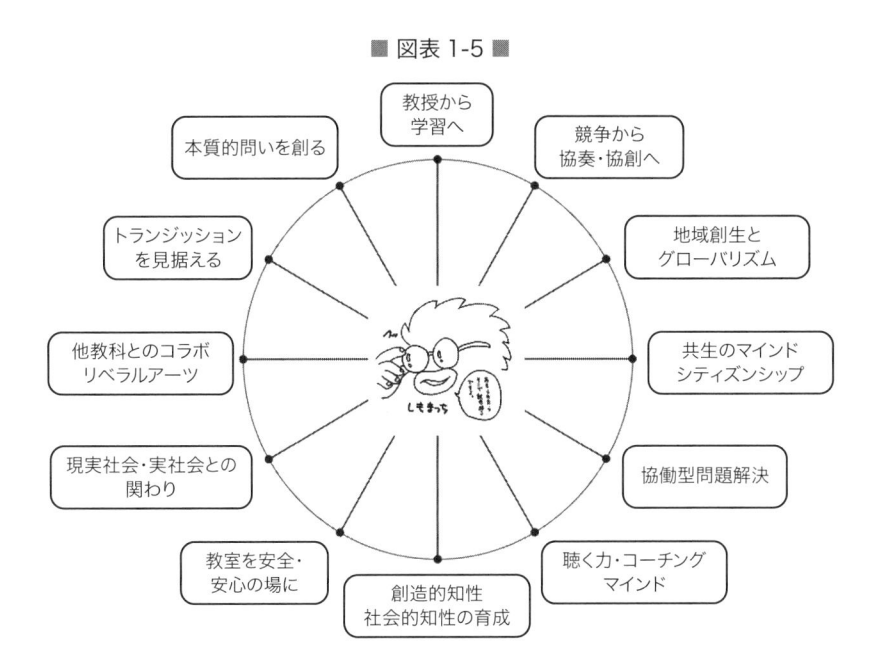

■ 図表 1-5 ■

- 教授から学習へ
- 競争から協奏・協創へ
- 地域創生とグローバリズム
- 共生のマインド シティズンシップ
- 協働型問題解決
- 聴く力・コーチングマインド
- 創造的知性 社会的知性の育成
- 教室を安全・安心の場に
- 現実社会・実社会との関わり
- 他教科とのコラボ リベラルアーツ
- トランジッションを見据える
- 本質的問いを創る

＜基礎・基本、マインドセットが備わってこそのＡＬ？＞

　「基礎・基本が育っていないからＡＬはできない」という声をよく聞きます。生徒の基礎・基本が充実して、思考力・判断力・表現力、あるいは「主

体性を持って多様な人々と協働する態度」などのマインドセットが育たない限りＡＬ型授業は不可能だという教師が、実は意外と多いのです。しかし、それは教師側の都合による見方です。すべてが整った生徒がいて、そこに花道から六方を踏んで教師が現れて「さあ、ＡＬだ！」というのでは、自分が気持ちよくなりたいがためと思われても仕方ないでしょう。

　厳しい言い方をすると、そこには、生徒ではなく教師が安全な場所に身を置きたい、自分のペースで生徒をコントロールしたい、という教師のメンタリティが感じられます。そもそも、基礎・基本を身につけた上でしか、「表現する力」や「他者と協働する態度」は生まれないのでしょうか。さらにいえば、基礎・基本を学ぶ過程をアクティブにすることはできないのでしょうか。もしそれができないなら、巷で言われるところの「低学力層」の人間は、ひたすら言われたことをやれ、協働の学びなんて危険でもってのほか、ということになってしまうのではないでしょうか。

　今、ＡＬは大学に進む生徒、日本の未来を背負う子どものためにという文脈で語られることが多い。私は、そうやってエリート養成の戦略としてのみＡＬが推進されるならば、そこに大きな疑問と危機感を抱かざるを得ません。私は、高校からすぐに社会人になる生徒、偏差値は低いかもしれないが、日本を支えてくれる静かなマジョリティである彼らにこそ、良質のＡＬを提供すべきだと強く思います。

　ＡＬ型授業の役割は、図表1-6に示すように、生徒のマインドセットを形成することでもあると逆向きに考えてみます。

　ここで、そのマインドセットとして、とりあえず文部科学省の高大接続部会などで言われている、「主体性」「多様性」「協働性」という言葉に注目してみます。

　これらを、ＡＬ型授業で育てるにあたり注意すべきは、生徒の「主体性」「多様性」「協働性」は、ＡＬ型授業というパッケージ化された一つの（魔法の）手法によって、息を吹き込むことができるものではないということです。もし、それが可能なら、ＡＬならぬＡＩ（artificial intelligence）君が授業をやればいいという思いも浮かびます。私は、それらを生徒に求めるのであれば、同時に、教師の「主体性」「多様性」「協働性」、教師の「関

■ 図表1-6 ■

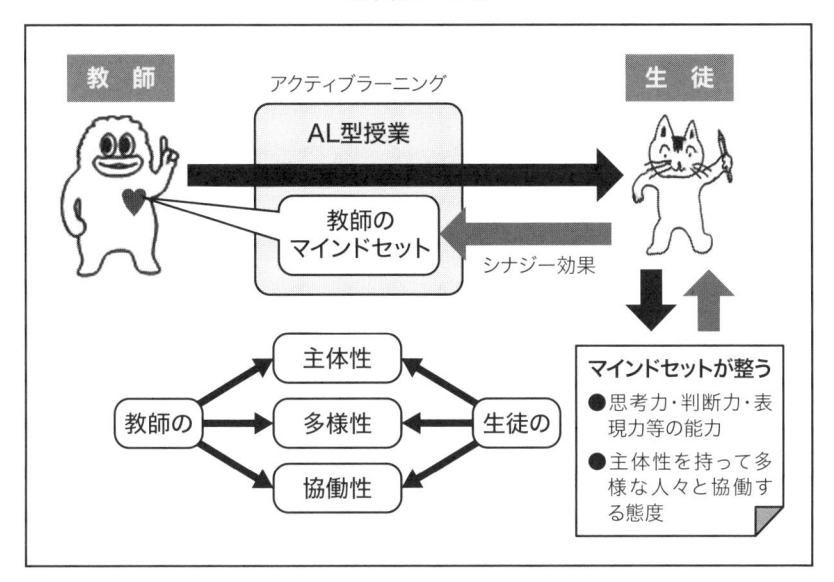

心・意欲・態度」、つまり、教師のマインドセットが耕されていることが重要なのではないかと思うのです。

つまり、ＡＬとは、ＡＬ型授業と教師のマインドセットを合併したものと考えたい。あるいは、教師と生徒が、学びの場の中でマインドセットを共有し、醸成していくということでもあるのではないかと思います。

＜学校組織のマインドセット＞

次に、学校組織としては、どのようなマインドセットを持つべきかについて私が思うところを述べます。私は組織の考え方として以下の８項目を挙げていました。

①まず、授業を見せ合う学校文化をつくる。
②ＡＬのハードルを低くして皆が取り組めるようにし、その一方でエキスパートを養成する。
③授業のよいところをホメて、それを全職員が共有できるコンテンツをつくる。そして、よいところは教科を越えて積極的に共有する。

④トップダウンとボトムアップを上手く融合し、「学び」を語るときはいつも謙虚に。
⑤職員一人ひとりが自分事としてアクティブラーニングを語り、それを結集して自分たちの学校のＡＬを創る。
⑥他校、他校種、他職種との連携を密に。競争から協創の精神で。積極的に発信をする。
⑦生徒や保護者にＡＬを行う意義や値打ちを伝える場面をつくる。
⑧ＡＬによって、個の授業改善から、未来に開かれた学校づくりへというビジョンを持つ。そのために、教師のマインドセットを耕す。

　以下でこれらについて少し補足します。
　まず、③についてですが、私は、全教職員が共有できるコンテンツとして動画や通信を制作してきました。これはとても効果的だったと思います。動画は授業を丸ごと記録するのではなく、よいところだけを編集して５分程度にまとめます。「すべての授業は５分にまとめるとアクティブラーニングになる」という定理があります。これはもちろん冗談ですが、そういう動画や「参加型授業通信」という先生方の授業の見所などを紹介する通信をつくって、「この先生はこんな授業をやっていました」と発信する。そうすると「私も頑張ろう」といったムードが出てくるのです。
　④については、私は職員会議などで「学びを語るときは『シモマッチ』だよ」と、校長も若手も関係ないと言っています。ＡＬは上意下達でやらされるものではないし、大切なことは生徒目線で授業改革を語ることであり、そこには年齢や肩書きは関係ないからです。そのためには日常的に互いに意見を傾聴し合う人間関係をつくっておくことも大切です。
　⑤については、もちろん学校として育てたい生徒像を職員が共通理解することが大切ですが、「これが私のＡＬだ」という教師のフリーハンドの部分も尊重されなければなりません。
　いずれ、失敗してもチャレンジングにＡＬ型授業に取り組んでいる若い教師や、昔取った杵柄にしがみつかずにＡＬにコミットしようとする年配教師を、励ましリスペクトするような教師集団が学校を変えていくのでは

＜ＡＬによる組織の発達段階＞

ここで、ＡＬによって授業が変わることで学校組織がどう発達していくか。その段階を図表で示してみましょう。

図表1-7は、私がかつてある学校に赴任したときの状況です。皆てんでばらばらで、マネジメントされていない状態でした。ある意味、古きよき学校の姿かもしれません。教育活動の成果は教師の個の力量の集積に依存しており、あとは生徒の主体性次第。こういう学校は、例えば学年長が変わるとやり方が全部変わったり、いいコンテンツが引き継がれなかったり、その逆に丸ごと前年踏襲するだけの組織だったり……。つまりＰＤＣＡサイクルが有効に回っていない組織です。

図表1-8は、盛岡三高に最初に赴任したときのものです。受験対策に皆のベクトルが向いていて、一部、部活動の成果を上げたいという人たちと対立しています。こういった成果主義に縛られたガンバリズムに歯止めが

■ 図表 1-7 ■

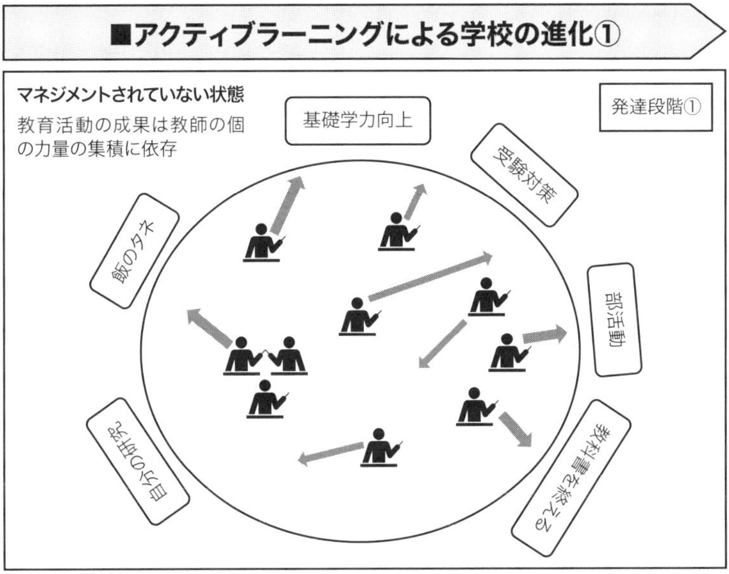

■アクティブラーニングによる学校の進化①

発達段階①

マネジメントされていない状態
教育活動の成果は教師の個の力量の集積に依存

基礎学力向上
受験対策
部活動
各分掌の業務遂行
自由の伝統
躾のタネ

■ 図表1-8 ■

■アクティブラーニングによる学校の進化②

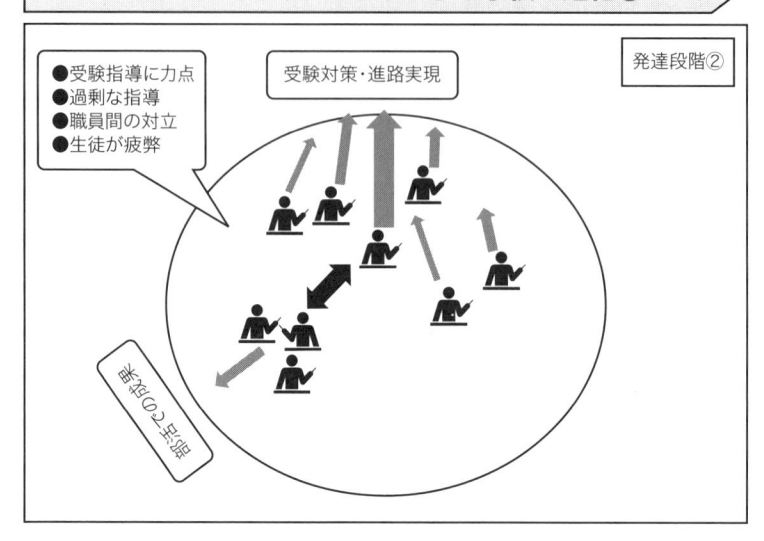

発達段階②

受験対策・進路実現

- 受験指導に力点
- 過剰な指導
- 職員間の対立
- 生徒が疲弊

現場の混乱

■ 図表1-9 ■

■アクティブラーニングによる学校の進化③

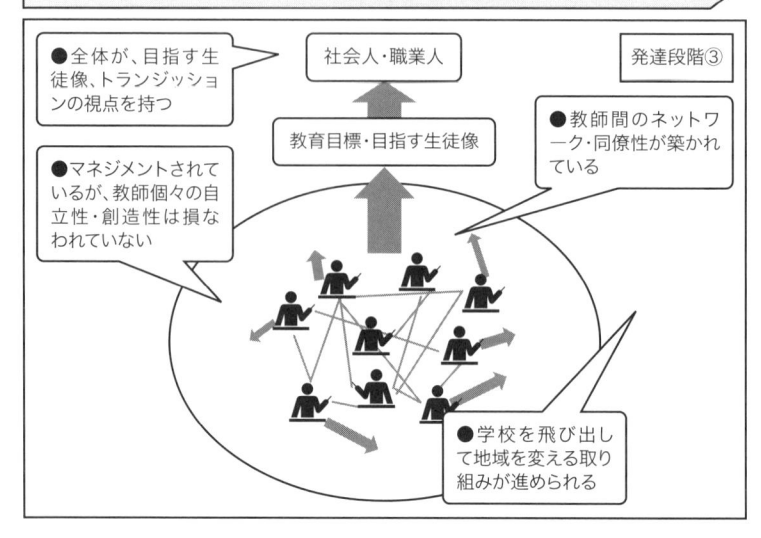

発達段階③

社会人・職業人

教育目標・目指す生徒像

- 全体が、目指す生徒像、トランジッションの視点を持つ
- マネジメントされているが、教師個々の自立性・創造性は損なわれていない
- 教師間のネットワーク・同僚性が築かれている
- 学校を飛び出して地域を変える取り組みが進められる

かからなくなると生徒は疲弊します。

　これを盛岡三高は乗り越えて、図表1-9のような形になりました。教師間にも教科を越えたつながり、つまり同僚性が築かれています。マネジメントはされていますが教師個々の自立性や創造性は損なわれていない状態です。その中で、学校の教育目標や目指す生徒像が「見える化」され、社会人・職業人へのトランジッション、キャリア教育の視点も併せ持って授業がデザインされていく。これがひとつの理想形だろうと思います。

　最後の図表1-10は、私が昨年度勤務していた大野高校が、当時目指していた形です。図表1-9に加え、他職種とのつながりとか、学校だけではなく多様なリソースと共創します。また、学校で取り組んだ実績や思いを背負って外に飛び出し、周りの地域まで変えるような取り組みを進め始めています。いわばアントレプレナーシップを発揮できるようなスタイルも目指しています。

　私は、「教師のマインドセットが大きく変わる」ことから「授業が変わる」、そして「学校が変わる」そのことで「子どもが変わる」、さらに「地域・社

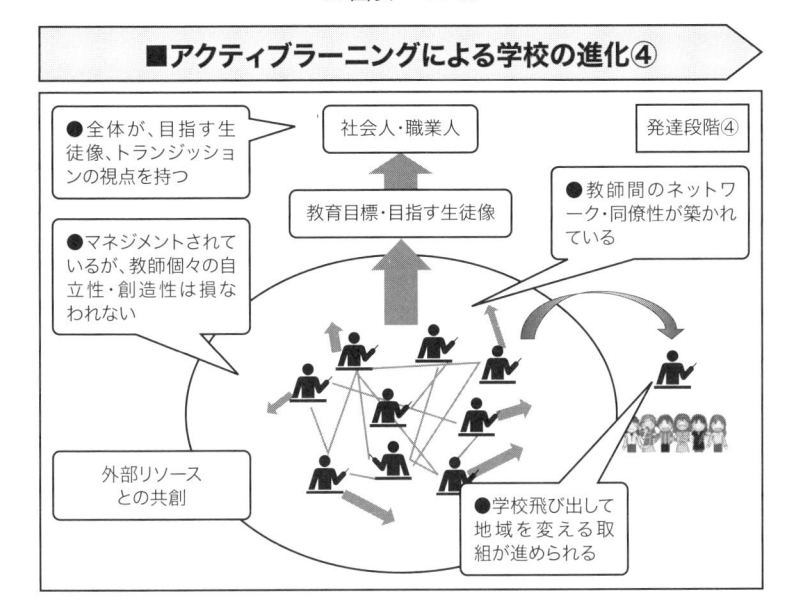

■ 図表1-10 ■

■アクティブラーニングによる学校の進化④　　発達段階④

- ●全体が、目指す生徒像、トランジッションの視点を持つ
- 社会人・職業人
- 教育目標・目指す生徒像
- ●教師間のネットワーク・同僚性が築かれている
- ●マネジメントされているが、教師個々の自立性・創造性は損なわれない
- 外部リソースとの共創
- ●学校飛び出して地域を変える取組が進められる

015

会が変わる」という変化がALによってもたらされることを夢見ています。

＜創造的知性と社会的知性を育てるためのマインドセット＞

　オックスフォード大学のマイケル・A．オズボーン准教授らの「THE FUTURE OF EMPLOYMENT」（未来雇用）という論文があります。リストアップした702の職業に対し、ＡＩ（人工知能）が飛躍的な発達を遂げることで人間が取って代わられてしまう可能性を数量化し序列をつけています。その序列化の判断基準として、創造的知性（独創性・優れた芸術性）、社会的知性（交渉力・説得力・他者を支援する力）などに注目しています。つまり、これらはコンピュータが人間に追いつくことが難しい能力であるゆえに、そのような要素を含んだ仕事は残るということですね。

　ここで述べてきたマインドセットを整えることとは、いわば「創造的知性」「社会的知性」を教師と生徒が共に身につけていくことでもあり、それが、ドラスティックに変化する社会で生き抜く力にもなるのではないかと思います。

アクティブラーニングは
どうあるべきか

＜ＡＬは毎時間行うべきなのか＞

「ＡＬは毎時間行わなければならないのですか？」という質問にしばしば出合います。その言葉を深読みすると、「本当はあまりやりたくない」ということなのではないかと思うときがあります。私は、生徒から「なぜ数学を学ぶのですか」という問いを投げかけられることがあります。彼らの声に耳を傾けてみると、実は、数学を「やりたくないです」「嫌いです」「できないです」という心の叫びだったりすることがわかります。でも、だからといって、それは「数学」が悪いのではありません。数学に対する気持ちを変えていくことが彼らには必要なのです。

ＡＬに対して距離を置きたい、できればやりたくないと思っている人を見ると、少なからずＡＬに対する誤解があるのではないかと思います。

図表1-11 は「何か珍しいことをしなければ」という思いに駆られていて、いろいろな手法をフルパッケージにした特別な授業をＡＬと捉えているケースです。でも、そんな壮大なことを毎時間やれるわけがありません。

■ 図表 1-11 ■

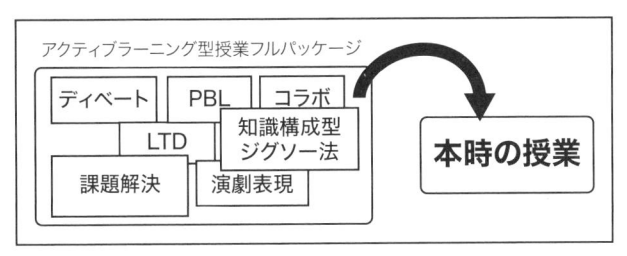

アクティブラーニング型授業フルパッケージ
ディベート / PBL / コラボ / 知識構成型ジグソー法 / LTD / 課題解決 / 演劇表現	→	本時の授業

次に図表1-12に示したのは、従前型の授業に少しだけアクティブなテイストを取り入れるというパターンです。時々、ペアワークや言語活動、質問づくりを入れてみるなど、授業の中の一部分を変えてみればいいのではないか、一部分であればできるでしょう、という考え方です。実は私も

■ 図表 1-12 ■

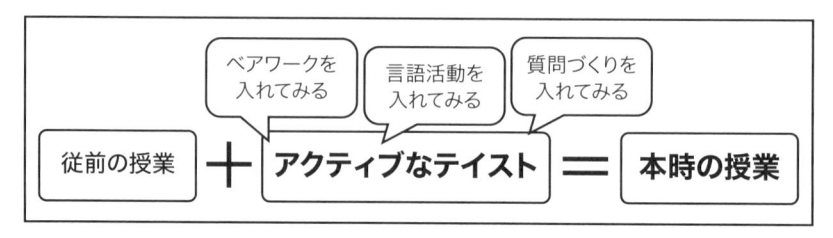

従前の授業 ＋ アクティブなテイスト ＝ 本時の授業

（ペアワークを入れてみる／言語活動を入れてみる／質問づくりを入れてみる）

かつてはそのように考えていました。そうすればＡＬのハードルも低くなると思ったのです。しかし、突き詰めてみると、先ほど述べたように、結局は従前の旧パラダイム型の授業をキープしたいだけではないか、ＡＬをやれと上から言われるから仕方なく入れてみただけではないか、マインドセットは旧型のままではないか、などと思うようになりました。

■ 図表 1-13 ■

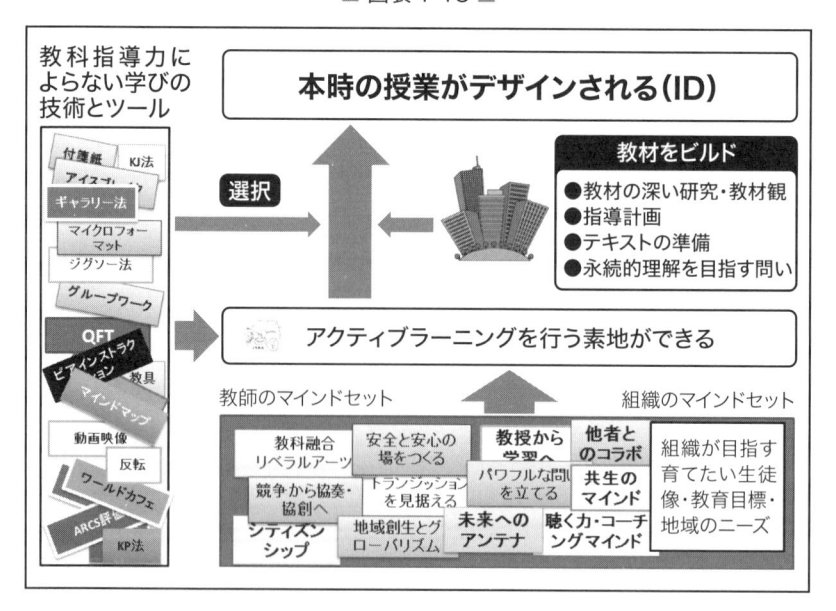

教科指導力によらない学びの技術とツール：付箋紙、KJ法、アイスナー法、ギャラリー法、マイクロフォーマット、ジグソー法、グループワーク、QFT、ビーインストラクション、教具、マインドマップ、動画映像、反転、ワールドカフェ、ARCS評価、KP法

→ 選択 → 本時の授業がデザインされる（ID）

教材をビルド
● 教材の深い研究・教材観
● 指導計画
● テキストの準備
● 永続的理解を目指す問い

アクティブラーニングを行う素地ができる

教師のマインドセット：教科融合リベラルアーツ、安全と安心の場をつくる、教授から学習へ、競争から協奏・協創へ、トランジッションを見据える、パワフルな問いを立てる、シティズンシップ、地域創生とグローバリズム、未来へのアンテナ、聴く力・コーチングマインド

組織のマインドセット：他者とのコラボ、共生のマインド、組織が目指す育てたい生徒像・教育目標・地域のニーズ

そこで行き着いたのが、図表 1-13 の考えです。教師のクリエイティブなマインドセットが、まず耕される。そこに、育てたい生徒像・教育目標・

地域のニーズといった組織のマインドセットも加わる。さらに、教科指導力によらない学びの技術とツール（例えば「ＫＰ法」「グループワーク」「ジグソー法」などの手法）も、やはり必要だと思います。もちろんそれらを全部理解する必要はなく、何か自分にできるものをやればよいのです。教師の「チョーク＆トーク」だけでは、やはりＡＬ型授業にはならないからです。これらの要素を合わせることでＡＬを行う素地が出来上がります。

　教師・組織のマインドセットと教科指導力によらない学びの技術とツール（図表1-13でＬに見える部分）については、小・中・高・大、民も官も併せて議論できる話です。その上に立って「この中から今日は『グループワーク』でいこうか」などと決め、そしてその土台の上に教材をビルドしていけばよい。

　このようにすれば、本日の授業がデザインされ「毎日がアクティブラーニング」となります。

　ＡＬ懐疑派の人たちは「ディープでなくてはいけない」という視点に立って「永続的理解を目指す問いを」などといった、教材ベースでＡＬを議論する傾向が強いように思います。もちろんそれは重要です。でも私はそこだけではなく、「マインドセット」と「教える技術」の部分にもフォーカスすべきではないかと思っています。

＜ＡＬはいつでもディープであるべきなのか＞

　図表1-14 は、京都大学の松下佳代先生が用いている「内化と外化の２次元表現」という図です。「外的活動」と「内的活動」という２つの評価軸でＡＬを議論するもので、Ａの部分がディープなＡＬを表します。アメリカの教育学者ウィギンズ＆マクタイが「双子の過ち」としたのは、「網羅に焦点を合わせた指導（Ｄ）」と「活動に焦点を合わせた指導（Ｃ）」のことです。

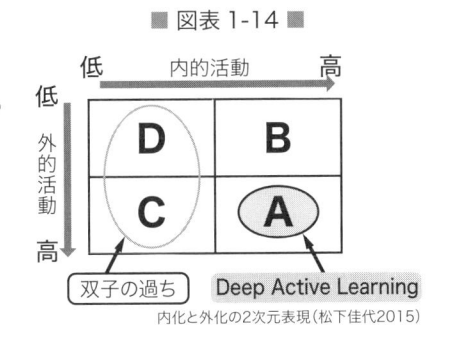

■ 図表1-14 ■

内化と外化の2次元表現（松下佳代2015）

私が現任校に赴任して感じたのは、ＡＬがディープであるべきなのは理解できるけれど、あまりにも教科ベースの議論になりすぎてはいないかということです。「活動ありて学びなし」を錦の御旗として、ディープが論じられすぎると、基礎力が不足している生徒や偏差値の低い学校が蚊帳の外に置かれてしまうという印象が拭い去れないのです。

　そこで私は、この２次元表に代わって、次の図表1-15のような３次元表によって授業のタイプを表現してみようと思います。

　Hands-On（身体）、Mind-On（心）、Brain-On（脳）、という３つの評価軸にスポットを当て、松下先生の主張なども参考にしながら表現しました。

　なお、この図表1-15は、Hands-On（主体性・多様性・協働性）、Mind-On（思考・判断・表現）、Brain-On（知識・技能）として、学力の３要素と対応させることもできるのではないかとも思っています。

■ 図表1-15 ■

Hands-On 主体性 多様性 協働性	Mind-On（思考・判断・表現）			
	活動ありて学びなし Hands on,Mind without beeing Brain on	Deep Active Learning ●Hands-on ●Mind-on ●Brain-on	strategic aporoach to Learning without beeing Mind-on	活動ありて学びなし Hands on without beeing Brain on,Mind on
	One Way！ self-satisfied	strategic aporoach to Learning without beeing Hands-on	One Way！ learning for training	浅く無気力な学び apathetic and superficial aporoach to learning
	Brain-On（知識・技能）			

　マス目を上段左から順番に①から⑧とすると、②の部分が、Hands-On、Brain-On、Mind-Onの３つの集合の交差したところになります。つまり「身体と脳と心を揺さぶる授業」をディープ・アクティブラーニングの定義としたいと思います。

　①〜⑧について、それぞれキャッチフレーズをつけてみました。
①活動があり、生徒が主体的だが学びなし
②ディープ・アクティブラーニング

③活動を入れながら知識の定着を促す戦略的アプローチ
④活動ありて学びなし
⑤一方通行で自己満足
⑥ディープアプローチだが講義型
⑦一方通行の鍛錬型授業
⑧浅く無気力なアプローチ

　ここで、あえて指摘しておきたいのは、ディープの名の下にＡＬの多くが⑥のようなタイプの戦略的学びに着地していくのではないかということです。すると、結局、一方通行型の学びが温存され、生徒主体の学習パラダイムへの移行が進まないのではないかという懸念を抱いてしまうのです。なぜなら、ディープ・アクティブラーニングが目指すところが、自ら問いを立てる力、他の領域に転移する力を身につけるものだとすれば、それが「講義型」の空間で実現されるためには、相当に意識の高い学習者と、優れた力量の教師、そして、深い教材研究が常に用意される必要があると思われるからです。

　また、教師は、どうしても「結果を出す」という呪縛にとらわれがちです。だから、最終的に模試等の成績を上げることにエビデンスを求めることを当然とする教師もいます。しかもそこには、しばしば「教師と生徒の利害の一致」があるので、やはり鍛錬型授業に邁進してしまう恐れがあります。そういった実態も併せて考えると、生徒の活動をあえて軽視していくような方向でＡＬが語られていくことに私は一定の疑問も示しておきたいと思うのです。

＜パワフルな問いを立てること＞
　私は以前、講演会などで「授業の中で『パワフルな問い』を立てることで十分にＡＬになる。だからグループワークにこだわらなくていいんですよ」ということを話していました。すると、先生方の表情がパアッと明るくなります。やはり、多くの先生はグループワークを行うことに対する不安があるのだと思いました。

　ここでの「パワフルな問いを立てる」とは、「持続する知識や他に転移する能力を培う」ことを実現するために生み出された問いです。

これは、『パフォーマンス評価にどう取り組むか』(日本標準ブックレット／三藤あさみ・西岡加名恵)の中で提唱されている、「永続的理解」のために「本質的な問いを立てる」という逆向設計をベースにした考え方を参考にしました。
　では、パワフルな問いを立てるにはどうすればよいのでしょうか。参考までに、その方法論を示したいと思います。私は、この章を執筆するにあたり、とりあえずＡＬへの質問や疑問を思いつくまま書き出しました(図表1-16)。これが出発点です。その中から、優先順位をつけたり、質問どうしを関連づけたり、オープンな質問に書き換えたりということを行います。そのような活動によって論点が整理され、他者への問いかけを行える状況が生まれます。これはＱＦＴ(Question Formulation Technique)というアプローチを参考にしたものです。
　もうひとつ、私が、教師を対象としたワークショップでしばしば行っている授業例を紹介しましょう。
　「生きる力」とは何か、という問いがあったとします。よくあるのが「○○(指名した生徒名)。カッコの中に入る語句を答えてみろ」という上から目線の発問です(図表1-17)。

■ 図表 1-16 ■

QFT(Question Formulation Technique)

- アクティブラーニングは決まった一つの手法なのか
- アクティブラーニング以外の方法はなぜだめなのか
- アクティブラーニングによってつけられる力とは何か
- 馴染めない教師はどうするのか
- なぜ、今アクティブラーニングなのか
- 高校だけで行われるものなのか
- アクティブラーニング公式的定義は
- アクティブラーニングはどの学校でも同じことをするのか

アクティブラーニングとは何かを考える

- アクティブラーニングと工夫された授業はどこが違うのか
- アクティブだけでは学力が育たないのではないか
- アクティブラーニングが目指すものは何なのか
- アクティブラーニングとはグループ活動のことなのか
- なぜ、国が上から推進しようとしているのか
- アクティブラーニングとは学習定着率を高める手法なのか
- アクティブラーニングの効果をどうやって評価するのか
- アクティブラーニングを行うために必要な準備は何か

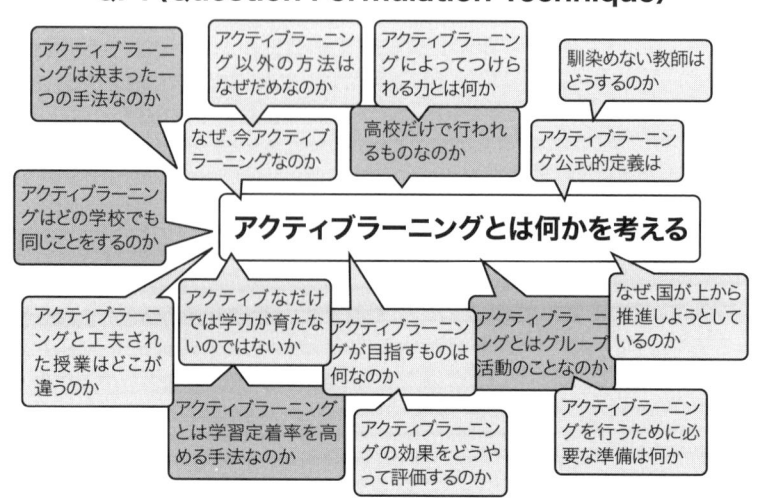

■ 図表1-17 ■

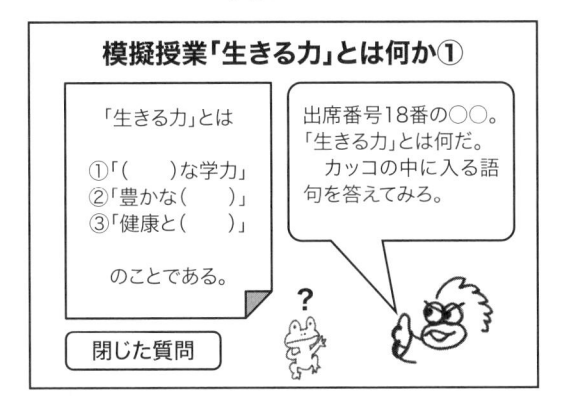

模擬授業「生きる力」とは何か①

「生きる力」とは

① 「（　　）な学力」
② 「豊かな（　　）」
③ 「健康と（　　）」

のことである。

閉じた質問

出席番号18番の○○。「生きる力」とは何だ。カッコの中に入る語句を答えてみろ。

　実際に「（確かな）学力」「豊かな（人間性）」「健康と（体力）」と、学習者はちゃんと答えるかもしれません。しかし、正しく答えたからといって、「だからどうした」という話です。まあ管理職試験には役立つかもしれませんが。これは、先につながっていかない「閉じた質問」ですね。しかも、指名してから質問内容を述べているので、学習者に強迫観念を与えます。
　では、言い方を変えて「前回学んだことを思い出しながらグループで話し合ってカッコの中に入ることばを考えてみましょう」という問いにすればどうでしょうか（図表1-18）。これは先ほどよりは上から目線ではないの

■ 図表1-18 ■

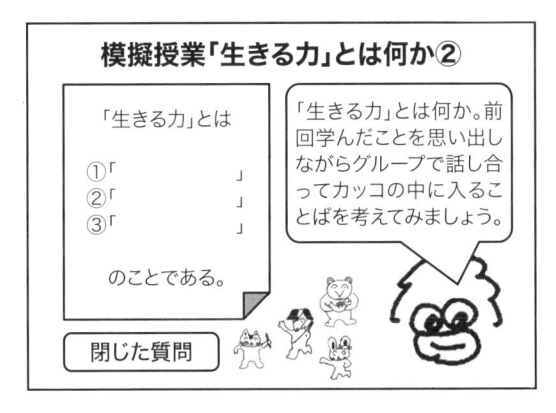

模擬授業「生きる力」とは何か②

「生きる力」とは

① 「　　　　　」
② 「　　　　　」
③ 「　　　　　」

のことである。

閉じた質問

「生きる力」とは何か。前回学んだことを思い出しながらグループで話し合ってカッコの中に入ることばを考えてみましょう。

で、教室は安全・安心の場になるかもしれません。でも、やはり単なる知識の確認なのでグループで話し合う価値があるほどの問いだとは思えません。

では、どうすればよいのか。

例えば、「産業能率高校の学生にとっての『生きる力』とは何か。彼らの実態（良さ・課題）や学校を取り巻くリソースを踏まえて、**グループで意見を出し合い、付箋紙を用いて表現**してみよう。」という問いだとどうでしょうか（図表1-19）。

■ 図表1-19 ■

模擬授業「生きる力」とは何か③

産能高校の生徒にとっての「生きる力」とは何か。彼らの実態（良さ・課題）や学校を取り巻く状況を踏まえて、グループで意見を出し合い、付箋紙を用いて表現してみよう。

開いた質問

こういう「開いた質問」であれば、グループ討議は盛り上がります。なぜなら自分事になるからです。そしてそこで生み出された結果を次の「何か」につなげることができます。大切なことは、単にパワフルな問いを立てるだけではなく、太字部分のように、それを自分事にするために具体的なアクションも一緒に示すことが重要なのです。質問そのものはもちろんですが、そのほかに身体を動かす工夫まで含めての問いをつくるところがポイントです。

図表1-20は、私が2015年4月に大野高校に赴任して最初に行ったワークショップ（一人ウェビング）の例です。地域と生徒の実態を考えていく中から、私は大野高校の生徒にとっての「生きる力」を次の4つとしてみました。
- 他人と良好な人間関係をつくり発信できる力
- 知識を自分や他人や社会のために活用できる力
- 自分を信じる力
- 感謝の心を持ち、人のために動ける力

■ 図表 1-20 ■

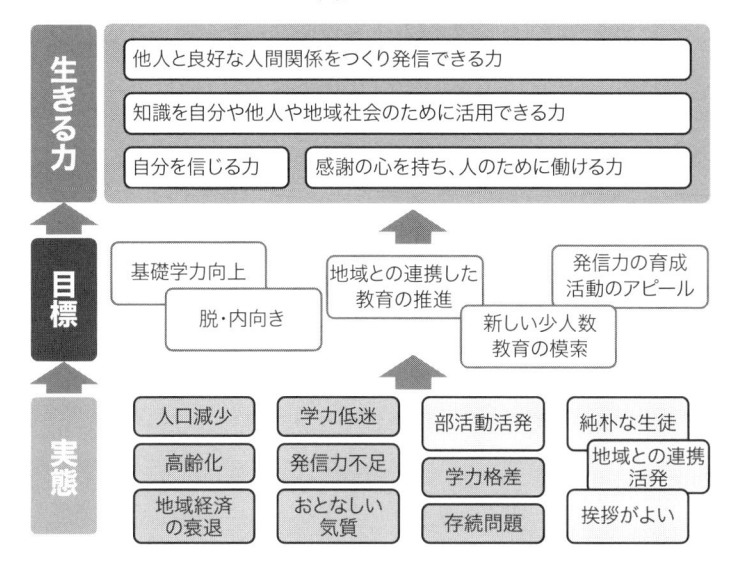

```
生きる力
  ┌─────────────────────────────────┐
  │ 他人と良好な人間関係をつくり発信できる力 │
  │ 知識を自分や他人や地域社会のために活用できる力 │
  │ 自分を信じる力 │ 感謝の心を持ち、人のために働ける力 │
  └─────────────────────────────────┘
            ↑
目標
  基礎学力向上    地域との連携した    発信力の育成
     脱・内向き     教育の推進       活動のアピール
                              新しい少人数
                              教育の模索
            ↑
実態
  人口減少   学力低迷    部活動活発    純朴な生徒
  高齢化    発信力不足   学力格差     地域との連携活発
  地域経済   おとなしい   存続問題     挨拶がよい
  の衰退    気質
```

　すると、そのような生徒をつくるためにどんな取り組みを行うべきかという考えに広がっていきます。私は、この結論を基に、授業改善という視点から12の具体的取り組みを提起することができました。

　このように「生きる力とは何か」という問いを、自分事としてパラフレイズ化することによって、その答えはさらに次のステップへと発展していきます。最近では「ＩＣＥモデル」を提唱する学校も多いですね。Ideas（考え）、Connections（つながり）、Extensions（拡張）の頭文字を取った名称です。ここで挙げた問いの例はＩＣＥモデルの手法と考えることもできるのではないかと思います。

　ただ、再三述べますが、私がここで強調したかったのは、いかに優れた問いを立てたとしても、それだけでは絶対に生徒は動かないケースもあるということです。そこにはやはり生徒の心や体を揺さぶるようなアクティブな要素が必要ではないか。そうしないと、「生徒が自分で問いを立てるのは理想だけれど、本校の生徒は未熟なので、まず基礎基本を」とか「生徒を楽しませると秩序が乱れ授業が深まらない」などとなり、結局、教師の都合による旧パラダイム型授業からの変革が進まないのではないかと思うのです。

4 盛岡三高の「参加型授業」

<「参加型授業」が始まった経緯>

　盛岡三高は高いレベルでの文武両道を標榜する学校ですが、かつては、結果を求めるあまりの過剰なガンバリズムや、学習指導と部活動との対立も見られました。また、授業も、教師の個の力量に依存する体制や、他校や過年度の実績との競争に追われる中、課題で追い込む、知識を一方的に教え込むといった、いわゆる旧来型の授業が横行していた感も否めませんでした（図表1-21）。そのような中で、生徒が疲弊していったという歴史があります。

　2006年度に「未履修問題」が起き、それをきっかけにして、当時の校長を中心に全職員が「生徒に時間を返す」をスローガンにした三高改革が始まります。改革のポイントは2つあって、ひとつは総合的な学習の中にディベート（2年）とプレゼンテーション（1年）を取り入れ、年間を通して組

■ 図表 1-21 ■

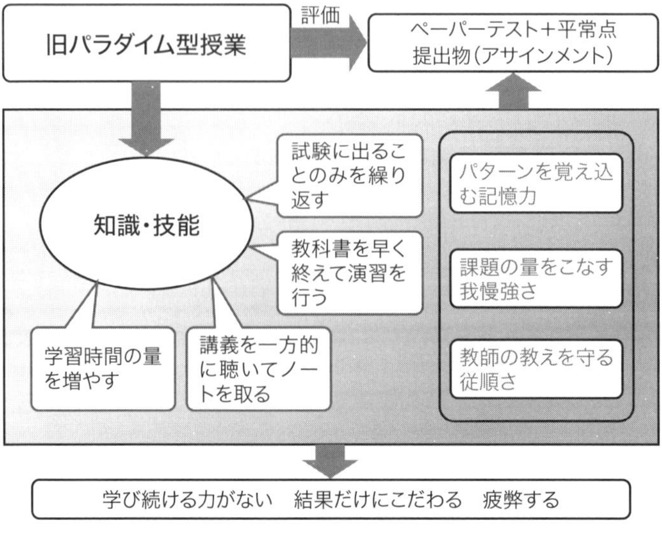

```
旧パラダイム型授業 ──評価──→ ペーパーテスト＋平常点
          │                    提出物（アサインメント）
          ↓
       知識・技能
   ├ 試験に出ることのみを繰り返す
   ├ 教科書を早く終えて演習を行う
   ├ 学習時間の量を増やす
   ├ 講義を一方的に聴いてノートを取る
   ├ パターンを覚え込む記憶力
   ├ 課題の量をこなす我慢強さ
   └ 教師の教えを守る従順さ
          ↓
   学び続ける力がない　結果だけにこだわる　疲弊する
```

織的に行ったこと。もうひとつは、改革を推進するためのセクションとして、経営企画課という分掌をつくったことです。

また、2011年度からＳＳＨの導入もあり、生徒につけさせたい力として、「科学的探究心」「論理的思考力」「発展的対話力」を明確に打ち出すことで、その実現のための授業改善という逆向きの流れが生まれ、盛岡三高型ＡＬである「参加型授業」が提起されていきます。

総合的な学習時間の抜本的な改革は、Ｄプラン（現在はＳＤプラン）と呼ばれていました。このＤプランは２つの効果をもたらします。ひとつは、教師全員体制で行うことで教師のマインドセットが耕されていったこと。そして、生徒に傾聴力や発信力などが育ち、「参加型授業」が行いやすい土壌が整ったという点です。

ディベートの活動については、卒業生からも「ディベートをやってきたのが大学に行ってからも役に立っている」との声がよく聞かれます。つまり高校卒業後につながる、学び続ける態度がディベートによって身についたのではないかと思われます。

私は、一昨年初めてディベートの様子を見たとき、正直言って物足りなさを感じました。「何か予定調和だなあ」「形式的すぎて生徒の主体性が見えない」などと心の中で思っていました。ところが、驚いたのは、負けたチームの生徒が悔し泣きをすることがあるのです。つまり、それだけ水面下での調査や分析などの活動がすごいからです。県庁まで行って調べてきたり、いろいろな人にインタビューしてきたりして、バックデータをたくさん集めて、調べ学習をみっちり行っている。それだけの思いがあるから、負けると泣くほど悔しいのでしょう。

＜「参加型授業」の成果＞

組織的な授業力向上の取り組みが充実し、授業を見せ合う教員文化が醸成されていく中で、多くの教師が「参加型授業」を自分事と捉え、目覚ましい授業改善が見られました。

年度初めに職員に行う調査の「学習指導における目標」を見ると、多くの職員が「参加型授業を実践する」「参加型授業を自分の課題として取り

組む」といった回答をしています。これは参加型授業が学校全体の取り組みになっていることの証左でもあるといえるでしょう。

私は、そのような変革の経過を可視化するために、ダイジェスト動画や授業解説書（参加型授業通信）を随時作成し共有化を図りました。

これらは、以下の図表1-22のようなマップで表現すると全体像がイメージしやすいのではないかと思います。

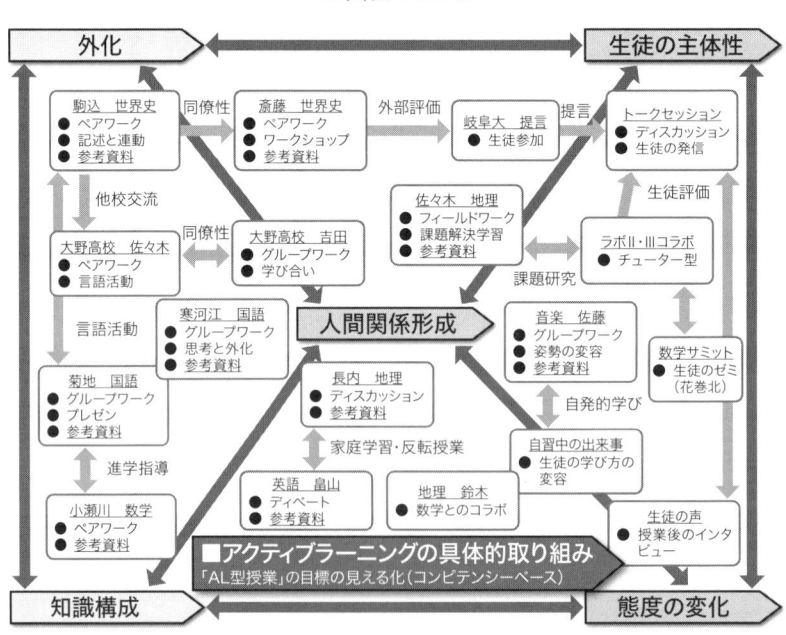

■ 図表1-22 ■

```
                      外化 ←――――――――――――→ 生徒の主体性

  駒込 世界史    同僚性   斎藤 世界史   外部評価   岐阜大 提言   提言   トークセッション
  ●ペアワーク          ●ペアワーク              ●生徒参加          ●ディスカッション
  ●記述と連動          ●ワークショップ                               ●生徒の発信
  ●参考資料            ●参考資料

              他校交流                       佐々木 地理                   生徒評価
                                           ●フィールドワーク
  大野高校 佐々木  同僚性   大野高校 吉田    ●課題解決学習              ラボⅡ・Ⅲコラボ
  ●ペアワーク          ●グループワーク    ●参考資料                  ●チューター型
  ●言語活動            ●学び合い
                                                    課題研究
        言語活動
                   寒河江 国語                                               数学サミット
                   ●グループワーク    人間関係形成    音楽 佐藤              ●生徒のゼミ
                   ●思考と外化                       ●グループワーク          （花巻北）
                   ●参考資料                        ●姿勢の変容
                                                    ●参考資料
  菊地 国語                         長内 地理
  ●グループワーク                   ●ディスカッション                     自発的学び
  ●プレゼン                         ●参考資料                  自習中の出来事
  ●参考資料                                                    ●生徒の学び方の
                                       家庭学習・反転授業         変容                   生徒の声
        進学指導                                                                       ●授業後のインタ
                                   英語 畠山          地理 鈴木                         ビュー
  小瀬川 数学                       ●ディベート      ●数学とのコラボ
  ●ペアワーク                       ●参考資料
  ●参考資料

              ■アクティブラーニングの具体的取り組み
              「AL型授業」の目標の見える化（コンピテンシーベース）

                      知識構成 ←――――――――――――→ 態度の変化
```

参加型授業のポイントとして「外化（説明力）」「生徒の主体性」「人間関係形成」「知識構成」「態度の変化」という5つの柱を設定し、日々の授業動画とその解説（参加型授業通信）を適所に配置しました。授業動画は校内ネットワークで閲覧することが可能です。

参加型授業の進展によって、どのような成果が得られたか、その特徴的な部分を以下にごく簡単にまとめておきます。

・学校満足度調査の結果が向上

　未履修問題（2006年度）からの5年間と、SSH・SDプランが始まってからの3年間の、学校満足度調査における「本校に入学してよかった」「友人関係がよくなった」「勉強が楽しい」「先生が親身になって指導してくれる」「社会や人間のあり方について考えるようになった」という5項目のアンケート結果が飛躍的に向上した。

・生徒の学び方の変化

　教師が不在の際に自然にペアによる学びが行われていたり、休み時間などにグループでのディスカッションが生まれるなど、参加型授業で培われた学びの習慣が、生徒の自発的な学習活動の中に見られるようになった。

・部活動の活性化

　運動部、文化部ともに活動が活発になり成果が上がった。また部活動内のチームワークのよさだけでなく、部活動間での様々なコラボなど、ダイナミックな「つながり」が見られるようになった。

・卒業後の意識

　多くの卒業生から「何に対しても質問を考えられるようになった」「他者と議論が活発にできて知識を深め活用できるようになった」などという声が多く届けられている。

　最後に、まとめとして、参加型授業により期待される効果を以下に記しておきたいと思います。

①参加型授業は生徒に次の力を育成する
　・自律的に行動し、自ら考え、省察する力
　・言語、情報、ICT機器などを相互作用的に活用し、表現・発信する力
　・集団の中で他者と関係をつくる力

②参加型授業が生徒に与える影響
　・自尊感情の高まりや他者を尊重する姿勢が培われる
　・学習意欲、進路意識、友人関係、教師関係適応、部活動などの課外活動などに好影響を与え、学校享受感が高まる

③参加型授業が教師・学校に与える影響
　・授業・教育を論じ合える教員文化が醸成される

・授業改善という軸で職員全体が学校の教育目標を共有できる
・教師が常に自己更新しようとするプロフェッショナリズムが磨かれる

　①〜③において、「参加型授業」を「アクティブラーニング」と置き換えることもできます。そして①は、生徒が育むべき能力であるとともに、アクティブラーニングを進めるために教師に求められるコンピテンシーとも考えることもできるのだろうと思います。

第 1 章　自らの言葉で語り、自分たちの意思で創り、進めるアクティブラーニング

授業実践例① データの分析(数学Ⅰ)

　数学Ⅰ「データの分析」の1時間目。本時は導入として全体像を示す時間である。特に、アクティブ・ラーニングのポイントである「主体的で対話的で深い学び」という部分について強調して説明する。

1　授業ポリシー

　「データの分析」は、今次指導要領改訂の目玉の一つである。この単元は、小中高に配置され系統的な学びを行うようになっている。しかし、実態を見ると、継続性を意識した指導が見られないことや、技能の習熟に指導の重点が置かれ、データから何を読み取るかという活動が疎かになっている状況が感じられる。そこで、留意するポイントとして以下の3点を挙げる。

① 小中での既習事項の内容を踏まえること。(校種間のリレーションは深い学びにつながる)
② ヒストグラムや箱ひげ図の作表や、代表値、散布度等を求めて終わるのではなく、それを利用して集団の性質について考察し表現することを主眼とすること。(思考・判断・表現を循環させ対話空間を創り出す)
③ 生徒が意欲的に取り組むために、身近にある生きたデータを活用すること。(身の周りのデータを見つけ、それを用いることで、「自分事」の問いになり、学びに向かう姿勢が育つ)

本時は、小・中学校での既習事項の確認と、それを踏まえて、高校ではどのようなことを学んでいくかという、教材の全体像を俯瞰するような授業を目指す。
　また、事前に生徒に簡単なアンケートを行い、その素材を利用して授業を組み立てる。
　この高校では教育活動の一環として、毎年３年生が、一年間の研究活動の成果を発表する「卒業研究発表会」を行っている。生徒が主体的な学びを行い、その成果を発信する際、データを活用、整理し、分析する力は非常に重要である。そのような意味でも、本時は生きて働く知識を身に着ける重要な時間と位置づけられる。

2　評価規準（ルーブリック）

　下表の上３行の内容は、国立教育政策研究所で出された観点別の評価規準である。しかし、この規準から、具体的な評価に結びつけることは困難であるため、表の４行目以下に、より具体的な評価の判断規準を設けた。これを生徒にも示すことにより、学びに向かう姿勢を含めた多面的な評価を行うことを教師と生徒が確認する。

	関心・意欲・態度	数学的な見方や考え方	数学的な技能	知識・理解
データ分析全般	データの散らばりおよびデータの相関に関心をもつとともに、統計的な考え方のよさを認識し、それらを事象の考察に活用しようとしている。	事象をデータを用いて考察し、その傾向などを的確に表現することができる。	事象をデータを用いて表現・処理する仕方やデータの傾向を把握する方法などの技能を身につけている。	データの分析における基本的な概念、原理・法則などを理解し、知識を身につけている。
データの散らばり	四分位数、四分位偏差、分散および標準偏差などを用いてデータの傾向を把握し、それらを事象の考察に活用しようとしている。	四分位数、四分位偏差、分散および標準偏差などを用いてデータの傾向を捉え、それらを的確に表現することができる。	四分位数、四分位偏差、分散および標準偏差などを求めることができる。	四分位数、四分位偏差、分散及び標準偏差などの意味を理解している。
データの相関	散布図や相関係数などを用いてデータの相関を把握し、それらを事象の考察に活用しようとしている。	散布図および相関係数などを用いてデータの傾向を捉え、それらを的確に表現することができる。	散布図を描いたり、相関係数を求めたりすることができる。	散布図および相関係数どの意味を理解している。
具体的判断基準（例）	身の周りから自発的にデータを収集しまとめている（レポート）	ヒストグラムから分布の特徴を考察できる	度数分布表を作成し相対度数を求めることができる	代表値と散布度の説明ができる
	グループでの討議に積極的に関わっている（グループ活動・授業の様子）	箱ひげ図からデータの特徴を考察できる	度数分布表からヒストグラムをつくることができる	平均値・中央値・最頻値の意味がわかる
	授業の内容をわかりやすくノートにまとめている（ノート提出）	ヒストグラムと箱ひげ図の関係を考察できる	度数分布表から平均値を求めることができる	箱ひげ図とは何かを説明できる
		2つの変量の傾向を相関係数などから考察できる	データをまとめ中央値・最頻値を求めることができる	相関係数から相関の強弱を示せる
		データをどのように整理すればよいか考えることができる	データから四分位数を求め箱ひげ図をつくることができる	
			簡単なデータの分散を求めることができる	
			2つの変量データから散布図をつくることができる	
			簡単な相関係数を求めることができる	

3　授業の展開
① 導入：小中の既習事項の確認

小学校2年から中学校1年までの既習内容を、教科書をもとに振り返る活動。班編成による教え合いを中心の活動を行う。特に、小6の単元を重点的に行う。

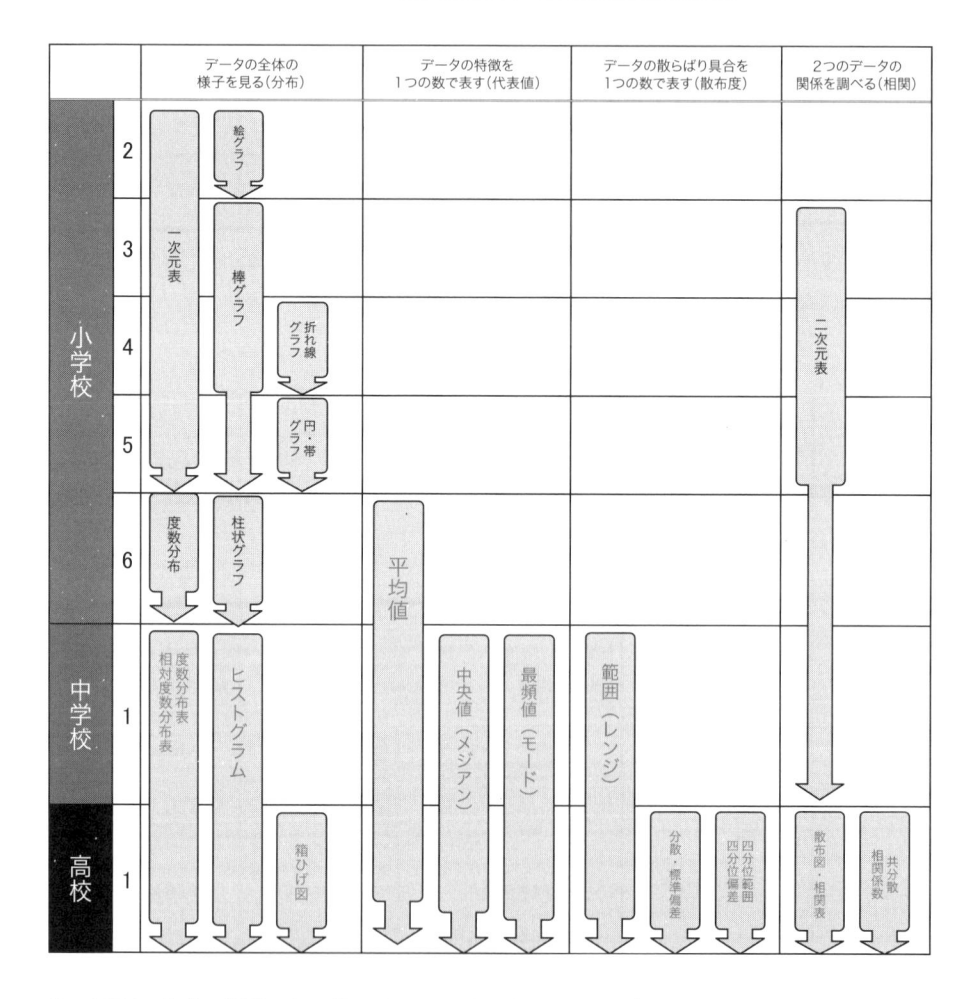

		データの全体の様子を見る(分布)	データの特徴を1つの数で表す(代表値)	データの散らばり具合を1つの数で表す(散布度)	2つのデータの関係を調べる(相関)
小学校	2	一次元表 / 絵グラフ			
	3	↓ / 棒グラフ			二次元表
	4	↓ / 折れ線グラフ			↓
	5	↓ / 円・帯グラフ			↓
	6	度数分布 / 柱状グラフ	平均値		↓
中学校	1	度数分布表・相対度数分布表 / ヒストグラム	中央値(メジアン) / 最頻値(モード)	範囲(レンジ)	↓
高校	1	↓ / 箱ひげ図	↓	分散・標準偏差 / 四分位範囲・四分位偏差	散布図・相関表 / 共分散 / 相関係数

② 展開：本時の学習目標の提示からデータ分析の3つのポイントを提示

小中の教科書の内容からデータの整理と分析の3つのポイントを示し、本時の学習目標の提示に進む。

ポイント1：散らばっているデータから「表にまとめる」・「グラフ、図にまとめる」
ポイント2：まとめられたデータから代表値や散らばり具合を数量化する
ポイント3：表、グラフ、図や、代表値および散布度からデータの性質を読み取る。

データの分析(数学Ⅰ) 授業実践例①

【生徒に提示する本時の学習目標】

「データの分析」これまでとこれから　～データ分析の「手」と「目」と「心」～

Ⅰ「手」：表・グラフにまとめたり、平均値などを求める手腕（数学的技能・知識理解）
Ⅱ「目」：まとめられた表やグラフからデータの性質を読み取る目（数学的な見方・考え方）
Ⅲ「心」：身の周りから分析する対象を積極的に探し、見つけようとする心（関心・意欲・態度）

● Ⅰに関わって（「手」）

　小学校6年生の資料の整理の考え方をまとめ、データを分析しやすいようにまとめるまでの基本的な流れをスライドによって確認する。

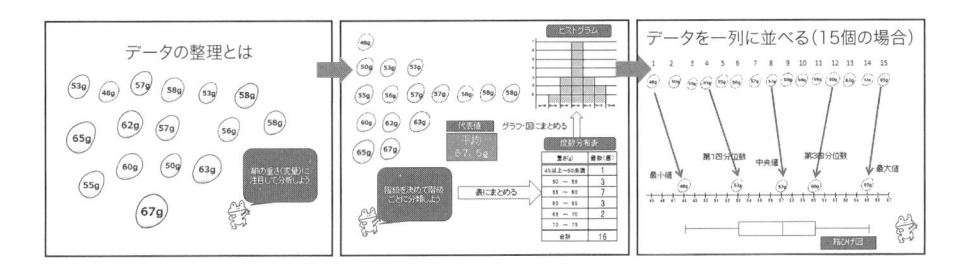

　次に、15個のランダムデータを紙板書によって提示し、それを集計する一連の作業を、生徒と共同で行う（教師が主導で行う演示実験）。度数分布表、ヒストグラムから、さらに数直線上にデータを整列させることで、散らばり具合を考察させ、今後に登場する「箱ひげ図」を展望するところまで進む。

● Ⅱに関わって（「目」）

　小学校6年、中学1年の問題文が「特徴をのべよ」「わかることをいえ」という形式になっていることをスライドによって示す。作表や代表値を計算することがゴールではなく、それを見てどう分析する目をもつかが大切であることを示す。

　次に、データを分析する目を持つための1つのポイントとして、平均値だけで考えることの危険性（散らばり具合や、分布の形の必要性）を示すために、次の2つの問いを立ててグループで考えてもらう。

【問1】コジロー企画と、しもまっち商事という2つの会社があります。どちらも社員数は100人で、業務内容は同じなのですが、コジロー企画の社員の平均月給は50万円、一方、しもまっち企画の方は30万円です。ところが、コジロー企画の多くの社員が会社をやめたがっているというのです。なぜだと思いますか？

【問2】ガンバミミズモータースと、元気ネコ自動車教習所という、2つの自動車学校があります。それぞれに通う教習生100人の、運転免許の学科試験の平均得点は、ガンバが60点、元気が70点ということです。ところが、人気があるのはガンバミミズモータースのほうなのだそうです。なぜだと思いますか。

生徒から出てくる解答は、問1では「しもまっち商事のほうが福利厚生がしっかりしている」とか、「コジロー企画はパワハラが横行している」など。また、問2では「ガンバミミズモータースの教官が優しい」などという意見が現れる。

問1の補足データとして、次の度数分布表を提示する。

〈コジロー企画〉

給与	人数	給与×人数
¥ 40,100,000	1	40,100,000
¥ 190,000	40	7,600,000
¥ 100,000	19	1,900,000
¥ 10,000	40	400,000
合計	100	50,000,000
平均		500,000

〈しもまっち商事〉

給与	人数	給与×人数
¥ 500,000	5	2,500,000
¥ 400,000	25	10,000,000
¥ 300,000	38	11,400,000
¥ 200,000	26	5,200,000
¥ 150,000	6	900,000
合計	100	30,000,000
平均		300,000

つまり、コジロー企画では、社長？一人が4千万円以上の給料をもらっていて、彼を除いた社員の平均給料は、10万円であることがわかる。それに比べて、しもまっち商事は、バランスよく給料が配分されている。

次に、問2の補足データとして、それぞれの自動車学校の得点分布のヒストグラムを示す。

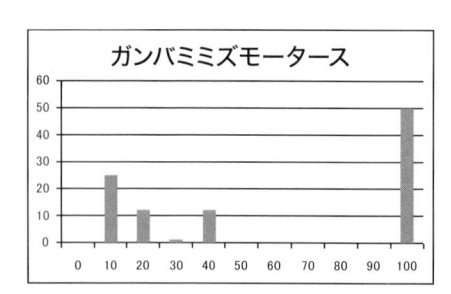

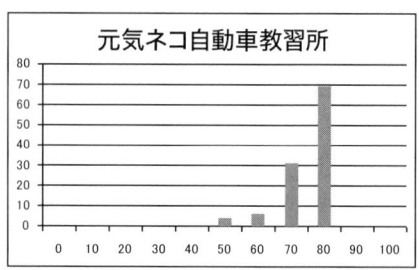

自動車免許の学科試験は 90 点以上取らなければ合格とはならないことに注意すると、このヒストグラムから、ガンバは 50 名の合格者を出しているけれど、平均点の高い元気ネコのほうは 1 人も合格者を出していないことが理解できる。

このような問題によって、平均という代表値だけで物事を判断することが危険であることを示す。

● Ⅲに関わって（「心」）

事前アンケートを一覧にまとめたデータシートから、グループで相談し、資料のまとめを行う。テーマを決め、どのように整理するか検討し、結果の分析まで行うことが理想だが、時間がないので、作業をやりながら次時につなげる形で終了する。

〈事前アンケート〉

「データの整理」授業のためのアンケート

アンケートに協力お願いします。

● 性別と生まれた月を教えて下さい（○をつけて下さい）

| 男 | 女 | 1月 | 2月 | 3月 | 4月 | 5月 | 6月 | 7月 | 8月 | 9月 | 10月 | 11月 | 12月 |

● 数学は好きですか嫌いですか（当てはまる番号に○をつけて下さい）

① ② ③ ④ ⑤
大嫌い　嫌いな方　どちらでもない　好きな方　大好き

● 英語は好きですか嫌いですか（当てはまる番号に○をつけて下さい）

① ② ③ ④ ⑤
大嫌い　嫌いな方　どちらでもない　好きな方　大好き

● 国語は好きですか嫌いですか（当てはまる番号に○をつけて下さい）

① ② ③ ④ ⑤
大嫌い　嫌いな方　どちらでもない　好きな方　大好き

● 体育は好きですか嫌いですか（当てはまる番号に○をつけて下さい）

① ② ③ ④ ⑤
大嫌い　嫌いな方　どちらでもない　好きな方　大好き

● あなたは、下の写真でどれが一番高校生らしいと思いますか。（○をつけて下さい）

膝下10cm（A）　膝下5cm（B）　膝（C）　膝上5cm（D）　膝上10cm（E）　膝上15cm以上（F）

> 生徒に事前に配ったアンケート。身近な例を取り上げて、授業へ向かうモチベーションを高める。このような事前課題は教科書の進度を確保するために宿題を与えるような予習とは異なり、授業をアクティブにするための準備として与えられる。これが反転授業の精神である。

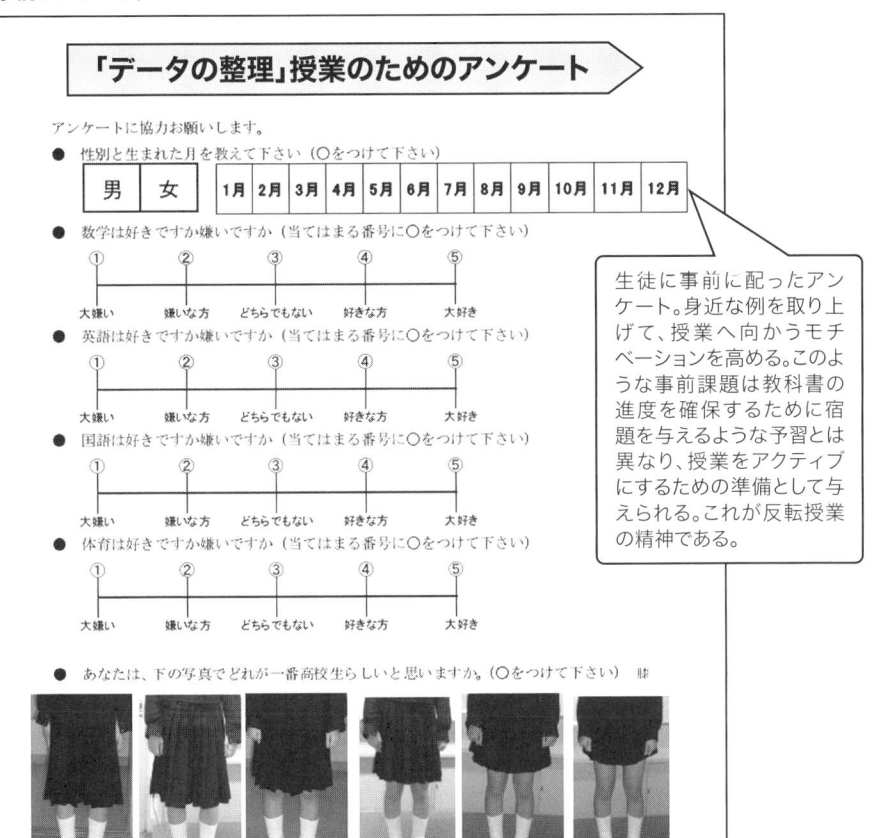

no	性別	誕生月	数学	英語	国語	体育	国数英得点	全教科得点	スカート
1	男	4	2	2	3	4	7	11	D
2	男	8	2	2	2	2	6	8	D
3	男	3	3	1	3	4	7	11	D
4	男	9	3	1	1	5	5	10	E
5	男	8	3	3	3	3	9	12	C
6	男	12	4	1	3	3	8	11	B
7	男	9	1	2	3	4	6	10	D
8	男	10	3	2	3	5	8	13	D
9	男	8	1	1	4	5	6	11	A
10	男	7	1	4	3	3	8	11	D
11	男	1	1	2	4	4	7	11	D
12	男	1	3	1	3	5	7	12	D
13	女	1	4	4	1	5	9	14	C
14	女	5	1	2	4	4	7	11	D
15	女	8	2	3	4	5	9	14	D
16	女	10	1	5	4	5	10	15	D
17	女	3	2	3	4	3	9	12	D
18	女	6	1	2	3	4	6	10	C
19	女	3	2	3	2	4	7	11	C
20	女	5	3	2	4	3	9	12	D
21	女	11	1	3	4	2	8	10	C
22	女	10	2	2	3	1	7	8	C
23	女	4	2	3	4	3	9	12	C
24	女	10	2	3	3	4	8	12	C
25	女	10	3	3	3	5	9	14	E
合計			53	60	78	95	191	286	

生徒のアンケート結果をまとめた生データ（教師がまとめる）。ここから、各グループが、自由に何をどのようにまとめるかを話し合い、作表し考察を行う。

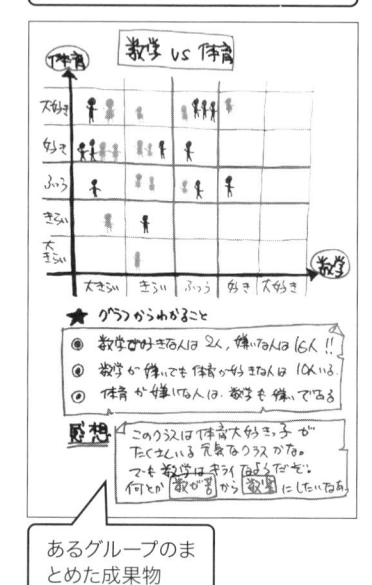

あるグループのまとめた成果物

データの分析（数学I）授業実践例①

授業実践例② 合同式（数学A・整数）

　アクティブラーニング型授業のオファーを受けて行った授業。対象生徒は、難関大を中心に大学進学を目指す高校2年生の理系クラスである。生徒をアクティブにするためのいくつかのポイントを以下にまとめる。

1　授業ポリシー

　「合同式」は教科書では整数の単元の発展教材に分類されるが、この式を使いこなすことによって、多くの問題を容易に解くことができるようになる。このような、問題解法のスペシャルな技法の習得により、ある意味、数学のよさを生徒に実感させるとともに、合同式を学ぶ過程で、同値関係や同値類の考え方など、数学に向き合うための本質的な考え方を育てることも目指す。

　本時の学習テーマを次のように設定し、生徒に示す。

> **学習テーマ**
> ■自然な考えから「和の余りは余りの和」「積の余りは余りの積」を納得し合同式の理解につなげる。
> ■合同式の性質を用いて不定方程式、剰余の問題を解決する。

　また、授業の冒頭に、本時で学ぶ「合同式」が今後どのように応用され、大学までつながっていくかについて、下のような俯瞰図によって示す。

具体的な授業の目標は次の3点にまとめる。

① 合同式の記号「≡」は、等号「=」と「ほぼ同じように」扱えることを実感すること。（同値関係の捉え方）
② 「和の余りは余りの和」「積の余りは余りの積」「ベキの余りは余りのベキ」に自然に気づくこと。（同型の考え方）
③ 最終的に以下のようなタイプの問題が解けるようになること。（問題を解く技能）

■ Chapter 1　ウォーミングアップ問題

(1) 7777710 を 7 で割った余りを求めよ。また 777777723 を 7 で割った余りを求めよ。
(2) A = 7777710, B=777777723 とすると、2A + B + AB を 7 で割った余りはどうなるだろうか。
グループで考えてみよう。
(3) x の整式 $f(x)$ を $x-1$ で割った余りが 4、を $x^2 + x + 1$ で割った余りが x である。このとき、$f(x)$ を x^3-1 で割った余りを求めよ。

■ Chapter 2　挑戦問題

【べき乗の余りの問題】

(1) 232016 を 7 で割ったときの余りを求めよ。★
(2) 10100 + 11100 を 7 で割ったときの余りを求めよ。★★
(3) 整数 a, b, c に対して $a^2 + b^2 - 6ab = c^2$ が成り立つとき、a, b の少なくとも一方は 3 の倍数であることを示せ。★★★

【不定方程式】　★★

(1) よしひろさんは、1個 300 円のケーキと、1個 350 円のケーキを合わせて 　　 個買い、3300 円はらいました。300 円のケーキと 350 円のケーキをそれぞれ何個買ったのでしょう（どちらも少なくとも 1 個は買っています）。
（「東京書籍　中学数学 2 年」の問題より一部改題）
(2) 不定方程式 $92x + 197y = 1$ を満たす整数 x, y の組の中で x の絶対値が最小のものを求めよ。　　　　　　　　　　（2016　センター試験）

※　不定方程式（ベズーの等式）の問題は後でユークリッドの互除法を学んだあとに出てきます。ここでは、合同式を用いて解く手法を考えます。

2 授業の展開

アイスブレイク→ウォーミングアップ問題→合同式の定義・性質→グループによる問題解決→まとめ、という流れで進める。以下に指導案を示す。この指導案は、アクティブ・ラーニング型の授業に対応したもので、数学の指導内容と、生徒をアクティブに動かすための留意事項をパラレルに示したものである。

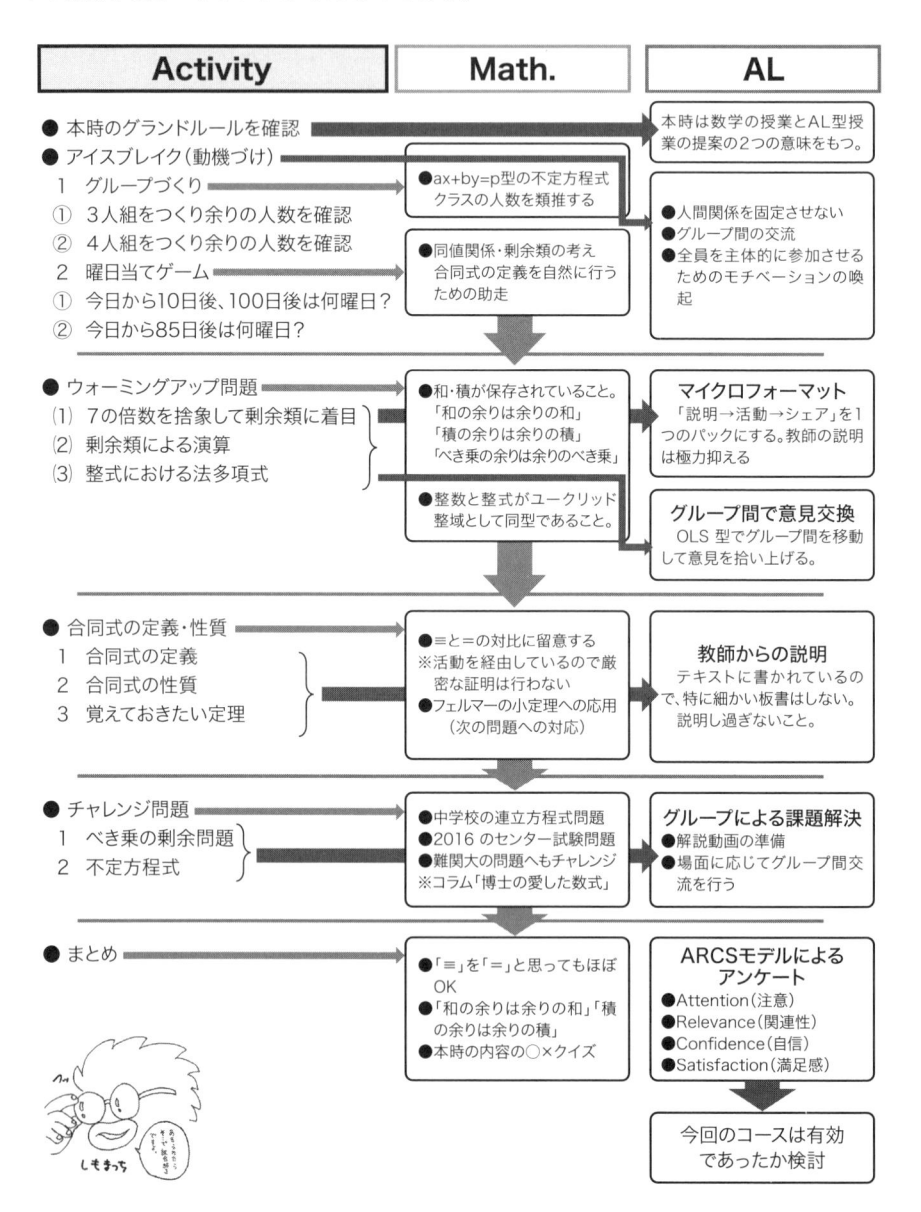

Activity	Math.	AL
● 本時のグランドルールを確認		本時は数学の授業とAL型授業の提案の2つの意味をもつ。
● アイスブレイク(動機づけ) 1 グループづくり ① 3人組をつくり余りの人数を確認 ② 4人組をつくり余りの人数を確認 2 曜日当てゲーム ① 今日から10日後、100日後は何曜日? ② 今日から85日後は何曜日?	●ax+by=p型の不定方程式 クラスの人数を類推する ●同値関係・剰余類の考え 合同式の定義を自然に行うための助走	●人間関係を固定させない ●グループ間の交流 ●全員を主体的に参加させるためのモチベーションの喚起
● ウォーミングアップ問題 (1) 7の倍数を捨象して剰余類に着目 (2) 剰余類による演算 (3) 整式における法多項式	●和・積が保存されていること。 「和の余りは余りの和」 「積の余りは余りの積」 「べき乗の余りは余りのべき乗」 ●整数と整式がユークリッド整域として同型であること。	マイクロフォーマット 「説明→活動→シェア」を1つのパックにする。教師の説明は極力抑える グループ間で意見交換 OLS型でグループ間を移動して意見を拾い上げる。
● 合同式の定義・性質 1 合同式の定義 2 合同式の性質 3 覚えておきたい定理	●≡と=の対比に留意する ※活動を経由しているので厳密な証明は行わない ●フェルマーの小定理への応用 (次の問題への対応)	教師からの説明 テキストに書かれているので、特に細かい板書はしない。説明し過ぎないこと。
● チャレンジ問題 1 べき乗の剰余問題 2 不定方程式	●中学校の連立方程式問題 ●2016のセンター試験問題 ●難関大の問題へもチャレンジ ※コラム「博士の愛した数式」	グループによる課題解決 ●解説動画の準備 ●場面に応じてグループ間交流を行う
● まとめ	●「≡」を「=」と思ってもほぼOK ●「和の余りは余りの和」「積の余りは余りの積」 ●本時の内容の○×クイズ	ARCSモデルによるアンケート ●Attention(注意) ●Relevance(関連性) ●Confidence(自信) ●Satisfaction(満足感) 今回のコースは有効であったか検討

3　評価

授業後に次のような授業アンケートにより、態度評価と、授業評価を行う。

授業アンケート

今日の授業について、①〜④のいずれかに○をつけて答えて下さい。
①よく当てはまる
②まあ当てはまる
③あまり当てはまらない
④全く当てはまらない

【質問1】　今回の授業は面白かった　　　　　（　①　②　③　④　）
【質問2】　自分の今後に役に立つ内容だった　（　①　②　③　④　）
【質問3】　理解できる内容だった　　　　　　（　①　②　③　④　）
【質問4】　達成感が得られ満足である　　　　（　①　②　③　④　）

以下のような、○×の簡単なクイズを授業後に行う。計算技能や知識だけではなく、概念についてのイメージや、この単元で伝えたいメッセージなども盛り込んでいるところがポイントである（傍線部分）。これは、学びに向かう力を評価するという意味と、このような問をつくるために教師が教材研究を深め、授業内容を充実させることを目的としている。

クイズ

次にあげる文の内容が正しいと思うときは○、間違っていると思うときは×をつけて下さい。
【1】　合同式は「和の余りは余りの和」「積の余りは余りの積」とイメージできる。（　　）
【2】　$27 \equiv 6 \pmod{7}$ とは「27を7で割ると余りが6」という意味である。（　　）
【3】　$27 \equiv 6 \pmod{7}$ は「27は7を法として6と合同」という言い方をする。（　　）
【4】　pが素数のとき、$_pC_r$ は $1 \leq r < p$ のときすべてpの倍数である。（　　）
【5】　合同式はRSA公開鍵暗号の開発に貢献している。（　　）
【6】　合同式「≡」は「=」と同じ同値関係で、「=」の場合とほぼ同様の操作が行える。
　　　　　　　　　　　　　　　　　　　　　　　　　　　　　　　　　　　（　　）
【7】　平方数を3または4で割ると、余りは0か1しかありえない。（　　）
【8】　不定方程式（ベズーの等式）は合同式を使って解くことができる。（　　）
【9】　今日が金曜日だとすると100日後は日曜日である。（　　）
【10】　12345678914の3乗を9で割った余りは8である。（　　）

ご協力ありがとうございました。

4 授業の振り返りより

　以下に、授業を終えて記した振り返りコメントから特にアイスブレイクの部分を中心に紹介する。

【アイスブレイク① グループづくり】

　30秒で3人一組のグループをつくります。20人くらいの参観者がいらっしゃったので、彼らも入ってもらいました。つまり総勢60人程度での活動です。

　グループをつくったらその場にしゃがんでもらいます。早くチームをつくることを競うゲームです。すると、グループをつくれない人が2人いました。今度は、現在のメンバーとは違うメンバーで4人グループをつくってもらいます。すると、今度は3人余りました。
　この活動を通して、授業とは教科の内容を学ぶだけではなく、人間関係をつくる場であることを生徒に伝えるのですが、実は、本当の狙いは、合同式につなげるための問いを立てることにあります。
　教室の中にいる人間の数を n とすると、3人組が何組かできて2人余ったことと、4人組が何組かできて3人余ったことから、このような式に表せます。

　　$n = 3k + 2$ …① $n = 4l + 3$ …②

　ここで、生徒の食いつきがよかったので、この段階で、もう合同式を定義することにしました。　$n \equiv 2 \mod 3$…①' $n \equiv 3 \pmod 4$ …②'
　この式を使って、余りについての様々な計算を行うことが今日のテーマであることを示します。
　このような合同式を自由に使いこなせるようになることが本時のゴールのひとつでした。

【アイスブレイク② 曜日当て】

　「今日は金曜日ですね。では（　　）日後は何曜日でしょう」というクイズを出します。
　「明日は何曜日？」「3日後は何曜日？」これはグループで話し合うまでもなく、すぐに

合同式（数学A・整数）**授業実践例②**

手が挙がります。では、「100日後は何曜日？」これは少し時間がかりました。でも数人の生徒がすぐに手を挙げます。じゃあということで、次の問題を出しグループで話し合ってもらいます。

- 1000日後は何曜日
- 100日前は何曜日
- 10日前は何曜日
- 8の10乗日後は何曜日

考えている間に次のようなヒントの図を板書します。

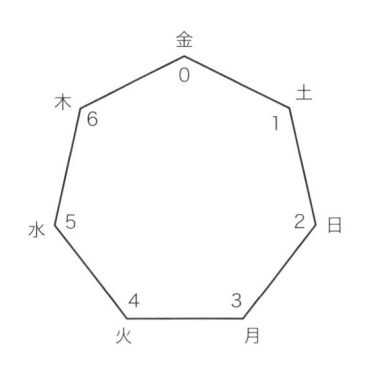

大切なことは、グループの全員が理解することです。グループ活動の様子を見ながら行う私のアドバイスは「グループ全員がわかるように」のみです。

生徒からは、「100の代わりに100を7で割った余りの2で考えればよい」「10日前は−10日後と考え、−10に7を2回足すと4なので『10日前』は『4日後』と考えればよい」「100日前は10日前の10倍だから、『4日後の10倍』→『40日後』→『5日後』と考える」「8日後は1日後と同じ、それを10乗して『1日後』とする」「8＝(7+1)だから、(7+1)の10乗は結局『(7の倍数たち) + 1』となる」などの説明が出されました。

剰余類を説明するため、次のような図を板書します。

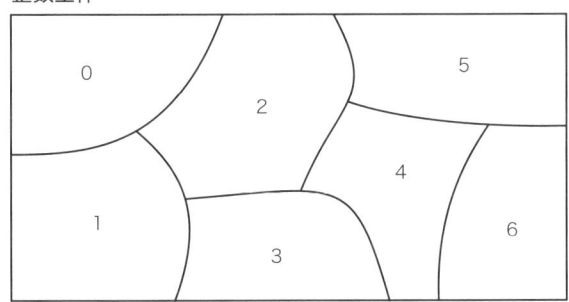

整数全体の世界を図のように7つの部屋に分けて0から6までの数で考えているという

ことです。0～6は6つの村を代表する代議員というカンジですね。例えば「1」の部屋には、8や15や、-6などがあります。これを合同式の記号を使うと

$1 \equiv 8 \equiv 15 \equiv -6 \equiv \cdots\cdots$　ということです。

このアイスブレイクの時間に、掴んでほしかったことがほぼ達成されました。

まとめとして、生徒全員で次のフレーズを合唱して本題に入っていくことにしました。

「和の余りは余りの和」「積の余りは余りの積」「ベキの余りは余りのベキ」

以下、次のウォーミングアップ、そして目標のチャレンジ問題に進みます。グループ内解決、ワールドカフェ方式によるグループを超えてのシェアへと進みました。チャレンジ問題ではかなり難しい問題も入れていたのですが、終業のチャイムが鳴っても問題を解き続ける生徒たちの姿に感心しました。

授業実践例③　シミュレーションゲーム（数学I・確率）

いわゆる低学力校、底辺校と呼ばれる高校での実践である。確率の授業の総まとめとして、「私のつくったシミュレーションゲーム」というテーマで、スゴロク型のゲームをつくる活動を行った。以下にその内容を紹介する。

1　授業のポリシー

個数の処理の問題において「かけ算か、足し算か」とか「Cで計算するのかPで計算するのか」という迷い方をする生徒が多い。これは、分類の基本的な概念、考え方がきちんと身についていないことに起因すると推察できる。確率の「加法定理」「乗法定理」も同様である。かけ算なのか足し算なのかわからないと戸惑う生徒にしばしば出会う。このような深刻な問題は、教科書に書かれている定義などを繰り返し音読させたり、ひたすら問題演習を繰り返す中で自動的に乗り越えられるとは考えにくい。なぜなら、それは「思考停止の活動」ともいえるからである。教科書にある定義や概念を定着させ、つなぎ合わせ、生きて働く知識に昇華させるためには、生徒たち同士が関わり合うような数学的な体験や活動が必要である。教師は、概念や問題解法を一方向的に教え込むのではなく、生徒たちの数学的活動から、本来彼らが有している優れた発想を引き出し、そこから有効な概念を

ステップ	数学的な力	汎用的能力
ゲームの構想を練る	●論理的思考力・独創的アイデア・見通す力 ●創造的知性	
ゲームを作る	●場合分け ●排中律・無矛盾性	●他分野、日常との関連 ●創造的知性
ゲームを検討する	●乗法定理・加法定理 ●確率の計算	〈グループワーク〉 ●他者を支援する ●協働で問題解決する ●ゲームを楽しむ（融和）
他者とゲームをシェアする	●大数の法則 ●検定	
振返る	●樹形図による分類への一般化➡発展	●省察力

抽出し、数学の世界へ導いていくというコーディネート力が求められる。おそらくそれは、「東大」や「数学オリンピック」を受験する生徒であろうが、底辺校といわれる学校であろうが同じであると思う。

さて、このような考えに基づいて、スゴロク型のシミュレーションゲームの授業を考案した。ゲームを構想し、作成し、それを他者と共有し、確率の計算技能を身につけるという数学的活動により、確率の単元の総まとめを行うことを意図している。生徒の作成したシミュレーションゲームは、その単元のハーベスト（成果物）として評価の対象とする。この授業によって身につけるべき力を以下に示す。

2　授業の展開

まず、生徒に白紙を与えて、次のように指示する。
① スタートからゴールに向かうゲームをつくる。
② 途中に分岐点をつくり、そこでサイコロを振っていろいろな進路に行くようにする。
③ ゲームはあまり複雑でなく、ゴールできる確率を計算できるように。

この実践を行った最初の年は、なかなか自分の言いたいことが伝わらず苦労したのだが、翌年から、前年の生徒の作った作品を見せることで、非常に説明がしやすくなった。

下の図は、前年度の生徒のつくったゲームである。これを基に以下のような問いを立て、授業を展開する。

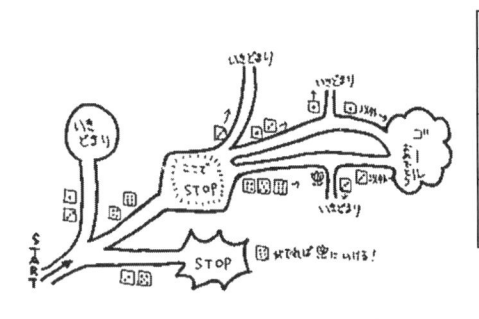

番号	コース	確率
①	$S \to A \to C \to G$	$\dfrac{2}{6} \times \dfrac{2}{6} \times \dfrac{5}{6} = \dfrac{10}{108}$
②	$S \to B \to D \to G$	$\dfrac{2}{6} \times \dfrac{1}{6} \times \dfrac{5}{6} = \dfrac{5}{108}$
③	$S \to A \to D \to G$	$\dfrac{2}{6} \times \dfrac{3}{6} \times \dfrac{5}{6} = \dfrac{15}{108}$

確率　$\dfrac{10}{108} + \dfrac{5}{108} + \dfrac{15}{108} = \dfrac{30}{108} = \dfrac{5}{18}$

【問1】スタートからゴールに着くコース（道順）をすべて挙げてみよう。
【問2】次に、各コースの確率を計算しよう。（乗法定理）
【問3】このことから、ゴールできる確率を求めよう。（加法定理）

3　生徒の作品

＜ゲームその１＞「愛するおばあさんが待っているマイホームに帰ろう!!」（図左）
＜ゲームその２＞「ジャックと豆の木」（図右）

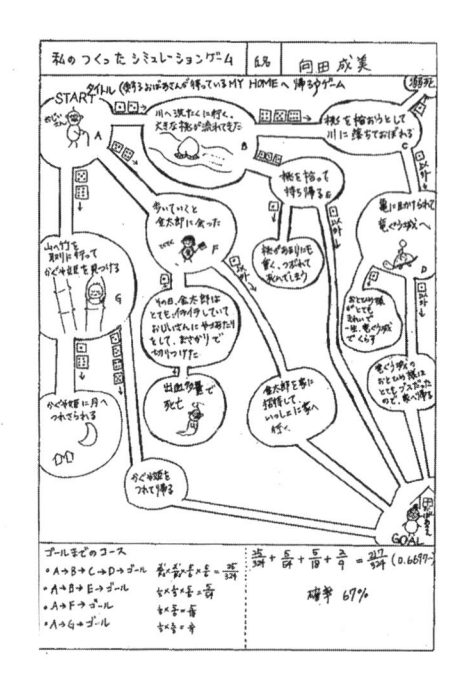

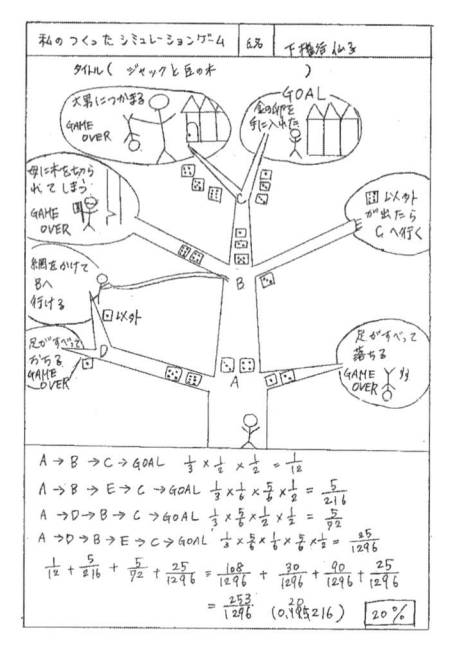

　ゲームその１の「愛する～」は、桃太郎と、かぐや姫と金太郎と浦島太郎を混ぜ合わせたゲームである。「パラレルワールドおとぎ話」とでもいえよう。ゲームその２の「ジャック～」もそうだが、女の子はストーリー性の強いゲームをつくるようである。この種のゲームとしては、他に、女の子３人の連作「猿の生い立ちPART１・２・３」という超大作や、バスケット部が県大会に出場するまでの道のりを現実に即してゲーム化した「県大会に行う！」など、まだまだ紹介したい面白いゲームがあるが、紙面の都合で割愛する。

＜ゲームその３＞「ＰＫ合戦」

　ＰＫ合戦。シンプルなネーミングとイラスト。ゲームのルールも単純そのもの。でも、何となく面白さ、おかしさのあるゲームである。

　では、遊び方を説明しよう。２人で行い、１人がシューター、１人がキーパーとして、同時にサイコロを振る。例えば、シューターが２の目を出し、キーパーが３の目を出したとすると、ボールは右でキーパーは左に飛んでいるので、ゴールインしてシューターの勝ち、という具合になる。授業では生徒全員に紹介した上で、右上図の表により、ゴールインする確率を求める活動も取り入れた。さらに、このゲームは期末考査にも出題した。

男子のつくるゲームの特徴としては、何となくPCゲームの影響を受けたものが多いという気がした。スポーツもの、格闘技もの、中には本格的なRPGをつくってきた生徒もいた。ただ、この場合、ゲームづくりに熱中し過ぎて確率の計算がわからなくなることもあった。

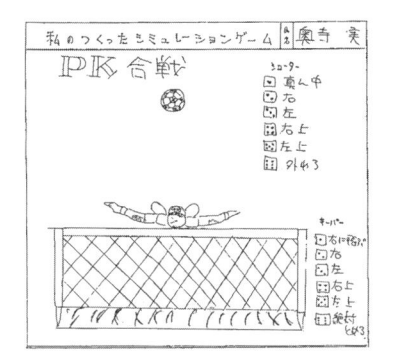

4 ゲームづくりを行って

ここで行った授業は、単によいゲームづくりを競い合うのではなく、ゲームをつくる過程に力点を置いて実施したものである。つまり、「構想を練る」→「ゲームをつくる」→「ゲームを検討する」そして、「ゲームを行う」（グループ内でシェア＋全体に紹介）という流れの中で、生徒の数学の力と、学びに向かう姿を評価するという意図をもつものである。

生徒の様子を見ると、すぐ紙に書き出す者、構想に時間をかけてなかなか書き出さない者、ゲームをつくりながら分岐を多くし過ぎ、ふくれ上がってしまいアップアップしている者等々、いろいろな発見があり大変面白かった。

公式などよく覚え、期末テストではいつもよい点を取る生徒が、どう取り組んでいいのかわからなくなり紙とにらめっこということもあった。また、普段から無口で、友人もいなくいつもひっそりしている生徒が、生まれてから結婚までのシミュレーションをマンガ入りで面白おかしくつくったりなど、生徒の意外な一面も感じることができた。

このゲームつくりの授業の流れである「構想を練る」→「つくる」→「検討する」→「実行し反省する」は、人間の行動原理（PDCAサイクル）と見ることができるかもしれない。

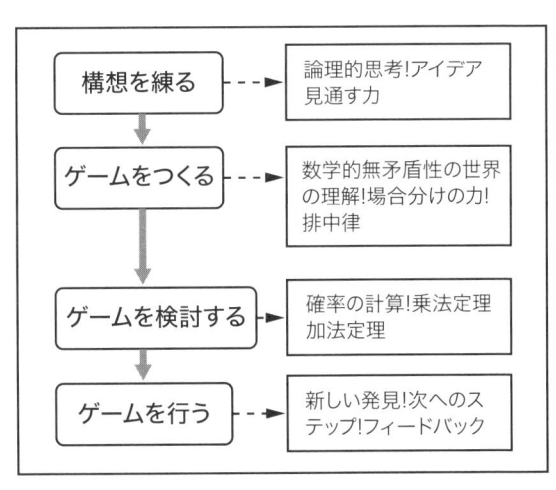

授業実践例④　深い学びとは何か（分点の座標を題材にして）

現在、文科省はアクティブ・ラーニングのキャッチフレーズとして「主体的、対話的で、深い学び」と謳っている。「深い学び」という言葉は、アクティブ・ラーニングが進展する中で、「活動ありて学びなし」「這いまわる経験主義」といった疑問や危機感が、現場サイドからの声として出始め、アクティブ・ラーニングはディープであるべきとの合意が形成されていったからではないかと推察している。

では、「深い学び」とはどのようなものであるか。私は、これを、大学入試や模擬試験の偏差値に評価軸を求めるようなものではないと考える。また、基礎・基本に習熟した先に、初めて「深い学び」が起きるものでもないとも考える。

私は「深い学び」を導くキーワードとして以下の3点をあげておきたい。

1　モチベーションとインタレスト

やる気と興味を喚起するような教材を工夫する。興味関心が増幅することで、自ら発展的に学ぶ態度が育まれる。

2　有用性と活用

現在習っていることが、自然現象や社会現象に現れていることを示す。また、数学が社会の中で役に立つこと、数学のよさを伝える。

3　つながりと発展性

現在学んでいる内容と、小中で学んだ既習事項とのつながりを示す。また、それがどのように応用されるかという発展的な学びを展望する。さらに、歴史的な背景を垣間見せること、他教科の内容との関連を示すこと、別解を考えたり、断片的な知識を構成して新しい知見やアイデアを生み出すことなどが考えられる。

このような観点に立ち、「分点の座標」（数学Ⅱ　図形）をテーマに、いくつかの展開例を紹介する。

■ 展開例1（分点を考える意味）

古代ギリシャ時代に、ピタゴラスがモノコード（一弦琴）を使って、調和する音階の線分比を求めた話は有名です。

彼は、弦を左から1:1の地点で押さえると、開放弦に対して1オクターブ高い音が出ること、左から1:2の内分点を押さえると5度の音がでて、それらはよく調和するということを調べました（開放弦をドとすると、ドソドの和音が出てよく調和する）。

音楽は数学の宝庫でもあるのですが、このような音階との話をしてみるのも分点を考える動機づけになるかもしれません。

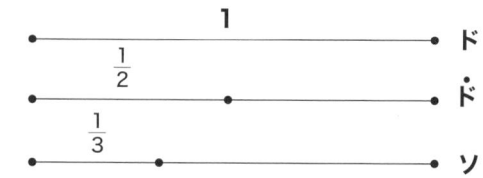

■ 展開例2（分点を決定する方法）

例えば、下図において、AB を 3：2 に内分する点の座標は、全体が 5 等分されているので、すぐ求めることができます。

では、AB を 5：3 に内分する点はどこにあるでしょうか。うまく作図できますか。例えば、右図のように求めることができます。手順は

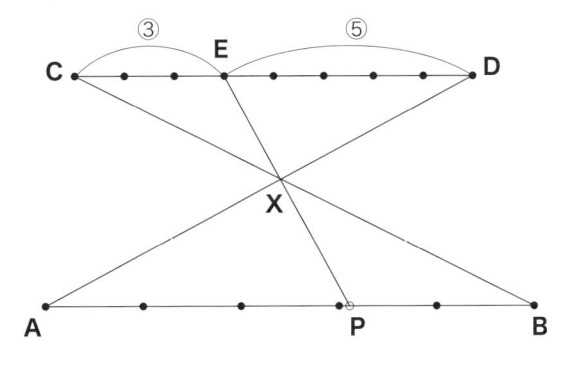

(1) 8 等分してある適当な長さの線分 CD を AB に平行にとる。A と D、B と C を結ぶ。
(2) DE：EC = 5：3 となるように E をとる
(3) 線分 AD, BC の交点 X と E を結び、その延長と AB が交わる点 P が AB を 5：3 に内分する点

この考えは、正比例関係にある 2 個の変量の一方から他方の値を求める速算法として使われます。

たとえば、15kg で 3,000 円のみかんがあるとき、7kg 買ったらいくら払うかというときに、下図のような図を用意して作図すると、すぐにどれくらいの値段かがわかります。

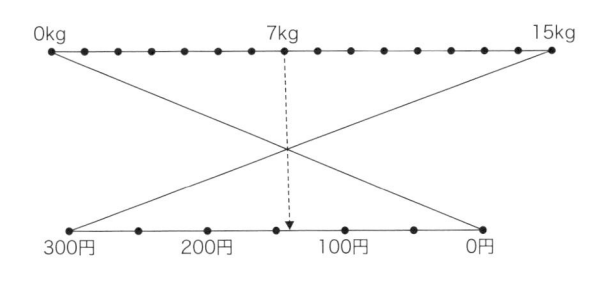

0 kg は 0 円、15kg は 3,000 円なので対応するところを結ぶ。メモリを細かくしておけば、何 kg で何円か、何円分は何 kg などが直ちにわかります。

実際に生徒に作図させてみるとよいと思います。

■ 展開例3（生活の知恵）

線分比は正射影によって保存されることを、実生活と関連させた話題で考えてみます。

志望理由書に文章を書かなければならなかった A さんは、6 行分の罫線を引いておこうと思いました。しかし、縦の長さを測ると、5.1cm しかありません。どうすればよいでしょう。

正射影によって線分比は変わらないということを知っていた A さんは図のように定規を斜めにして 6 cm のところに合わせました。それを、適当な 2 個所で行って、点を結んでいけば見事！5 等分されました。生活の知恵です。数学の有用性の一つの例証です。

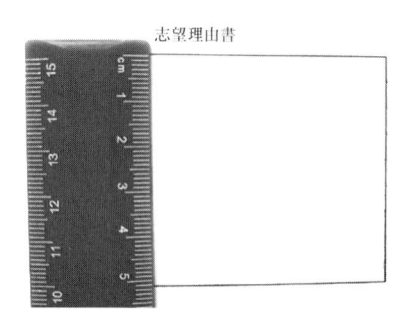

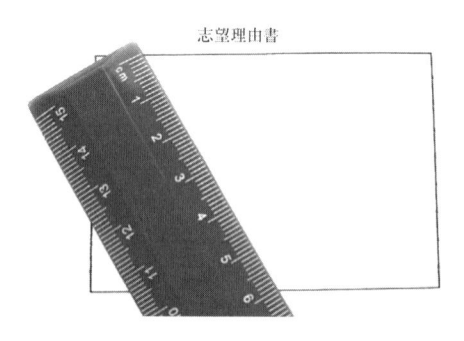

■ 展開例4（ゴムの一様伸縮性を利用した教具）

輪ゴムを何本かつなげただけのものですが、授業での効果は抜群です。写真では5本の輪ゴムをつなぎ、3本目と4本目のつなぎ目にクリップを付けています。ゴムは一様に伸びることからつねにクリップの位置は3：2をキープします。重心の位置の確認や、軌跡の方程式など、いろいろな応用が考えられます。

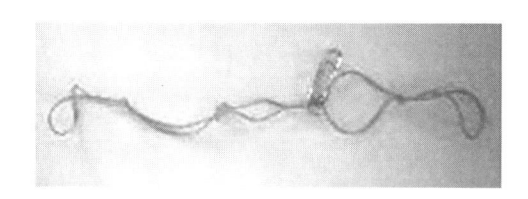

■ 展開例5（食塩水の濃度）

食塩水の濃度を求める式はちょうど分点の座標を求める式と同じ形になります。これはモーメントの和の釣り合いの問題と捉えてもよいと思います。

a％の食塩水 ng と b％の食塩水 mg を混ぜたとき、x％の食塩水ができたとすると。
$$x = \frac{na + mb}{m + n} (\%)$$

<右図>
3％の食塩水 100g と 6％の食塩水 200g を混ぜた場合。
モーメント「(腕の長さ)×重さ」の釣り合いを考える。
$(100 + 200)x = 100 \times 3 + 200 \times 6$
$x = \dfrac{1 \times 3 + 2 \times 6}{1 + 2} = 5(\%)$

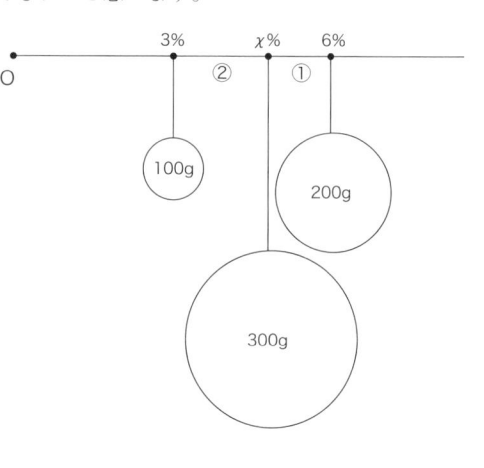

深い学びとは何か（分点の座標を題材にして）**授業実践例④**

■ 展開例6（錘による釣り合いの実験）

次の写真のように割り箸と釣りの錘を使った実験も面白いと思います。

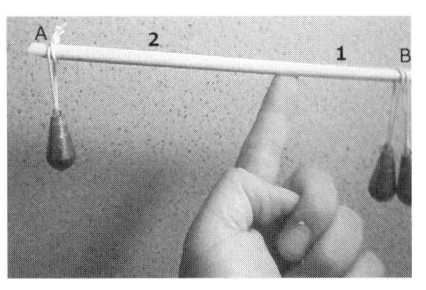

ABの両端に10gの錘をぶら下げます。釣り合いの点は当然中点です（写真左）。

では、A地点に10g、B地点に20gぶら下げた場合はどうか（写真右）。ほとんどの生徒は2：1の地点と答えます（班をつくって実験させてもよい）。その後、両端の錘の分布をいろいろ変化させて釣り合いの点を調べてみます。

この考え方のよさは、錘の分布によって分点の位置を決定づけることができるということです。

三角形をつくって各頂点に1個ずつ錘を分布させてみます。BCの中点のM地点には2個分の錘が、A地点には1個分の錘がかかっているので、釣り合いの点はAMを2：1に内分する点であることがすぐ納得できます。

また、右図において、AD：DB＝1：2、BE：EC＝1：1

であれば、A地点に2個、B、C地点にそれぞれ1個の錘を分布させたときの釣り合いの点を決定する図なので、ベクトルやメネラウスの定理を使わずともCF：FD＝3：1、AF：FE＝1：1などがたちどころにわかります。

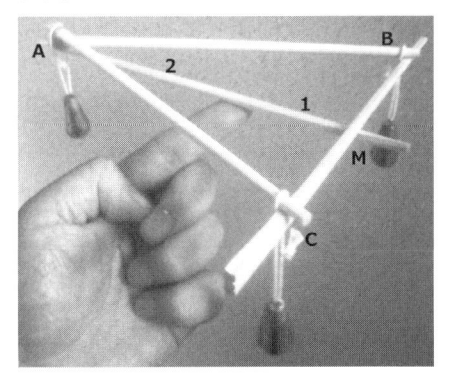

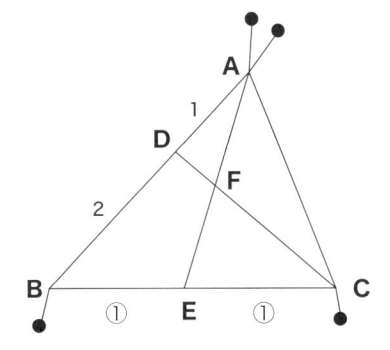

055

「いま、高校を地域に埋め戻すとき」
～学力向上、地方創生の一体的・循環的展開～

岐阜県立可児高等学校
浦 崎 太 郎

　私は、岐阜県立可児高校の物理教諭として、アクティブラーニング（AL）型の授業を試行しています。また、中学校や博物館の勤務経験、まちづくり活動などを通して、幼少期から高校期にかけてのつながり、学校と地域のつながりについて、その全体像の解明に努めてきました。
　ここではそのような立場から、子どもたちの学力向上と地方創生の一体的かつ循環的な展開について述べていきたいと思います。

「アクティブラーニング」の現状

＜ALはなぜ必要になったのか＞

　最近「アクティブラーニング（AL）」という言葉は、各種調査や日頃の話題に頻繁に登場するようになりました。

　ALを授業にとり入れている学校は全国にありますが、可児高校のようないわゆる進学校の授業でALを毎日行っているというのは、非常に珍しい事例だと思います。さらに、私の場合は地域連携も同時にやっていますので、この両方をセットにしている教員は全国でも他にいないのではないかと自負しています。

　ALは、文部科学省も謳っているように「学校で・教師が・既存教科の授業で」扱うことが重要だと思います。ですが、それ以上に「地域で・多様な大人と・現実の課題解決において」すなわち地域に出て課題解決を体験することのほうがもっと重要であり、自然かつ有効だというのが私の見解です。

　図表2-1は、私の授業の内容です。50分の授業の中で、まず15分でポイントだけのオリエンテーションをすませます。そして30分くらいかけて例題を「解読」させます。これは、教科書をじっくり読ませ、考えさせて知識を習得させるというものです。さらに、ラスト5分で確認テストや

■ 図表 2-1 ■

毎時の授業展開（物理・H26年度〜）

【導入】　教科書の概説（15分）
　　　　　・「どこに何が書かれているか」伝達する程度

【展開】　グループワーク（30分）
　　　　　・教科書を熟読し、例題を「解読」
　　　　　・自分に適したレベルの問題で演習

【まとめ】レポート作成（5分）計50分
　　　　　・その日に解いた問題を、答えを見ずに解答

振り返りをして毎時間の授業が終わるというパターンで、2014年度から実践しているものです。

授業をAL化したところ、信じられないかもしれませんが、「レクチャーは15分で十分だ」という生徒の反応が返ってきました。毎時間アンケートを取って確認している結果なのですが、むしろ説明がだらだら長引くと不評なのです。しかし短ければいいということではなく、充実したグループワークのためには15分間で高度に洗練された説明をする必要があります。したがって、ALをやろうと思えば思うほど「高い授業力」が求められるということです。

短期間でAL型の授業に変換できた理由としては、毎時間後「今日のプレゼンの量やスピードはどうだったか」と「生徒に聞く」フィードバックの仕組みをつくったことが挙げられます。そのおかげで、どんなスピードでレクチャーすればよいのかが身についていったのでしょう。

ALについては、「授業が遅れる」とか「学力が下がる」といった危惧を抱く人もいます。もちろん、やり方を間違うとそうなります。なぜなら、中途半端な説明をすると生徒が理解できないので、説明が冗長になる。そうすると交流の時間が取れなくなるので、交流を通してじっくりと考察し理解することもできなくなります。したがって、進度が遅れ、学力が下がってしまうのです。

こういう失敗に陥らないためには、コツがあります。緻密かつ入念な準備をして、従来型授業から大胆に切り替えることです。説明は最初の15分で、30分ぐらい交流の時間を取るといった大胆な変革をしないとALは成功しない。私はそう考えています。だからこそ教師には非常に高い力量が要求されるのだということを、理解しておく必要があります。

ところで、そもそも高校の授業をAL化する必要が生じた背景には、何があるのでしょうか。私は写真2-1のような図式を使って生徒に説明しています。

板書の左側が、私も含めた親世代が持っている学習観。右側が、現在の国際標準ともいえる若者世代の学習観です。その最大の違いは、インター

■ 写真 2-1 ■

"AL"が必要になった歴史的背景

　ネットが普及したかどうか、です。
　ネットが普及する前は、知識が簡単には伝わっていかないので、知識の価値が目減りしませんでした。つまり知識をストックすることに価値があったので、お金をかけてでも若者に知識を詰め込ませれば、それで一生稼いでいけた時代だった。したがって、丸暗記が幅を利かせるような教育が行われていました。
　しかしいまはネットがありますから、猛烈な勢いで知識が伝わり、猛烈な勢いで知識が価値を失います。ですから、知識を生産し続ける力がないと稼いでいけない。知識を生産し続けるということは、学習期間は一生だということです。そして、待っているだけではダメで、自ら主体的に関わっていかないと生き残ることはできないということなのです。
　「だから、親の時代と君たちの時代は全然違っているんだよ」「そのために授業でも AL をやっているんだよ」という説明を、私は生徒たちにしています。
　ちなみに日本以外の国では、すでに 10 年いや 20 年も前からそういう教育方法に切り替えています。ところが日本だけはその変化に乗り遅れて、いま頃になって「AL は必要だが、どうすればいいのか」とあたふたする状況になっているのです。

＜高校と大学・社会との認識のずれ＞

　ALに対する認識は、現状、高校と大学・社会とでは相当なギャップがあると私は感じています。大学や社会が期待しているALは、よほどの好条件が重ならない限り、高校では実現できないのではないかと思うのです。

　ALを扱っている中央教育審議会の教育課程企画特別部会では、「新しい時代と社会に開かれた教育課程」について「社会とのつながりの中で学校教育を展開していくことは、我が国が社会的な課題を乗り越え、未来を切り拓いていくための大きな原動力ともなる」という方向性を示しています。

　つまり、「社会とのつながりによる課題解決」がキーワードであり、その流れでALを以下のように定義しているのです。

- 思考力・判断力・表現力等は、学習の中で、（中略）思考・判断・表現が発揮される主体的・協働的な問題発見・解決の場面を経験することによって磨かれていく。
- そうした学習経験の中で活用することにより定着し構造化されていき、ひいては生涯にわたり活用できるような物事の深い理解や方法の熟達に至ることが期待される。
- こうした学びを推進するエンジンとなるのは、子供の学びに向かう力であり、実社会や実生活に関連した課題などを通じて動機付けを行い、子供たちの学びへの興味と努力し続ける意志を喚起する必要がある。

　自らが主体的・協働的に課題を発見して解決するとは、どのようなことなのでしょうか。簡単にいえば、我々が全く未知なものに出会い、興味や関心を持ち、知識を吸収し理解する。そしてそれを「活用・探究」していくということです。

　そのプロセスを、マーケティングの世界でいうところのＡＩＤＣＡ（アイドカ）という理論とリンクして書くと、図表2-2のようになります。つまり活用とか探究というものは、高い段階まで進まないと現れてきません。つまり、それ以前に多くの布石が必要なのだということを理解しておく必要があるのです。

　このプロセスに照らしてみると、大学や社会はステップ5を求めている

■ 図表 2-2 ■

step	支援	段階	説明	層
step 5	行動支援	Action	学習対象が関わる問題の解決を意識して**行動**している。／問題解決の現場に参加できる機会の提供	行動層
step 4	理解支援	Confidence	自分と学習対象の関係について深く**理解**している。(有機的)（ただし、未だ問題解決にむけた行動は起こしていない。）／自分と学習対象のつながりについて気づく場の提供	理解層
step 3	吸収支援	Desire	学習対象に関する**知識**がある。(断片的)（ただし、未だ自分と学習対象のつながりについては理解していない。）／興味関心に応じた知識吸収の支援	知識層
step 2	興味喚起	Interest	学習対象に**親近感**がある。(刺激に対して即座に反応できる)（ただし、学習対象に対して未だ知識は乏しく、学習活動もしていない。）／学習対象の魅力に心が動く提示の工夫	興味層
step 1	注目獲得	Attention	学習対象が意識のどこかにある。(反応する拠り所がある)（ただし、学習対象には未だ距離感がある。）／学習対象に気を引く効果的な見せ方の工夫	関知層
			学習対象が意識のどこにもない。(反応する拠り所がない)	未知層

「自ら課題を発見して解決する」ようになるまでのプロセス （AIDCA）

■ 図表 2-3 ■

ALに対する期待と現状

【社会や大学からの要請】

協働的な態度や課題解決力の育成 (Step 5)

↕ 深刻なギャップ

【高校生の実態】

基礎学力や学習習慣が充足されていない
・理解支援 (Step 4) ができれば上々
・吸収支援 (Step 3) が可能なら、まだよし
・興味喚起 (Step 2) で精一杯の場合も

ことがわかります。しかし、高校では生徒の実態がなかなか伴いません。それゆえ、いわゆる進学校においてはステップ4ができれば上々、そうではない学校だとステップ3あるいは2までいければ上々。それが実態です

（図表2-3）。つまり、高校で広まっているALと、世の中が本当に必要としているALには、このようなギャップがあるのです。

では、高校が、大学や社会からの期待に応えられる条件とは何でしょうか。以下に挙げる3つが考えられます。

①入学時の基礎学力や学習習慣、すなわち、家庭や地域の環境が一定水準を満たしている。
②目標を達成するために必要な学習時間が十分に保障されている。
③教職員のマンパワーや余力が一定水準を満たしている。

これらがすべてそろうような学校であれば、その度合いに応じて探究活動はやっていけるでしょう。しかし、これらがそろわないと簡単には実現できないのが現状です。つまり、ここに挙げた前提がどれだけ充足されているのかに応じて、どこまで探究というものをとり入れていくのかを考えざるを得ないということです。

その上で、このギャップをどうやって埋めていくのか。それこそが、我々高校の教員に与えられた課題のひとつだと理解しておく必要があるのではないでしょうか。

＜ALに対する高校の関わり方＞

高校はどのようにALと関わっていけばよいのでしょうか。

前述の3つの前提条件が整うまでの間に注意すべきは、「習得」や「受験」を悪玉視する風潮になびいてはいけないということです。すべてではないにしろ、習得は探究の重要な基盤であることに間違いはありません。受験も、習得のためにはとても有効な手段であるという捉え方が必要です。

また、大半の単元では「習得」の手段としてALを位置づけていくこともやむを得ないでしょう。もちろんそれだけでは進歩はないので、本来のALをやれる可能性が大きい単元については、指導計画を徹底的に練って、「探究」型の学びを実現する手段としてALを位置づけていきたいところです。

以上のようなメリハリをつけていくことが、高校におけるALには求め

られると思います。

　しかしながら、高校におけるALには本質的な限界があることも考慮しておかなければなりません。なぜなら、高校の教科・科目は学問体系に基づいて細分化されているものです。そして、それぞれの因果関係も確定している。そんなところにALによる課題解決をとり入れても、成果はあまり期待できないからです。しかも、基礎的な知識を確実に生徒たちに習得させるだけでも、膨大な時間を必要とします。それを削ってまでプラスアルファのことをやらせるには、物理的にも構造的にも限界があるのです。

　さらにいえば、現在の高校の授業に安易な気持ちでALをとり入れたり、「社会」「活用」「探究」などのキーワードに振り回されたりすると、せっかく成り立っているものでさえ崩壊させてしまう危険性もあります。生徒の基礎学力が伴わない実態は変わらないのですから、浮き足立つことなく、あくまでも「習得」に軸足を置くことです。それを踏まえた上で、ALを位置づけていくことが大事だと思います。

　受験との関係ですが、習得を主目的とするAL型授業では、既知の問題に対して皆で全体像を把握することができます。一方、大学入試（個別学力試験）では、未知の問題に対してひとりで知識を構築することが求められます。

　つまり、微妙にずれている。AL型授業で身につく学力と受験学力は別物だという認識も持っていなければいけません。AL型授業を導入しただけで受験学力が上がるという幻想は持たないほうがよいということです。

　その一方で、AL型授業を行うと、より多くの生徒がより難しい内容まで授業時間内に理解できるようになります。だからこそ、その学習内容を定着させるための日々の復習（自宅学習）が、いままで以上に大切になってきます。授業と自宅学習をトータルにデザインしていくことが受験対策には必要となります。

　なお、評価に関する質問をいただくことが多いのですが、目的によって評価の方法は当然違うわけですから、習得が目的であったならば従来型の評価でもやむを得ない部分が大きいでしょう。

地域再生が教育再生のカギ

＜地域に視野を広げてこそ見えてくる＞

　授業の AL 化が教育の再生に重要な役割を果たすことは間違いありません。しかし、学校教育の中だけですべてを解決することは困難です。例えば、「アクティブラーニングをやれ」と指示されたからやりますか……という姿勢で形だけ授業へ導入すると、今後さらに大きな混乱や疲弊が起きるだろうと予想されます。

　その混乱の原因として考えられるのが、「子どもや若者が学ぶべきことは、学校で教員が教えるべきことである」という固定観念です。我々教員にもありますし、世間一般にも厳然とあります。これは、子どもたちを取り巻く社会や学校あるいは行政機関などのそれぞれの役割が縦割りに細分化され、それゆえに互いが責任転嫁し合う構図となっているせいで生じているともいえます。

　それを打破するには、地域にまで視野を広げて高校とセットで俯瞰することです。なぜなら、AL は「地域のリアルな課題を解決する」ためにこそ必要なものだからです。1 章の冒頭でも述べたように、「学校で・教師が・既存教科の授業で」扱うことも重要ですが、「地域で・多様な大人と・リアルな課題解決において」体験させるほうがより自然であり、地域の担い手を育成するためにも有効なはずです。つまり、地域が生き残るためには、地域そのものが AL に取り組まなければなりません。

　ただし、地域全体で AL に取り組みさえすれば高校の授業はワンウェイでいいのかというと、そうではありません。地域（地方）の衰退は、大人がその集団の中でクリエイティビティを発揮できていないことに一因があります。同じ轍を踏まないために、いまの高校生には将来、多様な集団の中で新たな知恵を生み出していく能力が求められることになります。

　高校生が一日の中で一番時間を過ごすのは学校です。その学校で日常的に課題発見・解決につながるような AL に慣れておかないと、知恵も生ま

れてこないでしょう。したがって高校の授業でも、ALで生徒を鍛えておく必要があるということです。

　これは、生涯学習の観点からも望ましいAL導入法です。キャリア教育の観点では「グローバル人材の育成」ということが叫ばれていますが、それにもALは必要になると考えられるからです。グローバルな社会、地域、教室（学校）の関係を示したのが図表2-4です。
　三者の間には階層性がありますから、高校生がいきなりグローバルな問題解決をしようとしても、しょせん無理な話です。まずは地域に出て、そこでリアリティを感じて、その上でグローバルな社会を感じる。そういう仕掛けが必要だと思います。
　まず土台づくりとして「地域課題解決活動」。これは学習意欲向上や地域再生にも有効です。さらに基礎として「授業のアクティブラーニング化」が必須だということです。地域と高校をセットにすることによって、学校が本当に果たしていかなければならないミッションが初めて見えてくるのです。
　なお、AL型授業における班編制の在り方については、理想的には、好きではない生徒同士、苦手な生徒同士でチームを組むようにするのがよい

■ 図表2-4 ■

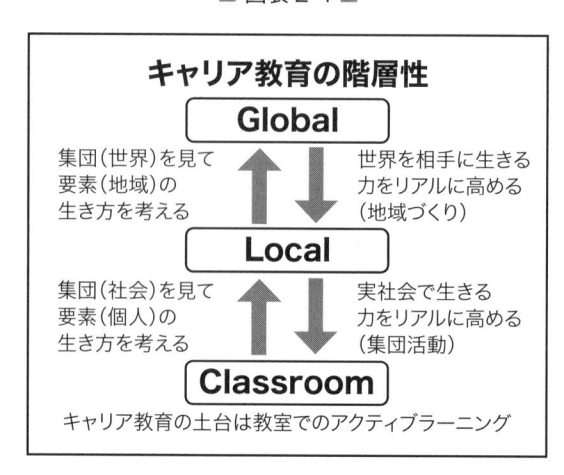

キャリア教育の階層性

Global

集団（世界）を見て要素（地域）の生き方を考える　↑↓　世界を相手に生きる力をリアルに高める（地域づくり）

Local

集団（社会）を見て要素（個人）の生き方を考える　↑↓　実社会で生きる力をリアルに高める（集団活動）

Classroom

キャリア教育の土台は教室でのアクティブラーニング

かもしれません。しかし私は、そもそも高校時代は多様な大人と関わる時期だと考えています。だから集団との関わり方は、地域で大人と関わる中で学んでいけばよい。学校においては、むしろそれよりも課題解決に必要な知識をしっかりと習得していくことのほうが優先順位は高いだろうと思います。だから一番習得しやすいような集団を形成して、そこで学び合いをさせていくほうがはるかに望ましいと考えます。つまり、学校で完結する考え方の場合と、地域も含めて学びをデザインする場合では班編成の方法も違ってくると理解してください。

＜地域と教育との関わり＞
　私が「教育再生のカギは地域にあり」と確信したのは、高校だけではなく中学校に異動したり、まちづくりで小学生と関わったり、あるいは博物館勤務を通して地域と連携した取り組みを行ったりしたことで、全体の構図を見ることができたからです。
　キャリア教育とも関連しますが、人は成長の度合いによって、どの年代でどんな集団とどのように関わっていくべきなのかを学ばなければいけません。結局のところ、大人になって社会と上手に関わっていくために、子どもの頃から段階を踏んでトレーニングをすることが教育の目的ともいえるのです。
　それを順々に示したのが図表2-5です。年代ごとに地域（小中学校区）はどうあるべきか、図表に示したような条件がそろっていれば、高校で探究型の授業を行える土台が形成されると考えています。したがって、短期的に解決するのは難しいことなのです。
　この構図を逆から見てみると、社会に出るタイミングは高校生くらいです。その時期には、社会との関わり方を覚えていくことに集中します。その前は、顔の見える身近な大人と関わるトレーニングをする。これが中学生くらい。小学生段階では、異年齢集団の中での関わり方を覚える。その前の幼稚園の段階では、同年齢集団との関わり方を覚えます。
　このように、幼少期から高校生へとステップを踏んでいけば、無理なく大人になれるだろうことが理解できるでしょう。

■ 図表 2-5 ■

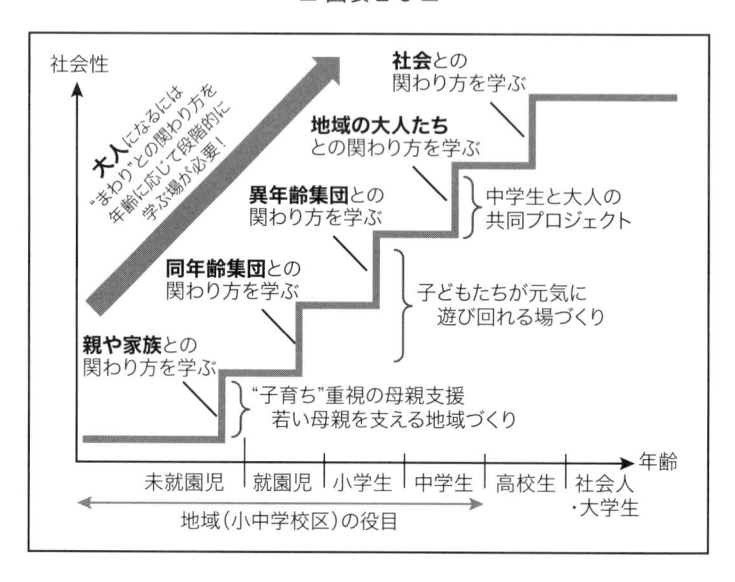

```
社会性 ↑
                                    社会との
                                     関わり方を学ぶ
         大人になるには
         "まわり"との関わり方を
         年齢に応じて段階的に      地域の大人たち
         学ぶ場が必要!            との関わり方を学ぶ
                                              中学生と大人の
                      異年齢集団との              共同プロジェクト
                      関わり方を学ぶ

                同年齢集団との
                関わり方を学ぶ           子どもたちが元気に
                                     遊び回れる場づくり
          親や家族との
          関わり方を学ぶ
                      "子育ち"重視の母親支援
                      若い母親を支える地域づくり
                                                              → 年齢
         未就園児 │ 就園児 │ 小学生 │ 中学生 │ 高校生 │ 社会人
                                                    ・大学生
                  地域(小中学校区)の役目
```

　幼稚園の園長経験者に、「学力向上の問題は、あまり表には出ていませんが、実は小学校に上がるときにはもう決まっている」と聞いたことがあります。「小1プロブレム」という言葉は1998年頃に提起され、その後マスメディアなどで取り上げられ認知されるようになりましたが、ある意味簡単な話で、小学校に上がったときに大人（先生）の話を我慢して聞けるだけの集中力があれば、ちゃんと内容が理解できるから落ちこぼれることはない。しかし、先生の話を我慢して聞く集中力がない子どもは、小学校の授業についていけなくなるのです。結局は、子どもの「こらえ性」や「落ち着き」のなさが問題の根本にあるということです。

　ですから、我慢や落ち着きを身につけるのが幼稚園の重要な役割だといえます。子どもたちが仲間の輪に入っていけるような支援を行う。そうして仲間の輪に入ることができれば、心が穏やかになって集中力がつくということなのです。

　高校で直面した学力不足の問題の原因を探ると、そこまで遡らなければならない。まさに驚くべきことですが、コミュニティと学力向上はこうい

う形でつながっていることがわかります。

　私は2004年の春、岐阜高校で教壇に立っていた頃に「学力低下や学力崩壊の根源的な原因は、おそらく地域にあるのだろう」と直感していました。しかし、地域の教育力とは一体全体何なのか、その正体はわかっていませんでした。そこから、いろいろなデータを取り込みながら「多分こういうことではなかろうか」と探っていったのです。
　5年くらいかけてようやくその全体像を把握し、見えてきたビジョンに基づいて多くの取り組みをしてきました。そして得た結論は、地域において幼少期から段階的に社会と接する経験をしてこなかったことが、学力崩壊を引き起こしている。つまり、社会と接する経験をすることで子どもは伸びるということ。それがはっきりとわかったのです。
　さらに突き詰めれば、母親の心の落ち着きや穏やかさの問題に行き着きます。母親が安心して過ごせるコミュニティがあれば、母親はゆったりと構えられる。すると子どももゆったりと安心して過ごすことができ、勇気を持ってチャレンジすることができます。仲間の輪にも入っていけるので、仲間づくりに成功して、その結果学力もついてくるという流れです。
　ところが、現実は学力向上への流れとは全く逆になっています。つま

■ 図表2-6 ■

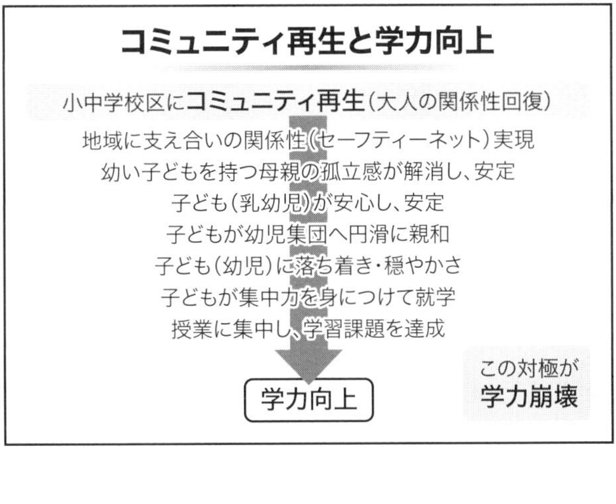

コミュニティ再生と学力向上

小中学校区に**コミュニティ再生**(大人の関係性回復)
地域に支え合いの関係性(セーフティーネット)実現
幼い子どもを持つ母親の孤立感が解消し、安定
子ども(乳幼児)が安心し、安定
子どもが幼児集団へ円滑に親和
子ども(幼児)に落ち着き・穏やかさ
子どもが集中力を身につけて就学
授業に集中し、学習課題を達成

→ 学力向上

この対極が **学力崩壊**

り、コミュニティの崩壊が学力崩壊をもたらしている。それを解決するには、母親を受け入れられるようなコミュニティをつくり上げること。それが、学力向上のための緊急課題なのです。

<子どもから遊びを取り上げた悪影響>

　違う角度から見てみましょう。かつて、「活用」や「探究」を深める目的で「総合的な学習の時間」が導入されました（活用・探究＞習得）。しかしこのときは生徒の実態が伴わなかったために、ここ10年ほどは「学力向上」や「基礎・基本の徹底」つまり習得が大事だという方向に針が振れてきたと思います（活用・探究＜習得）。

　しかし、それだけではやはりダメで、国そのものが危機に瀕してきたために、あらためて活用・探究の必要性が中教審で高らかに謳われるようになってきたことは、前述したとおりです。現在の状況は、かつて「総合的な学習」が導入されたときと全く同じであるといってもよいでしょう。

　では、なぜ生徒の実態が伴わないのか。昔は、遊びの中、あるいは遊びの延長線上に学びがありました。ところが、最近は外遊びをしない子どもが多く、遊びと学びが乖離したことが大きな理由なのです。

　その代わりに子どもたちはゲームで遊んでいますが、ゲームモードになっている頭の中を学びモードに切り替えるのは、子どもにとって大変難しいことです。学校の授業も全く同じで、子どもをゲームモードから学びモードに切り替えるためには、相当な労力がかかるのです。

　図表2-7が「むかし」と「いま」の違いを表したものです。左側が「むかし」、生活に豊かな遊びがあった頃で、小・中学校での授業の前には導入（動機づけ）がすでに出来上がっていました。おかげで授業ではじっくりと学びを深め、理解することができ（深まり）、発展・定着（活用）することまでできた。だから学習塾は必要ありませんでした。

　右側が「いま」です。生活に遊びがないため、動機づけに必要な時間を授業時間から割かなければなりません。しかも「ゆとり教育」とやらのおかげで授業時間が削減され、じっくりと学びを深める時間はなくなってしまいました。

■ 図表 2-7 ■

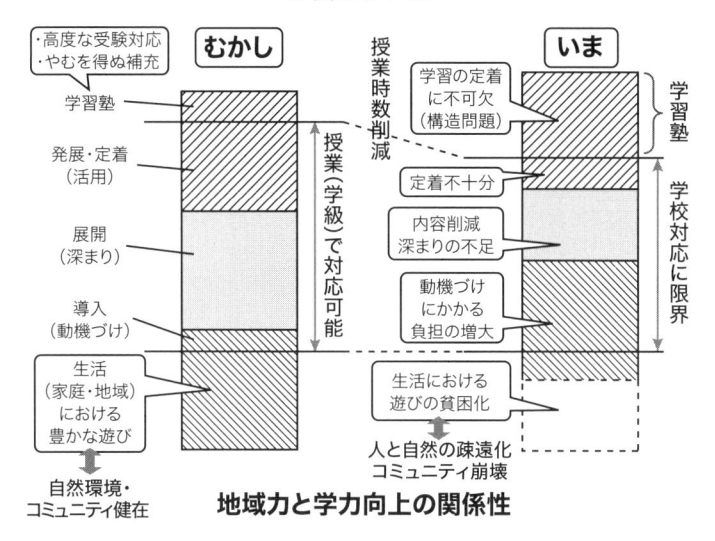

むかし
- 学習塾（・高度な受験対応 ・やむを得ぬ補充）
- 発展・定着（活用）
- 展開（深まり）
- 導入（動機づけ）

授業時数削減 ← 授業（学級）で対応可能

- 生活（家庭・地域）における豊かな遊び

→ 自然環境・コミュニティ健在

いま
- 学習塾（学習の定着に不可欠（構造問題））
- 定着不十分
- 内容削減 深まりの不足
- 動機づけにかかる負担の増大

学習塾／学校対応に限界

- 生活における遊びの貧困化

→ 人と自然の疎遠化 コミュニティ崩壊

地域力と学力向上の関係性

　そうなると、理解が不十分なところに成果だけ求められることになり、とにかくパターンの暗記だ、ということになってしまった。おかげで最近の子どもたちは、本質を理解しないまま、とにかくパターンを学んでパズルを解くように問題を解くという学習活動になっています。その根本原因が、「むかし」と「いま」のこういう違いにあるということです。

　今の子どもたちが置かれている環境は、中学校教育にも影響を与えています。

　図表2-8の左側に示したように、子どもから遊びを取り上げたツケは、学習の定着のために学習塾が必要不可欠な環境となって返ってきてしまいました。そうなると、所得格差が子どもを学習塾に通わせられるかどうかの差になるため、そのまま学力格差となって表れてしまっているのです。

　高校生になるときも、基本的には中学の授業内容を十分に理解しないままとなります。さらに、特に進学校の場合は「君たちは大学に行くのだから、勉強するのは当たり前だ」という建前のもと、動機づけは全く行われません。「現役国公立合格」というしがらみが定着している世界ですから、授業の中で受験テクニックの指導もせざるを得ない。そうすると、じっくりと

■ 図表 2-8 ■

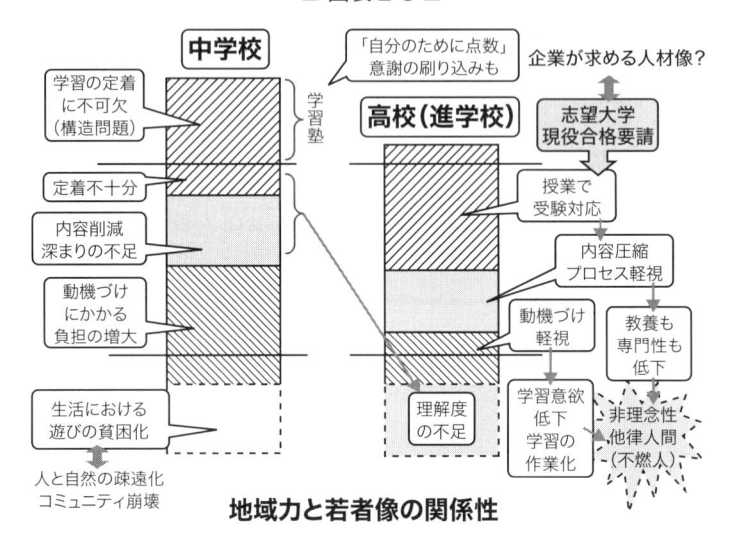

```
中学校
・学習の定着に不可欠（構造問題）
・定着不十分
・内容削減 深まりの不足
・動機づけにかかる負担の増大
・生活における遊びの貧困化

学習塾
「自分のために点数」意識の刷り込みも

人と自然の疎遠化
コミュニティ崩壊

高校（進学校）
・授業で受験対応
・内容圧縮 プロセス軽視
・動機づけ軽視
・理解度の不足
・学習意欲低下 学習の作業化

企業が求める人材像？
志望大学現役合格要請

教養も専門性も低下

非理念性
他律人間
（不燃人）
```

地域力と若者像の関係性

　学び深めていくべき時間が圧縮され、軽視されて、高校の授業から抜けてしまっているのが現状なのです。

　さらに大学に進むと、ここまで動機づけは基本的にされていませんから、勉強は「やらされたからやっているだけ」という状態。しかも、説明してきたようにじっくりと学びを深めていない。それで大学生になっても、向学心を持って勉学に勤しむわけがありません。

　非常に単純な構図といえますが、そのおかげで大学は世の中から、特に経済界からバッシングを受けています。もっと学習意欲を持たせて、ちゃんと学力をつけさせろと要求されている。しかし、説明したとおりの構図ですから、大学だけで解決できるわけがないのです。

　当然のようにバッシングは高校にも降りてきているのですが、根本の原因は子どものときの遊びを取り上げたことにある、というのはすでに述べたとおりです。ですから高校だけでも対処できるわけがない。小・中学校、あるいはそれ以前に遡らない限り、抜本的な解決はできません。

　このような構図を踏まえて掘り下げないと現実の問題は解消されないのですが、残念ながら社会的にはまだ理解されていない段階だといえます。

＜地域の意識の高さが若者の意識も育てる＞

今の高校生は、学習意欲や生きる意欲まで失っている傾向があります。顔を輝かせて高校に入学した新入生が、なぜわずか3カ月、4カ月のうちにその輝きを失っていくのでしょうか。

そこには、生徒の指導に際して図表2-9のように「将来、自分ができること」「世の役に立つこと」「いま学んでいること」それぞれが分断されている状況が見えてきます。したがって「進歩感」もなければ「実用感」も「貢献感」も湧いてきません。これでは学習意欲が低下するのは当たり前です。

この状況を打破するには、これらを重ねていけばよいということは、すぐに理解できると思います（図表2-10）。

■ 図表2-9 ■

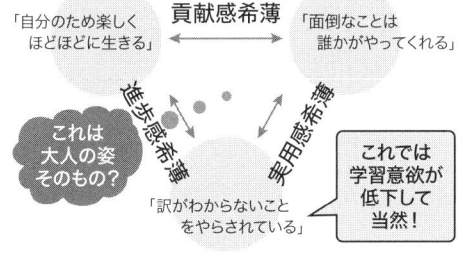

将来 自分ができること　　世の役に立つこと

貢献感希薄

「自分のため楽しくほどほどに生きる」　　「面倒なことは誰かがやってくれる」

進歩感希薄　　実用感希薄

これは大人の姿そのもの？

「訳がわからないことをやらされている」

これでは学習意欲が低下して当然！

いま 学んでいること

■ 図表2-10 ■

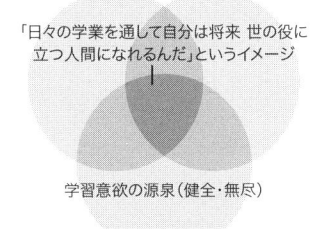

将来 自分ができること　　世の役に立つこと

「日々の学業を通して自分は将来 世の役に立つ人間になれるんだ」というイメージ

学習意欲の源泉（健全・無尽）

いま 学んでいること

また、進学校の教員は（私も含めて）時間をかけて進路指導をしています。「生徒を大学に送り出してナンボ」という学校としての本音はさて置いて、リップサービスで耳触りのよいことも言います。しかし結局は「自分が好きなことをするために、息抜きをしながら我慢して受験勉強を頑張る」という、「自分さえよければ」という意識が３年間で自然に生徒たちに刷り込まれてしまうのです（図表2-11）。

　その低調な意識を変えるには、図表2-12のようにすべてを重ねてやることがやはり必要です。そうすれば「社会に貢献するため、活動を通して実力を高める」という目的意識がはっきりしてくるはずです。

　この、目的意識の違いが生じる要因を、地域環境に照らして考えてみます。

■ 図表 2-11 ■

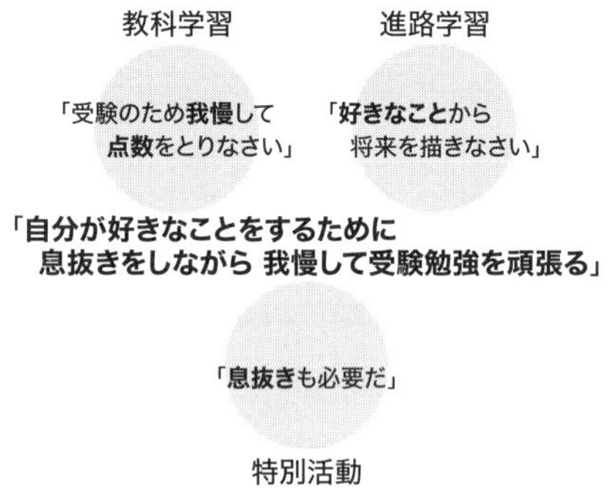

教科学習　　　進路学習

「受験のため我慢して　　「好きなことから
　点数をとりなさい」　　　将来を描きなさい」

「自分が好きなことをするために
　息抜きをしながら 我慢して受験勉強を頑張る」

「息抜きも必要だ」

特別活動

■ 図表 2-12 ■

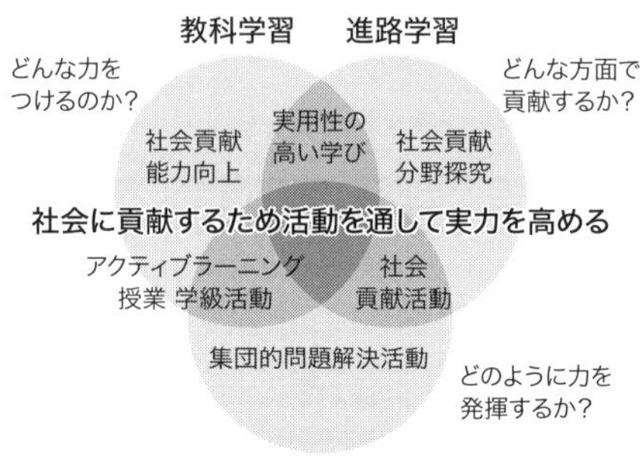

教科学習　進路学習

どんな力を　　　　　　　　　　　どんな方面で
つけるのか？　　実用性の　　　貢献するか？
　　　社会貢献　高い学び　社会貢献
　　　能力向上　　　　　　分野探究

社会に貢献するため活動を通して実力を高める

アクティブラーニング　　　社会
授業 学級活動　　　　貢献活動

　　　集団的問題解決活動
　　　　　　　　　　　　どのように力を
　　　　　　　　　　　　発揮するか？

特別活動（行事等）

まず、自分のことしか考えず、皆のことはどうでもよくて、将来がどうなってもかまわない、いまだけ、ここだけ、自分だけよければいいという発想の大人ばかりがいる街だと、志のある若者は育ちにくくなります（図表2-13）。

一方、皆で街をよりよくしていこうと思って頑張っている大人がいる地域は、夢や志を持った若者が自然に育っていくものです（図表2-14）。つまり、地域環境は若者の成長に非常に大きく関わっているということです。

それでは、学校教育と地域の教育との違いは何でしょうか。

学校教育とは、「教育の専門家が計画した活動を、制度的・組織的に実施するもの」です。対して地域の教育とは、「子孫や郷土の繁栄を願って、

■ 図表2-13 ■
志ある若者が**育ちにくい**地域環境
詳しくは、資料参照

社会に出るときの意識	オカネのために働き、自分のために消費していこう！（でも実力がないから低収入）
↑	点数競争に巻き込まれやすく、誘惑にも負けやすいので、管理に更なる出費
中学校卒業ときの意識	気ままに、無難に、楽しく生きて行ければよい。
↑	人づくりに対する当事者意識が希薄な地域に住む家庭に及びやすい弊害
小5〜中3の体験	**大人の都合で実社会から隔離され、こころに蓋をして過ごしている。**

■ 図表2-14 ■
志ある若者が**自然に育つ**地域環境
詳しくは、資料参照

社会に出るときの意識	何かのため、誰かのため、夢と志を大切に生きていきたい！
↑	面接等で真価を発揮 次々とチャンスを与えられ、加速度的に実力向上
中学校卒業ときの意識	大人になった自分をイメージするとワクワクしてくる。思いっきり頑張るぞ！
↑	人づくりに対する当事者意識が十分な地域に住む家族が受ける恩恵
小5〜中3の体験	**身近な大人と豊かな"共汗＆共感"体験を積んでいる。**

村の特性に応じ長い歳月をかけて醸成・伝承された、必要・必然・最適な行事・活動・掟」です。

かつては、この地域の教育が機能していたおかげで、学校教育も高いレベルを維持できていました（図表2-15）。

ところが、戦後70年の間に状況は大きく変化していきます。「そんな古臭いことをいつまでやっているのか」「もうそんな時代じゃないだろう」ということで、昔からの伝統的な行事や慣習などがどんどん失われていきました。そのため、地域の教育力もどんどん衰えていったのです（図表2-16）。

地域の活動が少なくなった結果、地域における意識・行動の到達点は低くなり、地域の教育力の低下をもたらしました。当然のことに、その分の

■ 図表 2-15 ■

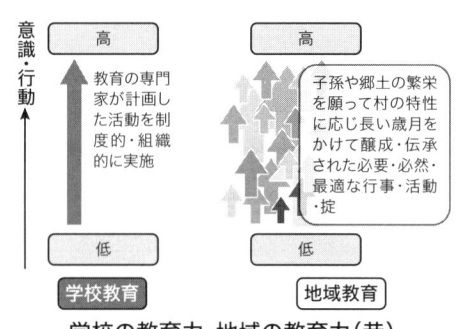

学校の教育力・地域の教育力（昔）

■ 図表 2-16 ■

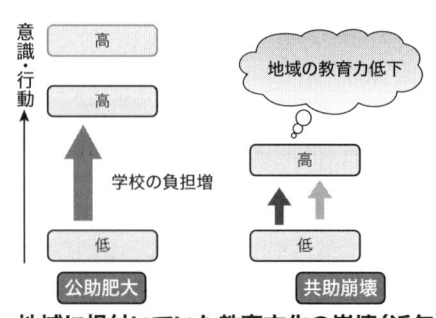

地域に根付いていた教育文化の崩壊（近年）

負担は学校にのしかかってきます。つまり、地域の教育が崩壊（共助崩壊）したことで学校教育の負担増（公助肥大）が進み、ひいては学校教育による意識・行動の到達点も低くなってしまったという見方ができます。

実は、もっと深刻なのは、地域の教育力低下が子どもを息苦しい世界に追いやっているという現実です。負担が増大した学校は、多様性を許容したり、失敗に寛容になったり、じっくり待ったりする余裕を失い、代わりに、ごく限られたリソースで目標を達成するために管理統制を強化せざるを得なくなります。そのような学校で環境に適応できる児童生徒は、管理統制に負けない強者か、運よく学校の方向性と合致している者か、魂を売って指示に盲従する道を選んだ者しかいません。

また、こうした傾向を自覚した学校が克服に努力すればするほど、子どもにとって「温かい学校」と「冷たい地域」の落差が大きくなり、社会に出るのが怖くなってしまう、というジレンマが顕著になります。

地域の教育力－大人の関係性－は、わが子が生き生きと過ごすためのライフラインである、という構図を、私たち大人はもっと理解する必要があります。

ところで、地域の環境や自然環境がいかに大事かを示した文部科学省の実態調査があります。2008年のものですが、状況は現在でもあまり変わっていないと思います。

図表2-17、2-18は、「朝食を毎日食べていますか？」という問いに「はい～いいえ」と答えた児童・生徒の成績を私が偏差値に変換し、平均値を出したグラフです。

例えば小学6年生の国語Aを見ると、「はい」と答えた児童の平均偏差値は50.7。「いいえ」と答えた児童は41.5です。現場を知っている方はおわかりだと思いますが、高校では偏差値が2違えば、もう全く別の学校という雰囲気がするものです。ということは、これは小学校ですが、偏差値が10違うことの重大さは推して知るべしでしょう。

算数でも同じような対比ができますので、朝食と学力との間には確かに関係があることがわかります。もちろん中学3年生の場合もグラフの形は

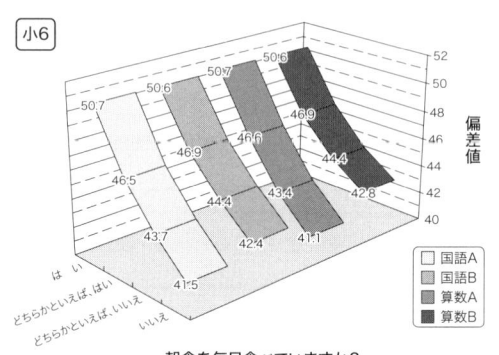

■ 図表 2-17 ■

小6

(グラフ: 朝食を毎日食べていますか？ 国語A・国語B・算数A・算数B の偏差値)
はい: 50.7, 50.6, 50.7, 50.6
どちらかといえば、はい: 46.5, 46.6, 46.9, 46.9
どちらかといえば、いいえ: 43.7, 44.4, 44.4, 44.4
いいえ: 41.5, 42.4, 41.1, 42.8 / 43.4

■ 図表 2-18 ■

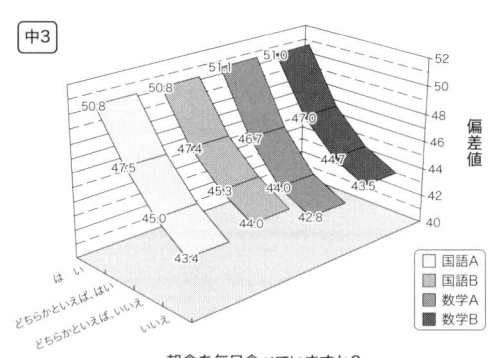

中3

(グラフ: 朝食を毎日食べていますか？ 国語A・国語B・数学A・数学B の偏差値)
はい: 50.8, 50.8, 51.0, 51.0
どちらかといえば、はい: 47.5, 47.4, 46.7, 47.0
どちらかといえば、いいえ: 45.0, 45.3, 44.0, 44.7
いいえ: 43.4, 44.0, 42.8, 43.5

変わりません。

次の図表 2-19、2-20 は、「地域の行事に参加しているかどうか」を問うたものです。思い切り参加している子どもよりも、塾に通うことをやや優先している子どものほうが偏差値はよくなっています。中3だとこの傾向はさらに顕著になりますが、「いいえ」と答えた子どもの偏差値のほうが低いことに変わりはありません。

さらに、図表 2-21、2-22 の「自然体験の有無」に関する問いの場合、小6でも中3でも同じように「何度もあった」「時々あった」と答えた子の偏差値が高くなっています。すなわち、自然体験の有無が学力向上にとっていかに大切かということが、この文科省の実態調査でも明らかになってい

■ 図表 2-19 ■

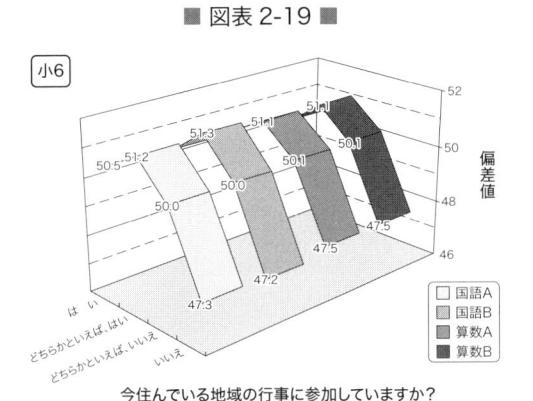

小6

今住んでいる地域の行事に参加していますか？

■ 図表 2-20 ■

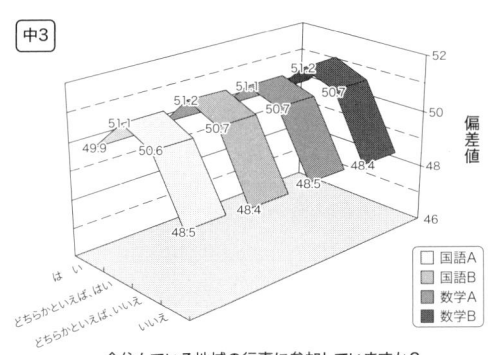

中3

今住んでいる地域の行事に参加していますか？

るのです。

　これらのデータからも、高校生の学力低下の問題は高校だけでは決して解決できないと理解できるでしょう。私も高校教員のひとりですが、高校レベルでの部分的あるいは場当たり的な対応だけでは限界があるのです。

　では、学校と地域との連携さえ整えば問題は解決するのかといえば、そうはいきません。ここまで述べてきたように、教育問題の抜本的な解決のためには、身近な自然環境との関わりやコミュニティの在り方などを再構築していく必要があるのです。つまり、繰り返しになりますが、以下に挙げる3つの要素を満たした「学力や社会性が高まる地域」をつくり上げなければならないということです。

■ 図表 2-21 ■

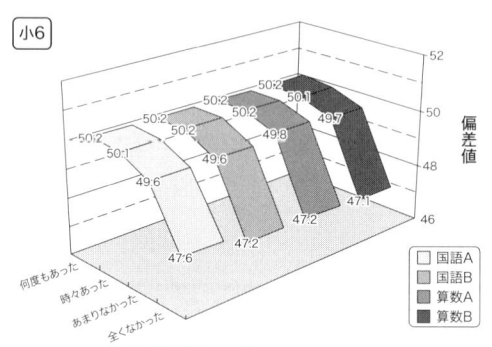

小6

海・山・川・湖などで遊んだことがありますか?

■ 図表 2-22 ■

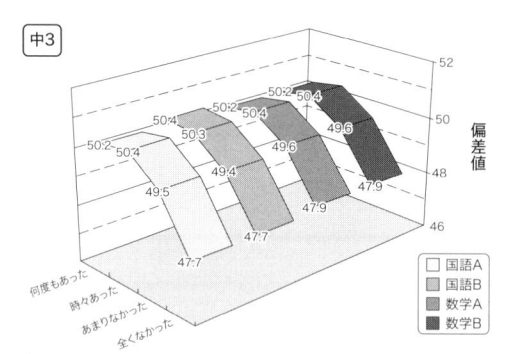

中3

海・山・川・湖などに行って、自然の素晴らしさを感じたことがありますか?

①母親が穏やかに過ごせるコミュニティがある（母親に笑顔がある）
②子どもが遊び回れる野山や街がある（子どもの歓声が聞こえる）
③若者と大人が「共汗＆共感」する場がある（住民主体の地域活動が活発である）

　しかし、これらの要素は、教育委員会や学校で実行可能な範疇を明らかに超えています。したがって、教育機関と行政との協働、あるいは市民団体などとの協働が絶対的に必要になるのです。

　最後に、一連の問題は、戦後社会の「高度分業化社会」という特性とつ

なげて理解すべきである、という必要性について言及します。

　高度分業化社会の根底にあるのは「細分化・局所化」の追求を是とする考え方であり、行き過ぎると「担当外は関心外」という態度で表れます。具体的には「地域のことは役所の仕事、教育は学校の仕事だから、自分は関係ない」という態度です。すでにお気づきかと思いますが、コミュニティの問題も、学校に過度な負担がかかる問題も、根は同じなのです。

　こうした感覚が染みついている親は、義務を課されない限り、自ら地域をよくする活動には参加しませんし、子どもを参加させることもありませ

■ 図表 2-23 ■

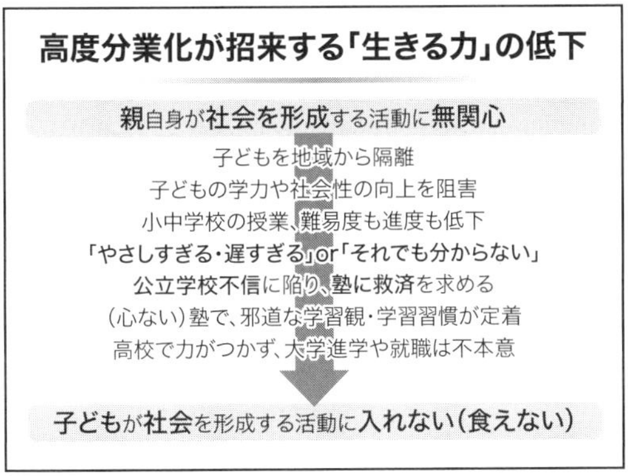

高度分業化が招来する「生きる力」の低下

親自身が社会を形成する活動に無関心

子どもを地域から隔離
子どもの学力や社会性の向上を阻害
小中学校の授業、難易度も進度も低下
「やさしすぎる・遅すぎる」or「それでも分からない」
公立学校不信に陥り、塾に救済を求める
(心ない)塾で、邪道な学習観・学習習慣が定着
高校で力がつかず、大学進学や就職は不本意

子どもが社会を形成する活動に入れない(食えない)

■ 図表 2-24 ■

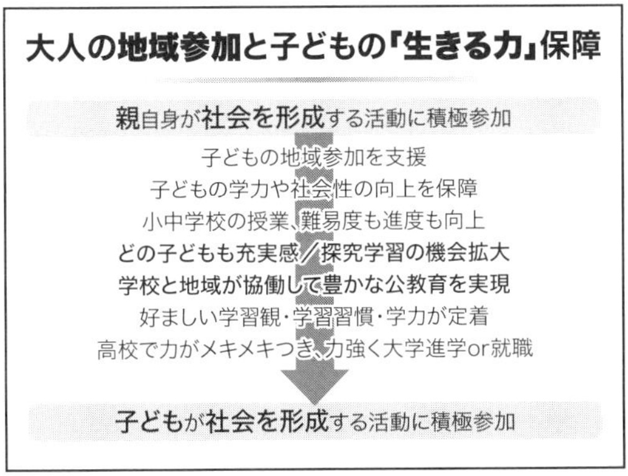

大人の地域参加と子どもの「生きる力」保障

親自身が社会を形成する活動に積極参加

子どもの地域参加を支援
子どもの学力や社会性の向上を保障
小中学校の授業、難易度も進度も向上
どの子どもも充実感／探究学習の機会拡大
学校と地域が協働して豊かな公教育を実現
好ましい学習観・学習習慣・学力が定着
高校で力がメキメキつき、力強く大学進学or就職

子どもが社会を形成する活動に積極参加

ん。すると、子どもの学力や社会性の向上は阻害され、そうした子どもが増えた分、小中学校の授業は難易度も進度も低下します。そして、この面で基盤ができている子どもにとっては「やさしすぎる・遅すぎる」、そうでない子どもにとっては「それでもわからない」となり、双方が学習に対して充実感を得られず、学校に対して不信感を抱くようになります。そこで塾に救済を求めるわけですが、運悪く一部の心ない塾に入り、邪道な学習観や学習習慣が染みつき、安っぽい成功体験を積んでしまうと、高校で力をつけることは難しくなり、大学進学や就職で不本意な結果に終わる、という可能性が高まります。これは「親が社会形成に参加しないと、子どもが社会形成に参加できないリスクが高まる」ことを意味しています（図表2-23）。

　対照的に、地域をよくする活動に積極参加する親が増えると、子どもを迎えるコミュニティが充実し、わが子が属する集団の学力や社会性の基盤が全体的に向上し、どの子どもも学校での学習に充実感を覚え、力強く進学や就職を遂げていく可能性が高まります。つまり「親が社会形成に参加するほど、子どもも社会形成に参加できるチャンスが広がる」わけです（図表2-24）。

教育再生が地域再生のカギでもある

<教育を通して地域に投資する>

あくまで一般論ですが、これまでの高校は、受験のため部活のためと称して生徒を地域から隔離してきました。その結果、地域の課題に対する当事者意識が高校生の中に全く育たなくなってしまい、何のためらいもなく都会の大学に進学し、卒業しても地元には戻ってこなくなりました。特に地方の公立進学校の教師にとって、生徒のためによかれと思って進路指導したことが若者の一方的な流出につながるというジレンマになっています。

つまり、学校区の人口基盤の脆弱化を助長していることになるのですから、それが結果的に自分の学校の存立基盤まで衰退させてきたという歴史があるわけです。

この因果関係をわかりやすく示したのが、図表2-25です。高校が生徒を抱え込んで受験や部活動などにばかり注力させていると、皮肉なことに地域からの人材流出を加速させることになる。そうすると若者たちとコミュニティとの関わりが希薄になり、結果的にコミュニティの担い手がいなくなってしまい、地域も崩壊してしまうという図式が成り立ちます。

■ 図表 2-25 ■

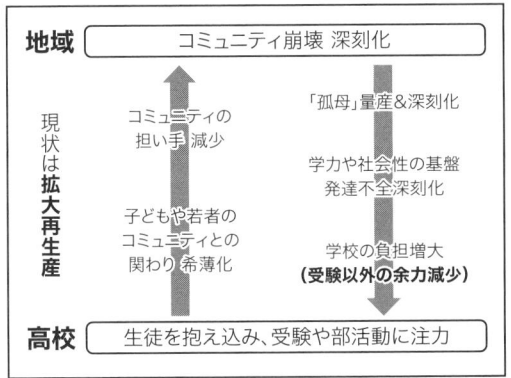

```
地域  ┌─ コミュニティ崩壊 深刻化 ─┐
      ↑                              │
現    コミュニティの          「孤母」量産&深刻化
状    担い手 減少             
は                             学力や社会性の基盤
拡                             発達不全深刻化
大    子どもや若者の           
再    コミュニティとの         学校の負担増大
生    関わり 希薄化            (受験以外の余力減少)
産                              ↓
高校  └─ 生徒を抱え込み、受験や部活動に注力 ─┘
```

083

逆もまた真なりで、地域が崩壊すると余裕のない母親が増え、子どもたちの学力や社会性が未発達となり、学校の負担が増えます。結果、受験指導以外の余力が学校には残されなくなってしまうのです。
　さらに深刻なのは、「コミュニティが崩壊し地域が衰退する←→学校が生徒を抱え込むと地域の担い手が少なくなる」という悪循環は拡大再生産されること。これが、地方が活力を失ってきた大きな要因です。
　それこそが高校と地域の間に横たわる現実の問題であり、前にも述べましたが、共助が崩壊して公助が肥大化し、行き着く先は共倒れしかないのが実態なのです。

　したがって、学校の将来を安泰にするためにも、今後はしっかり地域に投資する。つまり、送り出した生徒が地元に戻ってくるような仕掛けを長期的な投資として行わざるを得ないということです。
　かつては、地元に残ろうと思うなら大学に進学する必要はありませんでした。一次産品（農産物など）を売れば生きていけたし、地元の自治体運営や地場の会社経営なども、いまよりはるかに楽でした。ですから雇用創出が容易であり、大人が地元に就職先を用意してくれていたのです。
　ところが、いまは状況が変わっています。一次産品の競争力が大幅に低下し、六次産業化（一次産品＋加工＋販売）しないと地方は生き残れないという流れになってきました。つまり雇用創出は非常に困難な状況にあります。
　したがって、若者が地元で生きていくには、自分で自分の食いぶちを稼ぐ必要が生じました。言い換えれば、起業や創業ができるだけの実力が必要になったということです。そのためには進学しなければいけない。昔とは全く逆のことが起きているのが現状なのです。
　それでは、若者が起業・創業できるようになるには、どうすればよいのでしょうか。ざっくりいえば、故郷を離れて大学などでしっかりと学び、高い専門性を身につけた後、都会で武者修行をして「広い視野」「鋭い感性」「豊富な人脈」といった様々な財産を身につけて地元に戻ってくることです。
　高校卒業と同時に都会にやってしまうのはよくないという考え方が一部

にありますが、それは少し違うのではないかと思います。

　ビジネスの世界では、東京に対抗していかないと地方は生きていけません。ですから、東京のビジネスを知らずに太刀打ちできるわけがない。だからこそ一度は都会の空気を吸いに行かなくてはならないのです。そして都会で得るものを得て戻ってくることが、キャリアパスを実現する上でも必要不可欠となります。

　私は、教育機関の中でも特に高校は、「地域の担い手を育成すること」にもっと敏感にならなければいけないと考えています。つまり、大学進学の先には、社会的には地元の産業の創出、個人的には起業・創業という使命があることまでも想定しておくべきなのです。

　実は、地域と協働できるか否かは、進学校のステータスを変える可能性を秘めています。今日、高校には課題発見力や課題解決力の育成が求められていますが、これらはもともと「地域」が必要としている力であり、課題もリソースも「地域」にあります。となれば、それらを学校に持ち込むよりも生徒を地域に送り出したほうが圧倒的にローコストでハイリターンが期待できます。そのため、地域に「学びの場」を持たない進学校は、新しい大学入試に対応できず、生徒募集でよほどの優位性を獲得しない限り、現在のステータスを失う恐れは十分に考えられるのです。

＜まず、高校と地域の一体的再生を＞

　「地域の崩壊」と「高校による生徒の抱え込み」の悪循環を断ち切る緊急対策は、地域は地域で「コミュニティの再生」をする、高校は高校で「地域課題解決型キャリア教育」をすることです。しかも、それをバラバラにやるのではなく、地域と高校でビジョンを共有して取り組むこと。「地域の担い手供給」であったり「学力・社会性の基盤再生」であったりという効果が相乗的に期待できるからです（図表2-26）。

　その結果として、街もよくなり、学校もよくなり、子どももよくなるという、一体的な再生が望めます。

　ところが、こういった取り組みは、大きな人口を抱えているところだと

■ 図表 2-26 ■

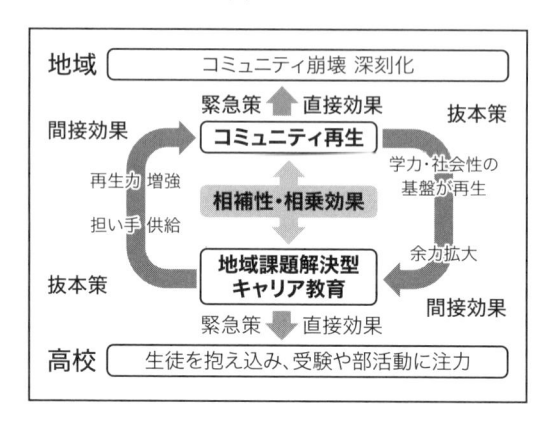

```
地域 ┌─ コミュニティ崩壊 深刻化 ─┐
          緊急策 ↑ 直接効果
間接効果   コミュニティ再生      抜本策
   再生力 増強          学力・社会性の
                      基盤が再生
   担い手 供給  相補性・相乗効果
                      余力拡大
抜本策   地域課題解決型       間接効果
        キャリア教育
          緊急策 ↓ 直接効果
高校 └─ 生徒を抱え込み、受験や部活動に注力 ─┘
```

合意形成に大変な時間と労力がかかりますから、なかなか実行できません。人口規模が小さければ小さいほど合意形成がかえって容易になるので、小さな人口の街ほど有利だともいえるのです。

しかも高校生を念頭に置いた方法ですから、彼らが就職するのは遅くとも4、5年後。つまり、今から始めても5年後、10年後の地域を担ってくれる人材に育ち得るということなので、非常に即効性が高いということもいえます。

ここで共助（地域）を再生すべき理由を確認しておきましょう。そもそも知っておかなければならないのは、昔は学校（公助）などがなくても地域の持続性がちゃんと保障されていたということです。

明治から昭和にかけて、また戦後の高度経済成長期に、なぜ日本は飛躍的に発展できたのか。それは、共助があった上に公助がつくられて、両者が絶妙にかみ合っていたからです。

しかし、平成の「失われた20年」ともいわれる時代は、共助が崩壊して公助が肥大化したということが、その根底にあります。したがって、これからは共助を再生して公助を縮小し、両者のバランスを取り戻すことが必要だとされているのです（図表2-27）。

とはいえ、一足飛びに、共助と公助のバランスを必要かつ必然の関係に

■ 図表2-27 ■

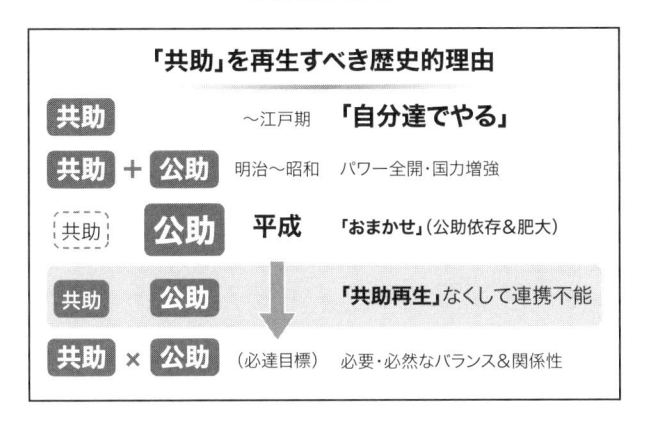

「共助」を再生すべき歴史的理由

共助		〜江戸期	**「自分達でやる」**
共助 ＋ 公助		明治〜昭和	パワー全開・国力増強
(共助) 公助		平成	**「おまかせ」**(公助依存&肥大)
共助 公助	↓		**「共助再生」**なくして連携不能
共助 × 公助		(必達目標)	必要・必然なバランス&関係性

もっていけるわけはありません。理想的な将来を実現しようと思えば、まずは共助の再生こそが急務なのです。

そのヒントは、昔の「村」にあります。村が生き残るためには、村の子どもたちを早く大人にしなければいけなかった。そのために何をしたかというと、大人と一緒に働かせるということでした。そういう経験を積ませた上で、「君たちは一人前だ」と15歳で元服させ、村の参政権を与えたのです。

いまこそ、こういった習わしに学んでいくべきでしょう。社会全体が高度化しているのでさすがに15歳とはいかず、18歳くらいが成人扱いとして適当かなと思います。つまり、ちょうど高校段階における地域課題解決型のキャリア教育が、かつての「村」で行われていた大人との「共働」体験に相当します。したがって、これは本質的には地域（コミュニティ）の仕事であって、学校や行政はサポート役にすぎないという理解も大事です。

「高校を地域に埋め戻す」ためには、自治体が、高校生と大人をうまくかみ合わせて地域課題の解決を進めるような事業を、その地域で行うことも重要です。

例えば「市民協働」や「まちづくり」「社会教育」などの施策に、「共助機能」を高めるという目的を付加して高校生を参加させる。こうした基盤を構築した上で、それぞれの高校の特性に応じて、何をどうすべきかを考えてい

■ 図表 2-28 ■

地域の自治と高校の授業（これから）

教師（公助）
- 枠組を示し、仕組みをつくり、仕掛けを打つ。
- 状況を把握し、グループ活動を支援する。

グループ（共助）
- 協力して解決し、皆が学習課題を達成する。

各生徒（自助）
- 可能な限り、自力で予習をしてくる。

日々の学習活動が「地域の自治」への基礎訓練に

けばよいのではないでしょうか。

　実は AL の潮流としても、地方自治とのジョイントやリンクが目立ってきています。教員がワンウェイ（一方通行）の授業をすることと、行政が住民にサービスを提供することは、構図としては全く同じです。つまり問題点も同じということ。そこで、地域の自治と高校の授業に、これから新たに求められているポイントをまとめたのが図表 2-28 です。

　授業の中でグループワークをすることは、共助（対等の立場で助け合う）を再生させることにつながります。つまり、高校における日々の学習活動と地方自治とは密接につながっているという視点が、とても大事だということなのです。

＜高校・大学と地域の協働を目指す＞

　高校に加えて、なぜ大学にも地域との協働を求める必要があるのでしょうか。それは、大学を加えることによって、生徒・学生の学力向上・キャリア保障・地域再生の一体的な展開をいっそう速やかに進められるからに他なりません。

　先ほどの図表 2-26 に当てはめてみると、高校と大学がビジョンを共有して互いにフォローし合えば、相補性・相乗効果を発揮してさらに効果的に地域に資することができます。そうすることで地域も再生でき、ひいて

は高校も再生できるという可能性が開けてくるのです。
　普通科生のキャリアパスについて、いままではどのような価値観でどのようなことを行ってきたのか、まとめると次のようになります。

【高校】国公立大学の個別学力試験対策に注力
　○組織寄生指向（就職＝就社）
　○地元に対する愛着や当事者意識希薄
　○地元で生きるためのスキルに関する理解希薄
【大学】「好きなこと」「安定」指向の就活
　○課題発見＆解決能力は発達不全
【社会人】都会の企業等に「所属」して、終了
　○地元に戻りたくない／実力もない（地域も衰退）

　そして、これからどうあるべきかをまとめたものが以下です。
【高校】地域課題の発見・解決する学習活動に参加
　○地元に対する愛着や当事者意識高揚
　○地元で生きるためのスキルに関する理解深化
【大学】地元が／地元で生きる実力の向上
　○「広い視野」「高い専門性」「豊富な人脈」を獲得
　○社会形成指向＝起業・創業も視野
【社会人】地元に帰還
　○地元に戻りたい／実力も十分（地域が再生）

　実際に地域に投資して顕著な実績を上げているのが、岩手県立遠野高校です。遠野高校では2009年度（震災前）から、遠野市役所と連携して地域課題解決型キャリア教育を行っています。それを一所懸命受けてきた1期生の生徒たちが大学4年になった2014年に、遠野市役所の採用試験を受けに来たそうです。そのときに面接を通ったのは、すべて遠野高校の出身者だったということです。
　このように、高校生にしっかりと地域と関わらせるということが、地域

の将来を保障するという事例がすでにあります。

　地方（田舎）で生きていこうと思えば、かつては、スキルはあまり必要ありませんでした。しかしいまは、地方で生きていこうとすればするほど「より高度な実力」が必要になってきています。生徒が「ふるさと」で生きていくためには、「広い視野」「高い専門性」「豊富な人脈」を備え、起業・創業することが必要になっているからです。そして、そのためには大学等への進学が不可欠であるといえます。

　さらにいえば、高校・大学・地域がタッグを組めば子どもたちのキャリアパスを保障できる可能性も生まれるということです。

　いま、地域再生系の大学が置かれている現状は次のようになっています。

　地元の将来を担う人材を育成する上で、若者をビジネス系等の大学へ進学させることは重要です。しかし、いまどきの高校生は「就社」（＝サラリーマン）指向が強い。その分、起業や創業という選択肢は今の高校生にはほとんどありません。したがって、ビジネス系のステータスは、地方で生きていくために重要であるにもかかわらず低迷しています。

　そこで、より適切な選択に向けて、高校生に「地元の経済的な担い手」たる意識、「ビジネス」「起業・創業」という視点を醸成することが重要になります。そのための有効な手立てとして、地域課題の解決策を探る活動への参加（特に、経済的活性化に対する自覚が高まる活動）を挙げたいと思います。そこで地域再生系の大学に期待されるのは、進学校や自治体と調整を進めた上で、高校・自治体・地元団体等にPBL（Project Based Learning）の企画・運営を支援（企画支援、教職員・学生・ＯＢの派遣等）するなどの協働事業です。大学が自治体等と連携して地域課題を解決する場をつくり、そこに地元の高校生を投入する仕組みを確立するのです。

　「ビジネス」「起業・創業」の実務的スキルの育成は、国公立大学よりも私立大学のほうが高い教育力を持つ場合が多いようです。しかし、多くの進学校は「現役国公立」を指向しています。都会の私立大学への進学は家計負担が大きいことも大きな理由でしょう。

　したがって、進学校や自治体との協働を推進した上で、「地域課題解決

型キャリア教育」実践校に推薦枠を設けることが、地域再生系私立大学への入学を促す仕組みとして考えられるのではないでしょうか。地元（自治体・関係団体等）が活動実績を審査し、自治体や地元の経済界が学費を助成（国公立との差額+α）する仕組みをつくれば、地元の進学校は「国公立の方が切磋琢磨できるし、学費も安い」という理由に基づいて国公立大学至上主義を掲げ続ける必然性を失い、むしろ、進路保障のために生徒を地域に送り出す必要性が高まるのです。

　なお、念のため、高校が生徒の教科学力向上に果たすべき役割は、このような仕組みによって価値を失うどころか、より高度な課題解決力を習得するための基礎学力を固めるべき必要性から、大学入試をゴールとしていた従来以上に高まる点を、重ねて強調しておきます。

志ある若者が自然に育つ地域環境

| 社会に出るときの意識 | ○何かのため、誰かのため、夢と志を大切に生きていきたい！
・自分は組織や社会にとって大切な一員になれる（組織や社会に一体感がある）。
・難しい問題でも、仲間を募って協力し合えば、きっと解決できる！
・自分は微力だが無力ではない。自分が働きかけた分だけ世の中はよくなる。
・誰かのための自分。困っている人がいたら、助けになろう。
・何か困ったときには、きっと誰かが助けてくれる。希望を持っていこう！
・自分を育ててくれたのは郷土。力をつけて恩返しをしていこう。
・学べば学ぶほど、世界や可能性が広がって楽しい！ |

⬆ 面接等で真価を発揮。次々とチャンスを与えられ、加速度的に実力向上

| 中学校を卒業するときの意識 | ○大人になった自分をイメージするとワクワクしてくる。思いきり頑張るぞ！
・まわりから一人前と認められて嬉しい！やっと自分も地域の一員になれたんだ！
・お世話になった地域の方々から祝福されて感激だ！頑張って期待に応えていこう！
・大人と一緒にする活動は、とても楽しい（身近な大人に親近感や信頼感がある）。
・自分も早く大人社会に仲間入りして、広い世界で自分の力を試してみたい。
・働きかけたら地域の人たちは応えてくれた。これからも働きかけていこう。
・自分は地域からお世話になってきた。自分にできることは積極的に関わっていこう。
・人様に喜ばれると嬉しくなる自分がいる。世の中「誰かのための自分」なんだ！
・進学したらいろいろなことに挑戦し、世界を広げ、学びを深めていこう！ |

⬆ 人づくりに対する当事者意識が十分な地域に住む家族が受ける恩恵

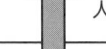

| 小5〜中3の体験 | ○身近な大人と豊かな"共汗＆共感"体験を積んでいる。
・大人として扱われ、可能性を信じてもらえる。
・多様な価値観、幅広い年齢層の集団に混じって過ごす機会が保障されている。
・大人が「子どもを見守る」「堂々たる姿を示すべき」存在として関わっている。
・子どもは「大人の後ろ姿から見習うべき」存在として位置づけられている。
・夢や志の実現にむけて本気で生きている大人と時間を十分に共有できる。
・身近な大人（教師・保護者・地域）に協調姿勢。子どもは安心して心を開ける。
・共通の目標に向かって、大人と一緒に何かを創り上げたり、成し遂げたりできる。
・子どもの声に耳を傾け、挑戦を後押ししてもらえる。子どもの提案が活かされる。
・地域のよさや楽しさを体感し、理解を深める機会が豊富にある。
・本物（自然・文化・芸術・人物等）に触れる体験を幼少期以上に積んでいる。
・素朴な感動を原動力とする学びに夢中になれる。（「豊かな遊び」の徹底追求）
・問題意識から出発し、問題意識を深める学びが尊重される。 |

第2章 「いま、高校を地域に埋め戻すとき」

志ある若者が育ちにくい地域環境

社会に出るときの意識

○オカネのために働き、自分のために消費していこう！（でも実力がないから低収入）
- 組織や社会は自分の外にある世界だ（組織や社会には疎外感がある）。
- 難しい問題を解決するのは誰かの仕事。そんなの自分は関係ない。
- 自分は無力。何かしたところで、組織や社会は変わらない。
- 自分のための誰か。他人のために自分の貴重な時間や労力を使うのは損。
- 何か困っても、誰も助けてくれない。オカネと保険だけが頼み。
- 地域は自分を束縛するだけの存在。運悪く役が当たったら、適当にやりすごそう。
- 勉強とは点取り作業。何か得することでもなければ、もう勉強なんかやりたくない。

↑ 点数競争に巻き込まれやすく、誘惑にも負けやすいので、管理に更なる出費

中学校を卒業するときの意識

○気ままに、無難に、楽しく生きていければよい。
- 夢？…どうせ無理だし、みんな「現実」って言うし。だから、夢とは楽しみのこと。
- 勉強？…やりたいことのため、点数を取れるよう、塾で言われた通りにやる作業。
- 仕事？…安定した職種に就いて、ノルマだけ果たして、オカネを貰えれば上等。
- 大人？…全然イメージできないし、何の魅力も感じない。関わりたくない集団。
- 地域？…何それ？ 何かしてくれたっけ？（思い出や愛着は欠片もない。）
- 目にする大人は自分の都合ばかり優先している。自分も将来、そうすればいいんだ。
- 社会や大人は私たちに無関心。だったら、社会や大人に「関係ない」でいいよね？
- 色々な役は不運な人に押しつければよく、自分から関わる必要など全然ない。

↑ 人づくりに対する当事者意識が希薄な地域に住む家族に及びやすい弊害

小5〜中3の体験

○大人の都合で実社会から隔離され、心に蓋をして過ごしている。
- 子ども扱いされ、可能性や挑戦は頭から否定されている。
- 大人が「子どもを管理する」「手取り足取り世話を焼く」存在として関わっている。
- 子どもは「大人の指示を待って従順に行動すべき」存在として位置づけられている。
- 子どもの声には耳を傾けてくれない。大人の都合でレールに乗せられる。
- 日ごろ目にするのは「自分さえ」「いまさえ」という大人の後ろ姿ばかり。
- 身近な大人（教師・保護者・地域）の思いがバラバラ。子どもも自分の都合を優先。
- 大半の時間を、地域とは隔絶された閉じた世界（塾・スポーツ）で過ごす。
- 「子どもの意志や工夫では何もできない」という前提で学習塾に放り込まれる。
- 親が娯楽を地域外や商業施設ばかりに求め、地域は「通過するだけの空間」。
- 塾やスポーツで多忙になったのを理由に、本物体験が著しく阻害されている。
- 周囲の大人が「遊び」と「学び」を対極に位置づけて語る。
- 上位校への進学を目的として入試に特化した「学習作業」ばかりが強調される。

以上、地域を交えた三者連携による高校教育と大学教育の再生が、地域再生につながる構図について述べてきましたが、最後に、高校・大学・地域による三者連携が「高大接続システム改革」に照らして持つ意味について言及したいと思います。

　いうまでもなく、「高大接続システム」という文言には「高校教育・大学教育・大学入試を三位一体で」改革していくのだという意図が込められています。もし仮に、この先、高校教育や大学教育を十分に変えないまま大学入試だけを変えようとすると、ここに歪みが集中し、改革が頓挫する危険性が高まります。しかし「国の危機を回避する」という上位目的に照らすと、決して改革を頓挫させるわけにはいきません。

　となれば、大学入試に歪みが集中しないよう、高校教育や大学教育もセットで変えていく方途を編み出すべきは必定であり、この文脈において、高校と大学に地域を加えた三者連携は有効策のひとつだということができるのです。

　地域を交えた三者連携による高校教育と大学教育の再生が、主体性を持って多様な人々と協働する若者を育て、まずは各種組織の創造性や生産性を高め、その総和として地域が再生し、ひいては国の活力が再生する。――これは、高校・大学・地域の関係者が生き残りにむけて主体性を持ち、組織の殻を克服して三者による多様性を発現させ、全体観に基づいて協働してこそ実現しうるシナリオです。つまり、主体性・多様性・協働性に重きをおく AL を若者に求める前提として、若者に関わる大人が矜恃を持ち、自らに AL を厳しく課してこそ生存が許され、それ以外は淘汰されるという、非常に厳しい道が待っているのかもしれない、ということができます。

　こうした関係性の再生に近い位置にいるのは、間違いなく、地方に所在する人口規模の小さい市町村。だとすれば、近未来、日本は地方から生まれ変わっていく可能性が高いということができましょう。

4 いま、可児で起きていること

＜エンリッチ・プロジェクトが拓く世界＞

　ここまで述べてきたビジョンを踏まえて、現在、可児高校で取り組んでいることを紹介します。

　岐阜県教育委員会では2013年度から2015年度まで「県立高校改革リーディング・プロジェクト推進事業」を行っており、これは少子化に伴う学校の統廃合が進む中でも、活力を維持・向上するために県立高校は改革を推進しなさいというものです。

　可児高校でも、進学校としてこの先も活力を維持・向上していくための施策のひとつとしてALを導入し、地域との関わりの中でキャリア教育も行っていくという事業を展開してきたところです（図表2-29の「施策」）。

　その事業名は「エンリッチ・プロジェクト」といって、「enrich」と「縁リッチ」「縁立知」「縁立地」の3つをかけたものが、その由来となっています。モデルは、ご存じの方も多いと思いますが、島根県立隠岐島前高校の魅力化プロジェクトです。この、高校と地域をセットで考えるという先進例を可児高校向けにアレンジして、市役所に提案するなどして連携事業が始ま

■ 図表 2-29 ■

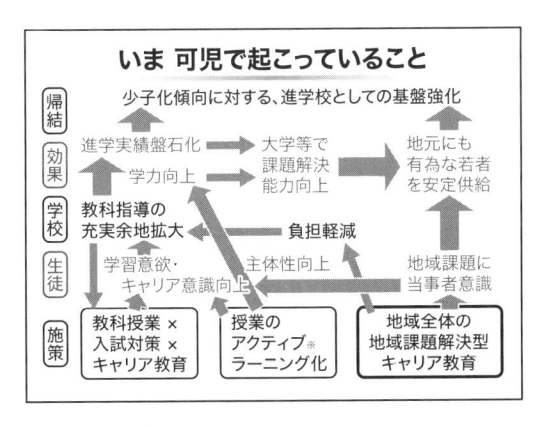

いま 可児で起こっていること

少子化傾向に対する、進学校としての基盤強化

帰結	少子化傾向に対する、進学校としての基盤強化
効果	進学実績盤石化 ← 大学等で課題解決能力向上 → 地元にも有為な若者を安定供給／学力向上
学校	教科指導の充実余地拡大 ← 負担軽減
生徒	学習意欲・キャリア意識向上／主体性向上／地域課題に当事者意識
施策	教科授業×入試対策×キャリア教育／授業のアクティブ・ラーニング化／地域全体の地域課題解決型キャリア教育

りました。

　成果としては、まだ一部の教科ではありますが、入試問題を解いた後で大学の先生の話を聞くといったALの授業を何種類も実施できました。

　また、大事な「地域主体の地域課題解決型キャリア教育」として、市議会が高校生の発表の場をつくってくれていますので、そこで何を提言するのかを構想し、そして実際に発表しています（写真2-2）。彼らは1年生のときに地域に飛び込んで大人と関わる体験をした上で、2年生になるとこのような発表の機会を得ているのです。大人や地域と関わることが楽しいと実感した生徒たちは、積極的にいろいろな行事に出ていきます。

　可児市議会も、地域の様々な機関や団体と高校をつなぐ活動をしています。例えば、地元の金融協会が主催する講座をセッティングしてもらったときには、地域を活性化するにはお金はどのように流通させればよいのか、といった話になりました。そのときに「外貨獲得」という言葉を覚えてしまった生徒たちは、生徒集会で「外貨獲得！」と声高に発言したりする「怪しい高校生？」になってしまったというオチもついています。

　隠岐島前高校に見学に行ったときには、たまたま船に海士町の山内町長と乗り合わせて1時間ほどお話しいただくという、非常にラッキーな経験もしたそうです。

　他にも、班別研修で東京に行ったときには次のようなテーマで、地方自治や教育の分野における実務者・研究者等と意見交流もしました。

■ 写真 2-2 ■

「地域の未来を担う若者の育成に対して、当事者意識や当事者能力を持つことが難しい地域（小中学校区）の育成環境を再生するには、誰がどのように動くことが必要か？」

この命題は、大人でも簡単には答えを出せるものではありません。自己責任論でいくのか、教育の機会均等でいくのかによって、結論が全然違ってくるからです。これを、大人とガチンコ勝負で意見を闘わせる。そして終わった後には、「疲れた！」と言いつつも「正解のない課題に大人と一緒に挑戦するのは楽しい！」といった感想を述べていました。

生徒は、未知の課題や答えのない課題に立ち向かっていくことを恐れているわけではなく、しかるべき経験をさせてやれば、これくらいの積極性を備えた生徒は普通に現れてくるということです。

＜プロジェクトの実例＞

写真2-3は2015年度（可児高校36期生）の1年生たちです。地元で若者を支える活動をしているメンバーが、図表2-30のような（70講座以上）活動メニューを用意してくれて、1年生全員が自分の志望や興味、関心に合わせて、このうちのどれかに参加します。

その一部を以下に挙げておきます。
①多文化共生（可児市国際交流協会）
②子育て支援（子育て支援ネットワークかに）

■ 写真2-3 ■

■ 図表 2-30 ■

③防災（可児市防災の会）
④地方自治（可児市議会）
⑤文化芸術によるまちづくり（可児市文化創造センター）
⑥金融（可児金融協会）
⑦地域経済（可児商工会議所）

　先ほどの2年生のような生徒を育てるために、1年生には早い段階から地域にしっかり関わらせようということで、2015年度は地域で用意してもらっている様々なプログラムに全員を参加させる形をとりました。夏の地域体験を基盤として、このような種々の「地域課題解決プロジェクト」の中から、自分の興味・関心のあるものを一つ以上選んで参加をしなさいという縛りをかけているのです。

　例えば①ですが、可児市は多文化共生の街なので、外国籍の子どもも多くいます。日常会話はできるけれども教科書に書いてある用語がわからない。それに対してボランティアとして可児高生が学習支援しています。

写真2-4は、このプロジェクトのコーディネーターである松尾さんと「本気の子育ては、まちづくりなんだ！」というテーマで語り合っているところです。打ち解けた雰囲気のカフェで、顔の見える距離で、というのがよいと思います。
　また、防災クロスロードを体験したり（写真2-5）、市議会議員や市役所職員などと意見交流をしたりといった取り組みもあります。
　⑤の可児市文化創造センターは、もともと文化や芸術を通してまちづく

■ 写真2-4 ■

「本気の子育て＝まちづくり」松尾和樹氏

■ 写真2-5 ■

「防災クロスロードを体験しよう」#1

りをしていこうという動きが盛んな施設で、そこの会議に高校生を参加させてもらっています。街が本来持っていた仕組みに高校生を参加させてもらったということです。

　他にも、地元企業の社長さんの話を聞いたり、地域医療の現場の話を聞いたりといったものや、大学3年生が自分たちで企画してくれた、先輩と後輩の交流会も夏休みに行いました。

　こういった、学校でのALと地域でのALをつないだ活動を見てもらうための報告会も開いています。参集いただいた50人の方には、実際に高校生と地元の人に交じって、地元の課題について話し合ってもらいました。

　そのときのテーマは多文化共生。外国人と高校生がどう関わっていけばよいのかを考えて、「家庭留学」というコンセプトを考え出しました。外国に行かなくても、地元に外国人家庭がたくさんあるのだから、その家庭を訪ねれば留学になるのではないか。そんなことを思いついた生徒たちは「ぜひやりたい！　私たちが行きます」と率先して手を挙げています。

　以上のようなことが、いま、可児で起きています。まだ手掛けたばかりの段階ですが、これから先、2年後、5年後、10年後、どの学年の生徒たちがどのような役割を果たしていくのか、かなり具体的に描けるところまで来ているのです。

辺境で進む教育改革

〜高校魅力化プロジェクトと
　地域課題発見解決型キャリア教育による
　学習意欲と学力向上、
　高大接続改革への取り組み〜

総務省地域力創造アドバイザー・教育政策アドバイザー
株式会社 Prima Pinguino 代表取締役
藤 岡 慎 二

　本章の目的は、筆者が実施してきたプロジェクトの紹介を通じて、全国の先生方・教育関係者にアクティブ・ラーニングのあり方を提起することだ。隠岐島前高校を皮切りに全国に拡大する高校魅力化プロジェクトと、プロジェクトの中で重要な意義を果たしている地域課題発見解決型キャリア教育について内容を紹介する。地域課題発見解決型キャリア教育は、今や多くの高校でアクティブ・ラーニングの一環として実施されている。しかし筆者は地域課題発見解決型キャリア教育の3つの課題について問題を提起する。いかなる課題の解決を実施しているか、高校 - 地域連携型公立塾の「隠岐國学習センター」で実施されている「夢ゼミ」を例にとりながら、地域課題発見解決型キャリア教育の手法と効果についても紹介する。

＜全国に拡大する高校魅力化プロジェクトとその3本柱＞

　高校魅力化プロジェクトが全国に拡大している。日本海の離島の高校で始まったプロジェクトは、他の地域の高校にも拡大している。その主な柱は3本あり、ひとつは高校が地域・高校独自の授業を総合的な学習の時間や学校設定科目で設定・実施し、教育のブランド化を図る。もうひとつは、学習塾や予備校がない地域にある高校に進学すると受験に不利と言われている。そこで公設民営型の塾を設置し、優秀な講師を揃えキャリア教育と学力向上の両輪により、生徒の学習意欲と学力を育成する。最後に教育寮の設置だ。地元のみならず、生徒を全面から募集する。そのために教育寮で食事と寝床を与えるだけでなく、気づきと出会いを高校生に与え、教育的な付加価値向上を図る。地域外から生徒受け入れによる高校持続化の実現とともに、地域で固定しがちな人間関係と価値観に外部の風を取り入れて多様性を持たせる。

　地域と高校での独自科目設定・公営塾・教育寮の3本柱による教育改革、そして教育を通じた地域の活性化に関する試みが全国の市区町村などの自治体に拡大し、成果を出しつつある。

高校の
カリキュラム改革

高校魅力化の3本柱

寮・留学
気づきと出会いを
与える教育寮

公営塾
学力向上と
キャリア教育

＜高校魅力化プロジェクトに至る経緯と地方の事情＞

　全国にある公立高校は3600余り。このうち、1年間に統廃合される高校の数は50校ほどになる。このまま統廃合が進めば、10年間で6～7校

に1校はなくなる計算だ。特に高校の統廃合が進む場所は少子化が進む離島・中山間地域や地方都市だ。島に、地域に、通学圏内に唯一の、地方の高校が統廃合されている。仮に1校統廃合されても、公共交通機関で他の高校に容易に通えるような地域の高校ではない。

<学校が統廃合され人口が半減した町>

　高校などの教育機関の有無が地域に与える影響は甚大だ。まず定住促進に影響する。例えば、岐阜県高山市高根町には高校がない。さらに市町村合併に伴い、2006〜08年にかけて小中学校を廃校にした。その結果、子育て世代が地域を離れた。1999年の時点での人口は800人程度で、30％程度だった高齢化率が、2015年には人口は合併前の予想であった676人を大きく下回り、400人にまで減少した。高齢化率に至っては60％に迫る勢いだ。学校の廃校が少子高齢化と人口減少に拍車をかけた。学校の廃校は子育て世代の人口流出を招くのだ。

<地域の教育力低下から生じる悪循環>

　しかし、高校があれば良いというわけではない。生徒の進路を実現する教育力も鍵となる。

　もし、地元の高校に教育力がない場合、優秀な生徒ほど進学しない。生徒を一人暮らし、もしくは親戚に預けてでも教育力が高い学校や教育環境、主に都会に通わせる傾向がある。

　優秀な生徒ほど地元から出て行く、ブライト・フライト現象が起きる。地元の高校には幅広い学力の生徒が集まるが、限られた教員数、塾などの民間教育がない状態は生徒への手厚いサポートを難しくさせる。進路実現できない教育環境と噂になった地域からは進学・進路への意識が高い生徒ほど地元から出て行き、生徒数が減少する悪循環が進む。そこに少子化が追い打ちをかけ、生徒数は急減し高校は再編整理の対象となる。高校のみならず地域ぐるみで教育環境の充実が必須なのだ。

＜地域ならではの学びでUIターン増加＞

　確かに生徒の進路実現を可能とする教育力の強化で一時的に高校での生徒数は増加するかもしれない。しかし、高校を卒業し、地元外で大学進学や就職をした場合、地元に帰ってこないケースがほとんどだ。高校が人口流出を促す装置になってしまう。高校での教育内容に工夫が必要だ。鹿児島県屋久島町には高校があり、世界遺産でもある屋久島の自然について学び始めた。高校卒業後、意欲ある若者は一端島を離れるが、かえって島の良さに気づきUターン率が高まった。世界遺産がなくても自身の地域についての学びにより、生徒が地元の良さに気づいている島根県立隠岐島前高校の事例もある。高校で学ぶ内容がUIターン定着率に関与する好例であり、意義ある示唆を与えてくれる。UIターンが地方創生の鍵である以上、高校の存続と教育環境・内容の充実が地方創生の要だと言える。

＜地域の教育力が移住・定住に影響＞

　広島県大崎上島町で定住・移住促進の窓口となっている取釜宏行氏は「移住の問い合わせの際に、子どもを持つ親の場合は、必ず教育の質、とりわけ高校での教育の質について聞かれることが多い」と言う。その声を受けて、大崎上島町では広島県立大崎海星高校魅力化プロジェクトを推進している。大崎上島町役場・大崎海星高校と地域おこし協力隊で島に移住した若者たちが、高校でのキャリア教育、公営塾の設置、全国からの生徒募集も実施している。地域における教育の充実は移住や定住促進の一貫と言える。

＜全国の高校に勇気を与えた島根県立隠岐島前高校魅力化プロジェクト＞

　島根県沿岸から北へ60km、日本海に浮かぶ隠岐諸島の中の3つの島（西ノ島、中ノ島、知夫里島）を隠岐島前と呼ぶ。この隠岐島前地域の唯一の高校が、隠岐島前高校である。高度成長時代、島の若者の多くは進学・就職のために都市部へ流出し、20～30代は急減した。島前高校がある海士町では50年前は約7,000人いた人口も、一時期2,000人を切る勢いだった。高齢化率は約40％、20～30代の若者が少ないがために生まれる子どもの数も少なく、超少子高齢地域となっていた。

島根県立隠岐島前高等学校（以後、島前高校）の魅力化プロジェクトは、全国に拡大する魅力化プロジェクトの先進事例だ。このプロジェクトでは、島前高校、島前3町村、島根県が協働し、魅力ある学校づくりからの持続可能な地域づくりを目指した。地域資源を活かした教育カリキュラムの導入や、高校と地域の連携型公立塾「隠岐國学習センター」の開設、全国から多彩な意欲・能力ある生徒を募集する「島留学」など独自の施策が行われている。この高校への入学を希望する生徒数も増え続け、平成3年度には過疎地の学校としては異例の学級増を実現。少子化で生徒数の減少に悩む学校や将来の地域リーダーの育成に取り組みたい自治体のモデルとして、全国からの視察が絶えない。廃校寸前の高校から奇跡の復活を遂げたばかりではなく、地域の活性化、子育て世代の移住、人口増加などに貢献している先進事例でもある。（詳細は、岩波書店の『未来を変えた島の学校〜隠岐島前発ふるさと再興への挑戦〜』を参照）。

　市町村と協働した高校魅力化は全国に拡大し、教育による地域活性化が地方創生の重要なテーマになりつつある。筆者が関わっている高校魅力化プロジェクト（2016年5月現在）は、北海道羽幌町立天売高校、新潟県立阿賀黎明高校、長野県立白馬高校、大阪府立能勢高校、岡山県立和気閑谷高校（株式会社Founding Baseと共同案件）、広島県立大崎海星高校、島前高校、沖縄県立北山高校、沖縄県立久米島高校だ。しかし、魅力化プロジェクトに興味がある、もしくは実施している高校は独自の調査によると50〜60校ほどに上り、さらに増え続けている。ついには石破茂地方創生担当大臣が2015年7月に地方創生に向けて創設した新型交付金を活用して、教育を核とした地域の活性化を進めていく考えを示した。

＜高校魅力化プロジェクトで実施されている地域課題発見解決型キャリア教育＞

　先述したように、高校魅力化プロジェクトは主に高校でのカリキュラム改革、高校連携型公営塾の設置、教育寮の設置の3本柱からなるプロジェクトだ。本稿では筆者が関わっている高校や公営塾での地域課題発見解決型キャリア教育と、その概要および効果について紹介したい。

＜地域と高校が連動した「地域課題発見型キャリア教育」で当事者意識が生まれ学習意欲を涵養＞

　高校魅力化プロジェクトが行うカリキュラム改革において、学習意欲の向上は重要な狙いとなる。学習意欲の向上のためには、地域のリアルな問題に触れ、生徒個々人の当事者意識も喚起することが必要だ。

　高校では、一般的に情報伝達型の授業が主流だ。仮に、そのような授業で「第一次産業の担い手の高齢化問題」を学んだとしても、生徒は自分事として捉えにくいだろう。そこで高校生を地域に解き放ち、社会課題の現場に直に触れさせる取り組みを行っている。現場の大人の声を聞き、実態に近い体験をさせる。体験の中で、社会課題が地域に、地域に住む人たちにどのような影響を与えるか、生徒の理解を促す。やがて生徒たちは、問題と自身の関係性を理解し、当事者意識が生まれ、それが本人の学習意欲の涵養にもつながる。

　授業では、生徒たちはチームで地域に飛び出す。地元住民にヒアリングをし、ある時は地域活動に溶け込みながら課題を発見する。課題の解決方法は、グループでの議論や対話を通じて考え紡ぎ出される。高校生チームは自身のアイディアを高校の先生方のみならず、地域住民や地域の行政職員や議員にも、プレゼンテーションする。聞き手の地域住民からは鋭い質問や指摘が相次ぐ。「その解決策は実行したが効果がなかった、なぜか分

かるか」「その解決策は法令違反ではないか？」「ビジネスモデルはどうなっている？　マーケティングはどうするのか？」「誰が実施するのか、できる人材の確保は可能か」など、高校生扱いしない容赦ない質問に、生徒は戸惑う。その場で考え、真摯に回答する必要があるが、答えにつまり涙ぐむシーンも見られる。

　こうした授業を通じて、課題を乗り越えるためには、普段の勉強が重要だと気づいていき、学習意欲を向上させていく。さらに生徒たちは仕事の厳しさや、課題の乗り越え方を、身をもって学ぶ。社会に出た後も、仕事にタフに立ち向かえるようになると期待できる。地域で仕事を創る起業家や、産業振興の担い手を育成する上でも良い学びの場となっている。地域の課題解決や、地域資源を活かした付加価値の創出はやがて産業になるからだ。高校生が課題の発見・解決を地域の大人たちと協働しながら実行するなかで、表現力や、主体的に動く力、考え抜く力、チームで動く力といった社会人基礎力も自然と身についてくる。

＜地方は課題先進国日本の課題先進地域だからこそ、教育最先端地域＞

　離島・中山間地域や地方の高校といえば、「生徒の数が少ない」「学力幅や習熟度が幅広く、自分に合った授業ではない」「教員が揃っておらず、進学に不利」などと思われがちだ。しかし筆者は、離島・中山間地域や地方こそ、教育最先端地域だと考えている。離島・中山間地域は「課題先進国」

日本の中の、「課題先進地域」だ。日本や世界が将来直面する様々な問題が既に顕在化しており、現時点でその渦中にある。

　地方の離島中山間地域などは日本全体の小さな縮図でもある。経済、政治、行政、第一次産業、歴史、文化、宗教、自然、教育、雇用、観光などすべてが揃い、互いに密接に関係し合っている。これらの各分野で社会課題に立ち向かっている大人たちの話が聞ける、場合によっては高校生でも大人と協働できる。これこそ、目的意識が重視される今後の高大接続や大学入試改革に向けた、最高の教育環境だ。筆者も今後、大学教授に就任予定だが、地域課題に対する意識を持った上で大学に進学してくる学生は、学習意欲など様々な面で積極性を発揮すると期待している。

＜地域課題発見解決型キャリア教育は「ディープ・アクティブ・ラーニング」＞

　人口減少、少子高齢化、財政難、産業の担い手の高齢化問題といった地域の課題は、高校生にとってはリアルな題材だ。これらの題材から課題を発見し解決案を考え、地域の方々とともに学び、実行する、アクティブ・ラーニング型の学習を実践する良い機会でもある。学習における深いアプローチ（Entwistle, McCune & Walker, 2010）を含むことから、現在注目されている「ディープ・アクティブ・ラーニング」の実践例にもなりうるだろう。

　私は、地域課題発見解決型キャリア教育に、18歳以上の人口増加、地域の担い手・就業人口の確保を期待している。鳥取大学地域学部・筒井一伸准教授によれば「高校生が地域固有のことを学ぶと、地域で活躍するイメージが持て、生徒の進路意識が高まる」との研究結果もある。高校が人口流出のための装置と化す事態を回避できると同時に、生徒が自身の進路を考えるきっかけにもなるだろう。

＜地域課題発見解決型キャリア教育の「3つの問題」＞

　地域課題発見解決型キャリア教育が多くの高校で実施されているが、現場の先生方からは問題についての意見もよく聞く。ここでは問題を3つに分類して提起したい。

①課題ありきたり問題

　生徒たちが挙げる課題が"ありきたり、ありがち"になる現象だ。確かに離島・中山間地域は人口減少、少子高齢化、財政難、人口流出など問題が表出化している課題先進地域だ。ゆえに、生徒たちは、それらの課題をテーマとして挙げる。しかし、表出化している課題をチームで取り組むテーマとして挙げることが、果たして生徒の課題発見能力を向上させることにつながるだろうか。地域の大人や他のクラスメート、先輩方が挙げた問題・課題と解決策のセットをどこからともなく持ち込み、自身のチームの課題発見・解決として掲げることは問題発見・解決能力の向上には寄与しないだろう。

　離島・中山間地域や地方は課題先進地域だ。課題が表出化している、もしくはしやすい。その環境は、必ずしも生徒の課題発見能力を向上させるとは限らない。課題は隠れている。いつも表出化し、私たちの前にあるとは限らない。発見とはdiscoverだ。課題発見能力を駆使して与えられた状況や情報から読み解き、場合によっては自ら現場や文献にアクセスしながら情報を獲得し、隠れている課題を表出化させる行為こそ、発見だ。

　生徒たちが挙げる課題が"ありきたり、ありがち"になる理由は、生徒の課題発見能力の欠如だ。地域課題発見解決型キャリア教育の狙いは、生徒たちが当事者意識を持ちそうな課題の発見を通じた、学習意欲の向上実現にある。課題発見能力の欠如により学習意欲の向上を実現できなければ地域課題発見解決型キャリア教育の意義が問われかねない。なぜ、課題発見能力が欠如してしまうのか。原因は現在の地域課題発見解決型キャリア教育における現場での社会人基礎力育成、活動重視、またディスカッションやプレゼンテーションなどを盲目的に重視する風潮にあるのではないか。さらにその風潮は「課題発見能力とは何か」に関する議論不足にあるのではないか。

　北陸大学未来創造学部の山本啓一教授によると「課題解決力には、『リテラシー（知識活用力）』としての課題解決力と、『コンピテンシー（経験によって蓄積される力）』としての課題解決力の二種類があるのではないかということである。リテラシーとしての課題解決力とは、いわゆるPISA型学力のリテラシー領域に近い概念である。『知識をもとに考える力』や『知識活用力』と言い換えることもできるだろう。このスキルを、もう少し細

かいプロセスに分解すると、『情報収集力→情報分析力→課題発見力→構想力→表現力』という一連の流れとして説明できる。(中略)この課題解決力のうち、最も重要なポイントは、『課題発見力』すなわち仮説構築力であろう。現実の様々な現象を分析し、その中から真の課題を発見し、その課題を生み出している要因を特定できれば、すなわち因果関係のセットを発見できれば、課題解決の8割は達成したようなものだ」と言う。(2015年7月15日教育学術新聞より)

筆者は山本教授からこの話を聞いた時、今まで悩み解決できなかった問題に対して、一筋の光が差し込んだ感覚を覚えた。「生徒たちが挙げる課題がありきたり、ありがちになる理由は、生徒の課題発見能力の欠如だ」と考えた理由も、このお話を聞いてから至った結論だ。

つまり、地域課題発見解決型キャリア教育で必須である課題発見能力は現場でこそ育まれるという理解と、課題発見能力をリテラシーとコンピテンシーに分けて理解・議論をしていなかった現状が、生徒の課題発見能力を育みきれなかった原因ではないだろうか。

改善策として、教室内での授業における課題発見能力のうちの、リテラシー育成を目指している。この解決方法については後述したい。

教室内でのリテラシー育成後に、高校と地域が連動した実践的な「地域課題発見型キャリア教育」を実施することで山本教授がおっしゃる「*コンピテンシー(経験によって蓄積される力)」も相乗効果を発揮しながら育成できると期待している。

*山本教授は「社会の現場では、課題が発見され解決策が提示されるだけでは物事は解決しない。コンサルタントの仕事としてはそれで完結するかもしれないが、実際には組織の一員としてその解決策に取り組み、粘り強く実行・改善を続けることが不可欠である。現場では、課題解決のために、コミュニケーション能力などの対人スキル、主体性やストレスマネジメントなどの対自己スキル、刻々と変化する状況の中で計画を柔軟に修正するといった対課題スキル、そして何よりも結果を出すまで粘り強く試行錯誤を続ける「実行力」といった総合的なコンピテンシーが求められる。これはリテラシーよりも広い観点からのスキルのことであり、OECDのDeSeCoプロジェクトによってまとめられたキー・コンピテンシーをふまえている。こうしたコンピテンシーとしての課題解決力を身につけるためには経験を必要とする。実際に解決策を自ら試行し、トライアルアンドエラーで計画を修正しながら、課題解決を目指す経験を積むことが大事になってくる。会議室で解決策をプレゼンするだけでなく、現場でのコミットメントが求められるのである。」と仰っている。まだ大学レベルまでは到底追いつけていないが、私たちが地域課題発見解決型キャリア教育で目指している方向が似ており、勇気付けられる。

更には、リテラシーとコンピテンシーを活かすには当然、知識も必要だ。課題発見に際しての仮説を立てる、論ずる、関連づけるなど諸々の動作には知識は必須だ。地域課題発見解決型キャリア教育を進めるにあたり、必要な知識をつけていくかが課題となる。

②生徒が熱中できるテーマを選択できない。
　地域課題発見解決型キャリア教育はチームで取り組むが、チームで取り組んだ後、マイ・プロジェクトとして個人で課題に取り組む場合もある。生徒が個人で取り組む場合は、必ずしも地域に関する課題でなくとも構わない。チームで取り組んだ際に身につけた能力を駆使して、生徒自身が課題を発見・深掘りし、解決策を考える学びは自身の目的意識の明確化につながり、生徒らしい進路選択にもつながるだろう。特に、推薦・AO入試のみならず大学入試改革を迎えた大学受験や就職などでは、高校生の目的意識を問うケースが今後多くなるだろう。高校生が選ぶテーマや課題は自身が熱中でき、主体的に取り組める内容でなければならない。なぜなら、課題発見解決型キャリア教育に答えは用意されていない。通常の勉強のように考えの道筋や答えがあるとは限らない。課題発見解決型キャリア教育に取り組む高校生は、答えが見えない一寸先は闇、暗中模索の中、自身が知りうる情報を組み合わせて、答えを紡ぎ出さなければならないのだ。大人ですら難しい作業なのだから、高校生は多大なストレスを感じるだろう。このストレスを乗り越えるくらい熱中し、主体的に取り組めるテーマや課題でなければ、途中で挫折してしまうだろう。
　いかに、生徒が熱中し、主体的に取り組め、当事者意識を持てるテーマを選ばせるのかが課題である。

③地域課題発見解決型キャリア教育と進路選択を連動できない
　地域課題発見解決型キャリア教育を通じて、生徒たちは大人顔負けの学びや研究、課題発見解決策を考えたり、実施したりする場合がある。とても素晴らしい研究成果なのだが、それを進路選択と結びつけられない場合が多い。研究成果と学問を結びつけられないからだ。生徒たちが、素晴ら

しい研究成果を残しても、その研究成果を以後、どの学問からアプローチすれば良いのか、進路指導観点からは難しい。経営学・経済学の違い、歴史学・考古学・民俗学との違いへの理解や、学問体系から各学問への理解がなければ研究成果からの進路指導も難しい。進路指導側がいかなる方法で生徒の課題発見解決型キャリア教育での成果を生徒の進路に結びつけるかが課題である。

　以上のように地域課題発見解決型キャリア教育が実施されている高校では、大まかに３つの課題があると筆者は考えている。これらの課題を解決すべく、現在、実施している事例について述べたい。

＜地域課題発見解決型キャリア教育の事例「夢ゼミ」でのプロジェクト学習＞
　隠岐國学習センターではキャリア教育の一環として「夢ゼミ」という授業を実施している。夢ゼミは高校１年生〜３年生まで実施しているが、特に高校２年生の冬からは、半年から１年ほどプロジェクト学習型の夢ゼミを実施する。プロジェクト学習というと聞きなれない言葉だが、プロジェクト学習型の夢ゼミでは生徒自身の問題意識や目的意識、将来像を言語化・図式化して明確なポートフォリオを作成するプロジェクトを、地域課題発見解決型キャリア教育で実施している。
　地域課題発見解決型キャリア教育を通じて生徒が地域のリアルな課題に

取り組む中で、問題は何か、原因は何か、課題として何をすべきか、考えられる解決策は何かを明確にする。夢ゼミを地域で実施する意義は、本当に現場で解決されていない問題が目の前にあることだ。この意義は高大接続に極めて大きい意味をなす。それはなぜか、大学とは何かという点から考えてみたい。大学は高校までの学校と大きく異なる。知恵や答えを授けてくれる学校とは異なり、大学は、答えがまだない問いについて答えを探究し、模索し続ける、つまり研究をする場だ。自身の課題やテーマを研究していく中で、自分なりの知識体系やスキルを身につけていく。フンボルト理念における"研究を通じた教育"だ。課題先進国日本、課題先進地域である離島・中山間地域が、答えがない問いを突きつけられている現在だからこそ、そこで育った生徒たちにとって必要な学びだろう。夢ゼミの生徒たちは、「問題は何か、原因は何か、課題として何をすべきか、考えられる解決策は何か」を考えた上で、現場の大人たちに話す。大人たちとは、課題先進国日本の課題先進地域で、20～30年後に日本全体に来るであろう問題と、まさに今戦っている大人たちのことだ。最先端の情報や、ここまでは解決しているがここからは解決していないといった状況など、課題の現場を知っている。現状の問題を見つけ、それをどのように乗り越えるか。知識や論理、理論を蓄積した学問を通じて生徒たちはアプローチする。どの問題に対し、どの学問でアプローチするか、腑に落ちた理解に至った時に初めて学ぶべき学問が決まり、その気づきが学部選択、場合によっては大学選びにつながっていく。

　夢ゼミでは、先に挙げた3つの課題を如何に解決しながら進めているのか、その観点と手法について紹介したい。

＜生徒自身の問題意識や目的意識、将来像を明確にする7つの観点＞

　生徒自身の問題意識や目的意識、将来像を明確にするためには、「何を、どこまで」考えれば良いかの指標が必要である。7つの観点は、「何を」を言語化したものであり、プロジェクト学習型の夢ゼミを段階的に進ませる指標となる。夢ゼミでは各観点に行ける深度を段階で設定し、ルーブリック評価を可能にしている。その7つの観点について説明したい。

① 生徒自身の価値観・信条・こだわり
② ①に至った経験・①を発揮したエピソード
③ 問題意識・取り組みたいテーマ
④ 社会的意義
⑤ 課題・解決策
⑥ ⑤を探究する、実現するために必要な学問、最適な進路先
⑦ ⑥を通じて実現したい未来、夢、志

　取り組む順番は①→②→③→④→⑤→⑥→⑦だけでなく、生徒自身のテーマが明確な場合は③→①→②→④……の順番でも構わない。本稿では①→②→③→④→⑤→⑥→⑦のパターンについて説明する。

① 生徒自身の価値観・信条・こだわり

　なぜ夢ゼミで価値観・信条・こだわりを考えるのか。それは先述した「生徒が熱中できるテーマを選択できない」を解決するためだ。高校生が地域や社会に興味を持ち、飛び出し、多様な職種における課題、また社会課題に出合う。そして解決に取り組み、自身の進路意識を高めていく。しかし、多様の職種や地域の課題に出合うほど、どの課題に取り組むか、どの進路に進むか、迷うだろう。選択肢が多ければ迷うもの。数多の選択肢から選ぶには、選択軸がなければならない。選ぶという行為は、選択軸と選択肢があって初めて成立する。選択肢とは、生徒個人の価値観・信条・こだわりに他ならない。生徒自身がその課題やテーマに取り組む理由が、生徒の価値観・信条・こだわりなどの内発的な動機から派生した場合、生徒は熱中し、主体的かつ意欲的に、当事者意識を持ち、取り組むだろう。答えが用意されておらず、一つではないリアルの課題に対して、内発的な動機で臨む学びは、生徒のフロー状態*やゾーンと呼ばれる没入体験を生み、学

＊フロー（英：Flow）とは、人間がその時していることに、完全に浸り、精力的に集中している感覚に特徴づけられ、完全にのめり込んでいて、その過程が活発さにおいて成功しているような活動における、精神的な状態をいう。ZONE、ピークエクスペリエンスとも呼ばれる。心理学者のミハイ・チクセントミハイによって提唱され、その概念は、あらゆる分野に渡って広く論及されている。

びを最大化させるだろう。そこで、就職活動顔負けの、生徒の価値観・信条・こだわりなどの言語化をする授業を様々な自己分析ツールを駆使し実施している。価値観・信条・こだわりを言語化した上で、社会が求めていること、困っていること解決しなければならないことが明確になれば、価値観・信条・こだわりと社会課題やテーマの結節点にこそ、生徒自身が果たすべき使命や夢、志が生まれる。社会における自分の居場所と出番から生徒は問題意識や取り組むべきこと、将来の夢や志を見出すのだ。

　まとめると、生徒自身の価値観と社会にある職業、問題、課題、テーマとの結節点を見つける。結節点から自分なりの夢や志の仮説を持った上で、自身の原体験に立ち返る。自身と夢や志とのつながりを原体験から説明でき、自身が納得できれば、後は取り組みに邁進するだけだ。

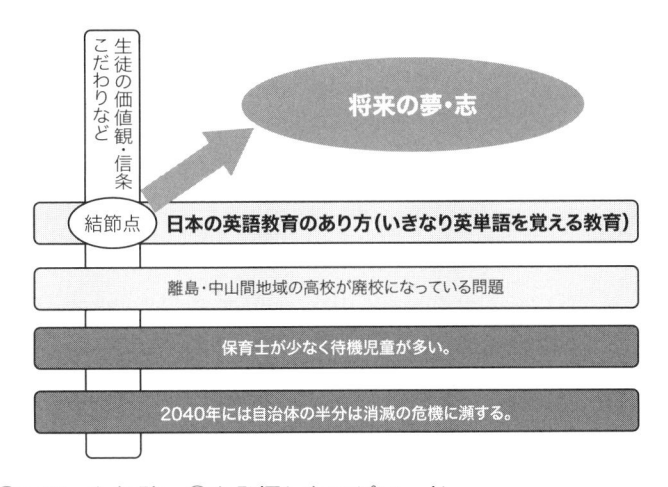

生徒の価値観・信条・こだわりなど

将来の夢・志

結節点　日本の英語教育のあり方（いきなり英単語を覚える教育）

離島・中山間地域の高校が廃校になっている問題

保育士が少なく待機児童が多い。

2040年には自治体の半分は消滅の危機に瀕する。

② ①に至った経験・①を発揮したエピソード

　①に至った経験・①を発揮したエピソードは、文字どおりだ。生徒自身が価値観・信条・こだわりについて納得し、理解し、自信を持つための観点である。生徒が価値観・信条・こだわりと、至った経緯・発揮されたエピソードがセットで語られれば自身への説得力を増す。生徒自身が自身の価値観・信条・こだわりについて納得するのみならず、他者にも共感されやすくなる。他者の共感は、生徒自身が自信をつけるだけでなく、他者の共感を得るだけでなく応援・支援を獲得する効果を持ち、今後の夢ゼミを

有利に進ませる。自己肯定感や自尊心の重要性についての意見も散見する。筆者も同様だが、ただ褒めるだけでは自己肯定感や自尊心の醸成になるとは思えない。生徒に聞いてみたところ、「ただ褒められても、他の人もできることだし、何を褒められているか、わからない時がある。"自信をつけさせてあげよう"という魂胆が見え見えで、自分が、自信がないと思われているかと思うと萎える」と筆者自身も耳が痛い言葉が返ってきた。肯定すべきは生徒たちの価値観・信条・こだわりと、そこに至った経緯・発揮したエピソードではないかと考えている。自分の意見を持ち始める高校生ならではの価値観・信条・拘りこそ肯定すべき素養なのではないか。そして醸成された自己肯定感や自尊心こそ、地域課題発見解決型キャリア教育における、答えがない問いに対して答えを紡ぎ出さなければならないという壁を乗り越える原動力だと筆者は考えている。

③ 問題意識・取り組みたいテーマ

　問題意識・取り組みたいテーマとは、生徒自身が取り組みたい内容を示す。取り組まなければならない、解決しなければならない、放っておけないような、社会で問題とされている地域活性化や所得格差、貧困などの社会問題の場合もある。また、受験生自身が実現したい夢や創造したい社会でも良い。「私はモテたい。その為に男性に恋愛に積極的になって欲しい！」や「私が大好きだがマイナーなスポーツであるトランポリンをメジャーなスポーツにしたい！」などでも十分にテーマになりうる。将来目指す職業や立場でも構わない。看護師や教員などの職業や公務員などの立場のことで、その職業や立場において、今、問題や話題になっている内容もテーマになる。例えば、「将来は小学校の先生になりたい。小学校の先生で今後、課題になるのは日本語が話せない多国籍の子供たちへの対応だ……」、「農業に従事したいが、安いだけでは外国産に負けてしまう。いかに高付加価値の農作物をブランディングして低価格化に耐えうる商品にするか。場合によっては海外に売り込むか」などである。問題意識・取り組みたいテーマにおいて意識しなければならないのは、明確さと必然性だ。

　明確さとは何か。問題に対する適切な観点と、観点に対する適切な情

問題とは何か

「問題」とは「あるべき姿」と「現状」とのギャップ

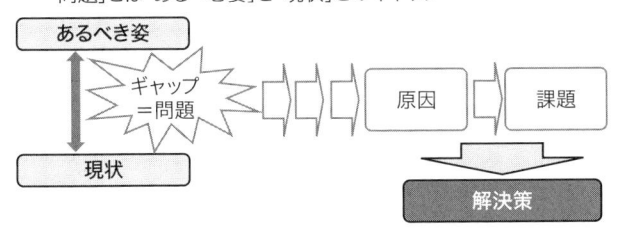

問題とはあるべき姿と現状とのギャップだ。例えば"貧困"は状態であり、問題ではない。貧困という状態によって引き起こされる現状と、貧困という状態が解消されたあるべき姿（ビジョン）の間にこそ、解決すべき問題が存在する。問題を把握してから、問題が起きている原因を深掘りしながら追求し、課題を明確にした上で、解決策を考える思考の型は、答えが一つではない問いを考える上で強い武器となる。

報量がある時、その問題は明確だと定義づけている。明確な問題とは誰にでも分かりやすく、正確に伝わるものだ。よって明確な問題とは論理的だとも言える。適切な観点を筆者は Who、What、When、Where、Why、What's cause、How に分類している。一つずつ説明しよう。

　Who: 誰にとっての問題か。問題は対象や利害関係者によって異なる。地域における人口減少は行政にとっては税収減、住民にとっては祭りや伝統文化芸能の担い手の減少による文化の断絶、子育て世代にとっては人口減少により学校の統廃合が進み、通学圏内に学校がなくなるなど、立場によって問題は異なる。
　What: 何が問題か。問題と状態を区別しなければならない。問題とはあるべき姿と現状とのギャップだ。例えば、貧困や所得格差は問題ではなく、状態である。貧困や所得格差によって生じるあるべき姿と現状とのギャップこそ、埋めるべき問題なのだ。
　When: いつの問題か。問題となる事象は時期によって異なる。今起きている問題なのか、20年後、もしくは100年後に起きる問題なのか。いつ起きる問題なのかを明確に示す必要がある。
　Where: どこでの、どの範囲での問題か。場所や範囲によっても生じる問題は異なる。例えば貧困によって生じる問題でも、東南アジアなのか、

"原因"を明確にするための考え方 What's cause?

「なぜ(問題は起きている?)」と自分に問いかけてみましょう。

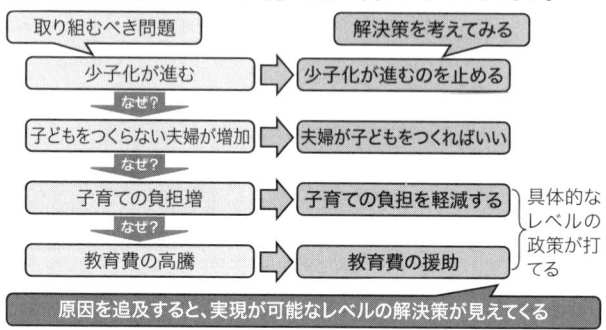

取り組むべき問題		解決策を考えてみる
少子化が進む	⇒	少子化が進むのを止める
↓なぜ?		
子どもをつくらない夫婦が増加	⇒	夫婦が子どもをつくればいい
↓なぜ?		
子育ての負担増	⇒	子育ての負担を軽減する
↓なぜ?		
教育費の高騰	⇒	教育費の援助

具体的なレベルの政策が打てる

原因を追及すると、実現が可能なレベルの解決策が見えてくる

アフリカでの問題なのかによって違う。同じ東南アジアだとしても国や地域によっては、誰にとっての問題か、原因は宗教紛争か、水資源の争いなのか、などで変わる。ところ変われば、問題は変わるのだ。

　Why: なぜこの問題は、そもそも問題なのかの前提。問題になるには、その地域や社会、国家などの前提が存在する。所得格差によって生じる問題は、そもそもなぜ問題なのかという前提が存在する。もし国家として所得格差を問題としなければ当然、所得格差から生じる問題は問題とならない。所得格差から生じる社会の不安定や不公平感を国家や国民が脅威と見るからこそ、所得格差が問題となるのだ。

　What's cause: なぜ、この問題が起きているのかの原因や障害、壁などを示す。少子化が進む原因は、出生率が下がっているからだが、なぜ出生率（日本の場合は、合計特殊出生率）が下がっているのか。一般的には「失われた10年や就職難のあおりを受け、結婚や出産適齢期である層が経済的に不安定だったことや、子育てに対する負担感が増大しているから」（2004 内閣府）とされている。しかし、「高学歴女性が経済的に自立し、結婚のハードルを上げた（2015 筒井）」との研究結果もある。問題を深掘りしなければ真の原因は見つからない。また原因次第では解決策としての打ち手が変わってくる。

　How: 今までどんな解決策で問題にアプローチしてきたか。どこまで解

決し、どこからが解決できていないのかを、今までの解決策・アプローチ方法から模索する。当然ながら、既に問題が解決しているのであれば、取り組むべき問題としての価値は低い。なぜなら解決されている問題は書籍や論文、報告書にまとめられており、既に答えが出ている。焼き直しでは課題発見解決能力を向上させる期待度は低い。

　必然性とは何か。それは生徒が取り組む必然性と、社会が取り組むべき必然性に分類できる。

　生徒が取り組む必然性とは、生徒個人もしくはチームが問題に取り組む理由だ。生徒個人の価値観・信条・こだわりや、チームの想いやビジョンが問題につながらなければ、取り組む理由がなく、課題発見解決の際に生じる困難を乗り越えられないだろう。社会が取り組むべき必然性とは、その問題が存在するエビデンス（証拠・根拠）と解決すべき重要性だ。問題

【ケーススタディ】能勢町の人口減少問題

「能勢町の人口減少問題」についての課題と解決策を問題発見の7つの観点から明確にしてみましょう。
①まずは個人で考えてください。
②次にチームで意見を出し合ってください。
③アイディアを一つにまとめて発表してください。

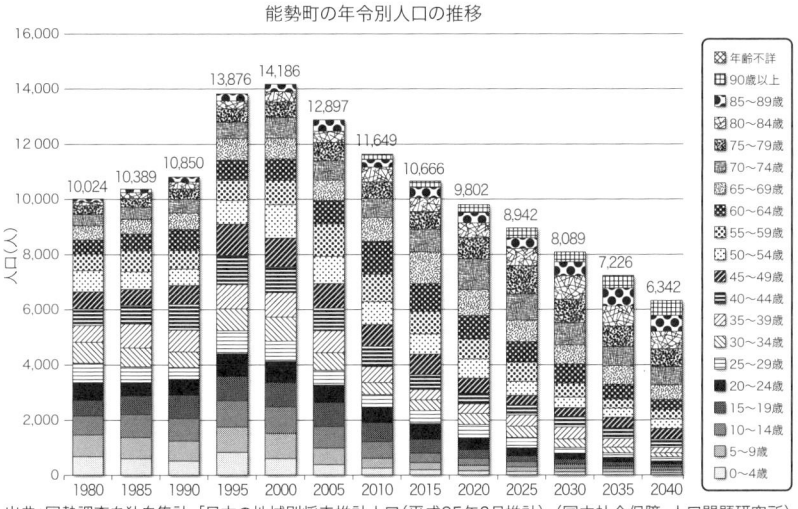

能勢町の年令別人口の推移

出典：国勢調査を独自集計、「日本の地域別将来推計人口（平成25年3月推計）」（国立社会保障・人口問題研究所）

だと主張したところで、問題があると世間で言われているだけで実は存在しない可能性もある。例えば、所得格差は近年、非常に大きくなっていると言われているが、所得格差の指標となるジニ係数を見ると日本はアメリカや中国には遠く及ばず、平等主義の欧州に近い。アメリカや中国ほどの所得格差があると主張するには根拠がない。しかし、貧困に関しては、子どもの貧困はOECDの調査により6人に1人と先進国中最低である。問題には存在するエビデンスが必須であり、解決すべき必然性となる。

　問題意識・取り組みたいテーマは、課題発見能力がなければ導くことはできない。筆者は課題発見能力を身につけるために、様々なデータや表・グラフ、文献、事例などを生徒に読ませた上で、読んだ生徒同士で考えたこと、導き出した問題などをディスカッションで意見交換させる。意見交換後、生徒自身の意見を言語化（文章でもプレゼンでも可）し、ありきたりな課題発見解決になっていないか、既に表出化している問題・課題ではなく、表出化していない問題・課題を導けているかを生徒同士や教師も入って確認し合ったり、指導したりする。イメージとしては小論文の授業に、ディスカッションやグループワークが加わったイメージだ。筆者はディスカッションやグループワークに知識構成ジグソー法やKJ法、ワールドカフェなどの手法を取り入れている。

④　社会的意義

　社会的意義とは、③で掲げた問題意識やテーマに取り組む意義を示す。問題に取り組むことで生じるメリットとデメリットにより導かれる。問題意識やテーマに社会的意義があれば周囲の応援支援を得られやすいのみならず、既に先行研究がなされている可能性があり、ヒントや参考になる情報が得られやすく、プロジェクトが進めやすくなる。

⑤　課題・解決策

　課題・解決策では問題意識・取り組みたいテーマを追求・探究によって生じた原因や取り組むべき課題、改善や実現をする解決策である。問題意識・取り組みたいテーマの What's cause や How により導き出された原因・課題などから導かれ、特定された原因・課題を解決・実現する具体的な手法である。

　仮に少子化の原因を「失われた 10 年や就職難のあおりを受け、結婚や出産適齢期である層が経済的に不安定だったことや、子育てに対する負担感が増大していることにより出生率が下がったから」だとする。経済的な不安定感や子育てに対する負担感を軽減するための打ち手として、フランスのような子どもに対する手厚い経済的支援、あるいはスウェーデンのように女性を公務員として雇い経済的負担を軽減するなどの策が考えられる。少子化の原因を「高学歴女性が経済的に自立し、結婚のハードルを上げた」とすると、高学歴で経済的に自立した男女の出会いの場を自治体が積極的につくることが打ち手となる。原因・課題によって解決策は異なる。

⑥　⑤を探究する、実現するために必要な学問、最適な進路先

　この観点は、⑤の課題・解決策を追求・探究、そして解決策を実現するために、何（学問など）を学ぶべきか。そのための最適な進路先は何かについて、である。学問とは、人類が様々な問題や課題に対して考え、生み出してきた知識や知恵、技術や解決策などを積み上げてきた体系である。どの学問を駆使して、課題・解決策を追求・探究、そして解決策を実現するのかを示すことこそ、既に挙げた「課題発見解決型キャリア教育と進路

選択を連動できない」課題を解決する。そのためには、生徒側と教師側に学問に対する理解が必要だ。自然科学・社会科学・人文科学のみならず、社会科学の中でも政治学・法律学・経済学・経営学・商学・行政学・社会学などへの理解が必要となる。さらに、最近では総合政策学やキャリアデザイン学、リベラルアーツなどの学際的な学問も次々と生じている。筆者

学問の違い＝対象の違い

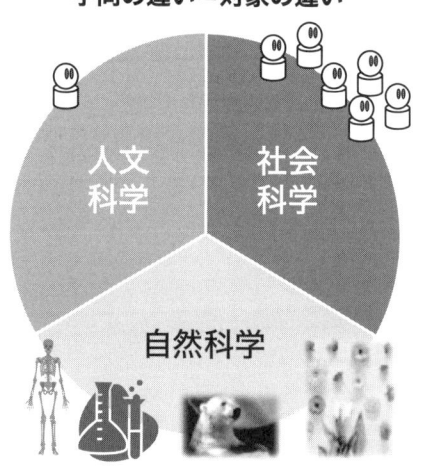

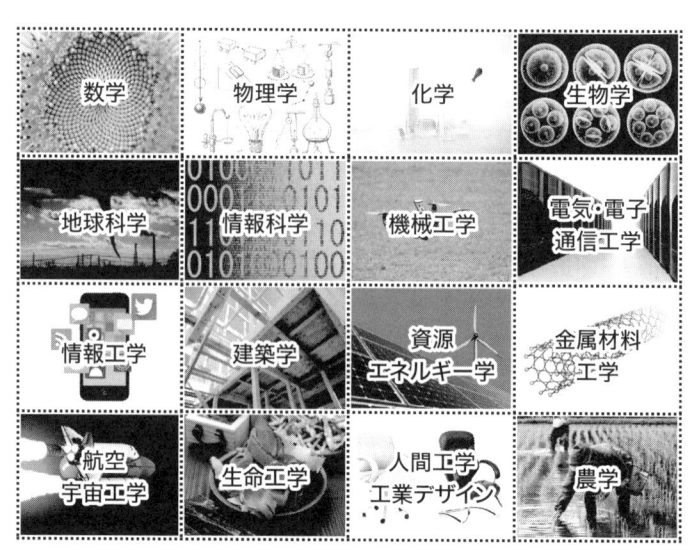

人文科学 / 社会科学 / 自然科学

数学 / 物理学 / 化学 / 生物学
地球科学 / 情報科学 / 機械工学 / 電気・電子通信工学
情報工学 / 建築学 / 資源エネルギー学 / 金属材料工学
航空宇宙工学 / 生命工学 / 人間工学・工業デザイン / 農学

（高校の先生方向けの学問カルタを使ったワークショップ）

は生徒側や教師側への学問に関する理解を促すために"学問カルタ"などを用いている。

　学問カルタとは、数十個のテーマや問題意識が書いてある台紙に、「どの学問で、そのテーマにアプローチするか」を考えるワークショップだ。ゲーム感覚のグループワークにすることで、生徒ものめり込んで考える仕掛けを取っている。ワークショップの最後には、学問に関する解説を実施し、学問とはそもそも何か、また分類について学ぶ。その後、生徒に「自身が興味のある学問はどれか」を選ばせることで、興味と学問、そして学部をつなげる進路指導ワークだ（商標と特許を出願し、2017年度に販売予定）。

⑦　⑥を通じて実現したい未来、夢、志

　この観点は、⑥の学びを通じて、生徒個人やチームが実現したい社会や夢、志、キャリアだ。特にキャリアに関しては職業を特定しても、しなくても良い。行政・民間・個人などの立場でも構わない。いずれにしろ、学びの後にある社会や個人の姿を明確にすべきだ。

　筆者は「7つの観点」により、先に挙げた地域課題発見解決型キャリア

教育の「3つの問題」(P.82) の解決を図っている。

<畜産の課題解決は畜産学部ではできない?>

　夢ゼミでの一つのエピソードがある。

　隠岐島前高校生で、畜産一家の男子生徒がいる。彼はとにかく牛、つまり畜産が好きだ。人生に必要なことは全て牛に教わったと豪語する。実際に中学生の頃から牛の飼育に関わってもいる。この生徒は夢ゼミで地元の主要産業である畜産の衰退に目をつけた。彼は、当初は畜産学部に進学して家を継ごうとしていたが、夢ゼミを通じて「畜産の衰退の原因は畜産業者の後継者不足だ」と行き着いた。

　後継者が少ない理由は、苦労の割に儲からないかららしく、その原因を深掘りすると、餌のコストが高い割に売上が少なく、採算が合わないことに行き当たった。だから畜産業者も子どもに継がせようとしない。畜産業の担い手の最有力候補は、畜産業者の「小倅」だ。なぜならば畜産業は初期投資が多く、新規参入しにくい業界だからだ。既に設備や土地があり、親から受け継がれるほうが事業を受け継ぎやすい。もし小倅に継がせようとしなければ、畜産業の担い手は当然、減る一方だ。

　また畜産業の魅力を発信できていないことも、後継者を減らす要因だそうだ。畜産は、きつい、汚い、厳しいという3Kばかりが表に出て、敬遠されがちになってしまっている。

　これらの後継者不足問題をさらに深掘りし、問題の根源を探究した。

　餌のコストが高いのは、餌の購入をJAに任せきりのため、交渉もせずに高い金額で購入していることが原因だ。個々の畜産業者の交渉力向上が課題となる。売上が少ない理由は、畜産業者のマーケティング力が低く、他の業者と差別化できていないため、競争力もブランド力もないからだ。よって無計画な価格競争に陥るコモディティ化が生じてしまう。したがって畜産業者のマーケティング力向上が課題となる。マーケティング力向上には、消費者のニーズを知ることが重要だが、現状では消費者と畜産業者の距離は大きくコミュニケーションが取りにくい。畜産業者が消費者との距離をいかに小さくできるのか、コミュニケーションを取りやすくするた

めにはどうすれば良いのかが課題となる。魅力がない理由は、きつい、汚い、厳しいという3Kのイメージならば、これらを払拭するために、労力を軽減しつつ、労力を上回る畜産業の魅力ややりがいを構築・発信することが課題だ。

このように畜産業における課題を探究していくと、畜産学部で畜産技術を学んでも解決できないことが分かる。イノベーションは生まれないのだ。実際に、周囲の畜産業者の大人たちを見ても、話を聞いても、この問題から抜け出せていない。彼は現場を見ながら、話を聞きながら、どうすれば抜け出せるのかを考える。自分が持った疑問や仮説を、目の前の現場の大人に聞いたり投げかけたり、議論したりできるのは地域ならでは。最前線の情報はやはり最前線の人が持っているからだ。

ただ、大人は必ずしも最前線の状況や課題を言語化していない場合が多い。よって生徒は大人に質問しながら、言語化させて、ヒントを得る。そこでコミュニケーション能力も鍛えられる。

畜産技術の延長上では解決できないと考えた彼は、オランダのスマートアグリ（農業にICTを導入し生産性向上と労力軽減を図る試み）をヒント

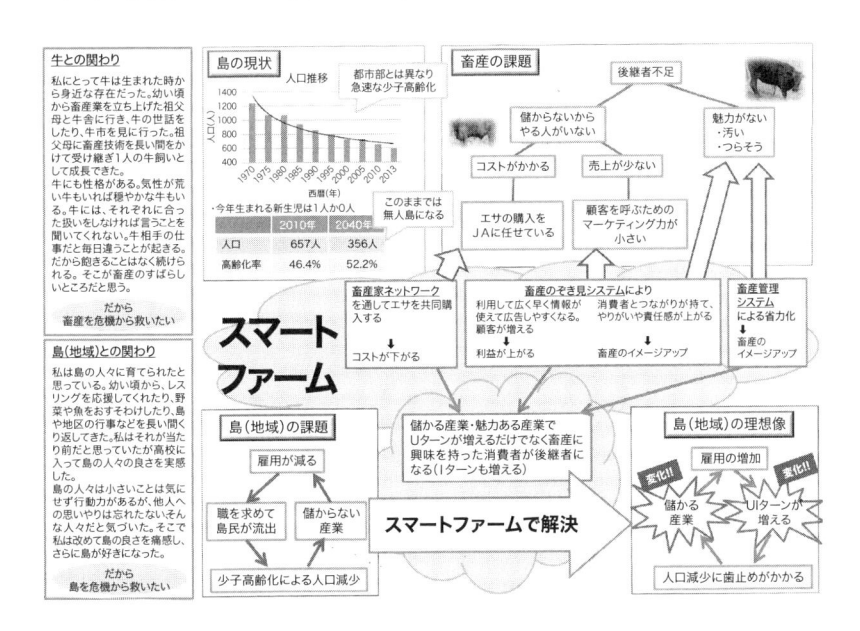

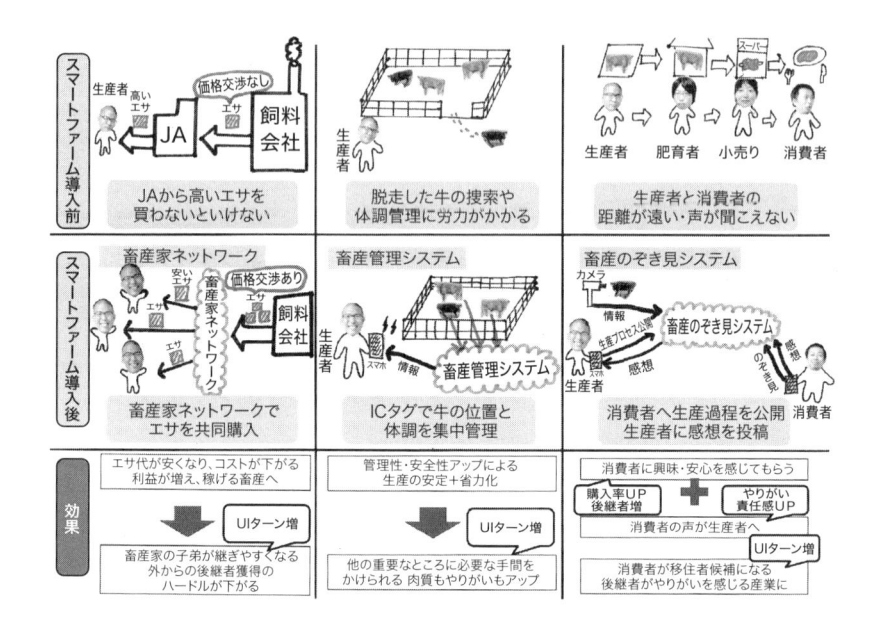

スマートファーム導入前	JAから高いエサを買わないといけない	脱走した牛の捜索や体調管理に労力がかかる	生産者と消費者の距離が遠い・声が聞こえない
スマートファーム導入後	畜産家ネットワークでエサを共同購入	ICタグで牛の位置と体調を集中管理	消費者へ生産過程を公開 生産者に感想を投稿
効果	エサ代が安くなり、コストが下がる 利益が増え、稼げる畜産へ → UIターン増 → 畜産家の子弟が継ぎやすくなる 外からの後継者獲得のハードルが下がる	管理性・安全性アップによる生産の安定+省力化 → UIターン増 → 他の重要なところに必要な手間をかけられる 肉質もやりがいもアップ	消費者に興味・安心を感じてもらう 購入率UP 後継者増 + やりがい 責任感UP 消費者の声が生産者に → UIターン増 → 消費者が移住者候補になる 後継者がやりがいを感じる産業に

にした。畜産にICTを導入し、解決を図る"スマートファーム構想"を考える。

　この時点で、進学先はICT・経営・マーケティングが学べ、交渉術も学べ、農業や畜産なども学際的に学べる大学や学部となり、結局彼は、慶應義塾大学環境情報学部（SFC）を選び、合格を果たした。

　学際的に学ぶ場合はSFCだが、彼がICTを中心に学びたいのであれば情報系学部、経営を中心に学びたいのであれば経営学部を進学先に選んだだろう。

　一般的に多くの場合、「畜産といえば畜産学部」というバイアスから抜けきれない。なぜなら生徒がテーマと学部を安易につなぎ合わせる進路選びをしてしまうからだ。しかし夢ゼミでの進路選びは、テーマを探求していく中で課題・原因を見出し、解決策を見出し、それを大学でさらに追求・実践するために学問を選び、進路先を選ぶ……といった流れで進められている。これこそ大学での学びを最大化する高大接続のあり方であり、進路選びなのではないだろうか。

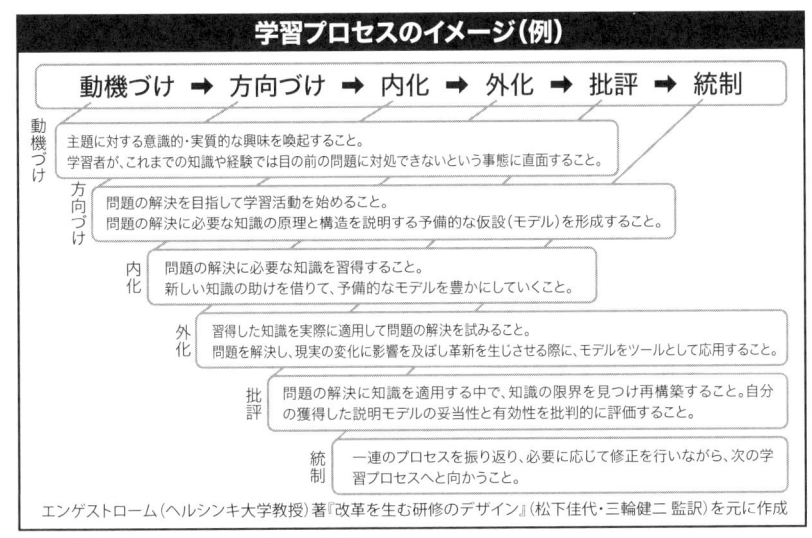

学習プロセスのイメージ(例)

動機づけ ➡ 方向づけ ➡ 内化 ➡ 外化 ➡ 批評 ➡ 統制

- **動機づけ**：主題に対する意識的・実質的な興味を喚起すること。学習者が、これまでの知識や経験では目の前の問題に対処できないという事態に直面すること。
- **方向づけ**：問題の解決を目指して学習活動を始めること。問題の解決に必要な知識の原理と構造を説明する予備的な仮説(モデル)を形成すること。
- **内化**：問題の解決に必要な知識を習得すること。新しい知識の助けを借りて、予備的なモデルを豊かにしていくこと。
- **外化**：習得した知識を実際に適用して問題の解決を試みること。問題を解決し、現実の変化に影響を及ぼし革新を生じさせる際に、モデルをツールとして応用すること。
- **批評**：問題の解決に知識を適用する中で、知識の限界を見つけ再構築すること。自分の獲得した説明モデルの妥当性と有効性を批判的に評価すること。
- **統制**：一連のプロセスを振り返り、必要に応じて修正を行いながら、次の学習プロセスへと向かうこと。

エンゲストローム(ヘルシンキ大学教授)著『改革を生む研修のデザイン』(松下佳代・三輪健二 監訳)を元に作成

(文部科学省のホームページより引用)

<夢ゼミで学力向上を実現する>

夢ゼミのような学びは学習意欲向上のみならず、学力向上にも貢献すると考えている。

夢ゼミをエンゲストロームの「学習サイクル理論」で捉えたい。

【動機づけ⇒方向づけ⇒内化⇒外化⇒批評⇒コントロール】の流れで夢ゼミは以下のように捉えられる。

- **動機づけ**：自身の価値観を明確にした学習者が出合う、当事者意識が持てる社会課題・テーマ(自分の経験では目の前の問題に対処できない事態)
- **方向づけ**：社会課題の解決やテーマの追求・改善を目指して学習活動を始める
- **内化**：社会課題の解決に必要な知識を習得する
- **外化**：内化で得た知識を実際に適用して社会課題の解決やテーマの追求・改善を試みる
- **批評**：外化においての知識の適用をする中で知識に限界が見つかり、

再構築する必要性を検証する

コントロール：学習者は一連のプロセスを振り返り、必要に応じて修正を行いながら次の学習プロセスへと向かう

　この学習活動の中では、「学習への深いアプローチ（deep approach to learning）」が実現できると筆者は考えている。スウェーデンのマルトンとセーリョが提唱する「学習へのアプローチ」を言語化し、学習への深いアプローチとは学習への浅いアプローチ（surface approach to learning）よりも学習効果が向上する学び方であることを示す。(Entwistle,McCune,&Walker,2010)

　ビッグスとタングは学習への深いアプローチと浅いアプローチを学習活動の「動詞」を用いてまとめている（Biggs&Tang2011）。図表を見るとお分かり頂けると思うが、夢ゼミでは深いアプローチの学習活動を実行しなければ、進めることができない。よって、夢ゼミの実施を通じて、学習への深いアプローチを生徒たちは身につけられる。結果、学力向上の実現が可能となる。事実、高校3年生を対象に夢ゼミのような学びとと教科学習を並行して行った生徒は、教科学習のみを実施した生徒よりも学力向上を実現できた。

学習への深いアプローチと浅いアプローチの特徴
深いアプローチ
●これまで持っていた知識や経験に考えを関連づけること
●パターンや重要な原理を探すこと
●根拠を持ち、それを結論に関連づけること
●論理や議論を注意深く、批判的に検討すること
●学びながら成長していることを自覚的に理解すること
●コース内容に積極的に関心を持つこと
浅いアプローチ
●コースを知識と関連づけないこと
●事実を棒暗記し、手続きをただ実行すること
●新しい考えが示されるときに意味を理解するのに困難を覚えること
●コースか課題のいずれにも価値や意味をほとんど求めないこと
●目的や戦略を反映させずに勉強すること
●過度のプレッシャーを感じ、学習について心配すること

活動の「動詞」から見る学習への深いアプローチと浅いアプローチの特徴		
学習活動	深いアプローチ	浅いアプローチ
●振り返る		
●離れた問題に適用する		
●仮説を立てる		
●原理と関連づける		
●身近な問題に適用する		
●説明する		
●論じる		
●関連づける		
●中心となる考えを理解する		
●記述する		
●言い換える		
●文章を理解する		
●認める・名前を挙げる		
●記憶する		

Entwistle, McCune, & Walker (2010), table5.2 (p.109) の一部を翻訳
Biggs & Tang (2011), Figure2.1 (p.29) の一部を翻訳・作成
『ディープ・アクティブラーニング 大学授業を深化させるために』第1章（溝上慎一（京都大学高等教育研究開発推進センター教授）執筆）より
（文部科学省のホームページより引用）

第3章 辺境で進む教育改革

＜夢ゼミのような地域課題発見解決型キャリア教育はこれからの高大接続で求められる学力の3要素を育む＞

　文科省で進んでいる高大接続システム改革会議では、中間まとめに以下のような文章がある。

　「これからの時代に我が国で学ぶ子供たちは、明治以来の近代教育が支えてきた社会とは質的に異なる社会で生活をし、仕事をしていくことになる。国際的にグローバル化・多極化の進展、新興国・地域の勃興、国内では生産年齢人口の急減、労働生産性の低迷、産業構造や就業構造の転換、地方創生への対応等、新たな時代に向けて国内外に大きな社会変動が起こっているためである。世界的にも、進展しつつある情報社会への転換の中で、知識の量だけでなく、混とんとした状況の中に自ら問題を発見し、他者と協力して解決していくための資質や能力を育む教育が、急速に重視されつつある。

　こうした未来に生きる子供たち一人一人にとって必要な能力は、(1)十分な知識・技能、(2) それらを基盤にして答えが一つに定まらない問題に自ら解を見いだしていく思考力・判断力・表現力等の能力、そして (3) これらの基になる主体性を持って多様な人々と協働して学ぶ態度である。これからの教育、特に高等学校段階以降の教育は、義務教育段階を基盤として、上にあげた (1) ～ (3)（これらを本「中間まとめ」において「学力の3要素」と呼ぶ。）の全てを一人一人の生徒・学生が身に付け、グローバルな環境の下、多様な人々と学び、働きながら、主体的に人生を切り開いていく力を育てるものにならなければならない。」

　この学力の3要素を身につけるには、夢ゼミのような課題発見解決型キャリア教育は有効であると筆者は考えている。

　夢ゼミにおける方向づけ・内化で知識を習得するのみならず、外化の際に知識の必要性を認識するだろう。生徒たちは学力の3要素の (1) が掲げる「十分な知識」の習得に加え、その知識の必要性も認識できる。(1) の十分な技能については、学習への深いアプローチを学力における技能と捉えた時、学びを深くする技能が十分な技能につながる。京都大学の溝上慎一教授はディープ・アクティブラーニングの必然性を「学習への深いアプロー

チに至るからだ」と説明している。夢ゼミのような取り組みも、学習への深いアプローチ法の習得を通じて、十分な技能を身につけられると言えるのではないだろうか。

　(2)における"答えが一つに定まらない問題"とは、まさに地方における人口減少、少子高齢化、財政難などの問題と通ずる。地方の住民にとっては、目の前にある身近な問題こそ、まだ誰にも解かれていない、"答えが一つに定まらない問題"である。こうした問題を解決するためには、地域の文化や歴史、住民の経験や知恵などに潜むヒントや知識のカケラたちを論理的に紡ぎ、組み合わせる思考力が必要だ。これらを、表現力をもって関係者に伝え、解決方法が適切か議論する。この過程では、判断力も育まれる。

　また当然ながら、課題の発見・解決には十分な知識が必要だ。組み合わせる知識がなければ、解決策を紡ぐことも、組み合わせることも、表現することもできない。より多様で広い知識が必要だ。"答えが一つに定まらない問題"には試験範囲がなく、横断的に様々な教科が関わる。そして解くまでが試験時間である。テストに出るからという理由で、特定の教科・範囲を一夜漬けで覚えるような学習ではない。あらゆる分野における知識がいつまでも問われるがゆえに、十分な知識を身につけることが必須となる。

　地域課題発見解決型キャリア教育の大きなメリットは、学習者が知識の必要性を感じられることだ。"テストに出るから覚える"ではなく、答えを紡ぐために知識がなければならない、と学習者が理解する。

　(3)の「これらの基になる主体性を持って多様な人々と協働して学ぶ態度」については、地域課題解決型キャリア教育をチームで取り組めば習得可能だ。自分たちで動かなければいつまでも解決しない。主体性をもって地域課題に臨まなければならない。チームで取り組むことで、フリーライダーや消極的な学習者が生じる可能性もあるが、それは社会でも同様だ。このような態度のメンバーをいかに巻き込み、鼓舞するかによって協働性のみならず、リーダーシップの育成にもなるだろう。特に高校魅力化プロジェクトでは、地元出身者と、地域外から集まってきた生徒がともに学

ぶ。両者は性格や姿勢、育ってきた文化などが大きく異なる。外国人と違い、なまじ言葉が通じてしまう分だけその違いは際立ち、目立つ。高校では、地元出身の高校生と地域の外からの高校生が、お互いの違いに戸惑う場面も多い。しかし、この違いを乗り越えれば、異文化理解から多文化共生・協働を実現できると考えている。

＜プロジェクトの成果と課題成果＞

　地域を活かしたキャリア教育の展開により、「自分の夢ややりたいことの方向性が見えている」、「夢に向かって日々行動している」、「ふるさとに貢献したい」、「将来、地域に戻って仕事をしたい」と生徒の意識変化が見られた。進路実現においても、例えば隠岐島前高校や沖縄久米島高校では国公立大学への進学率が向上し、そして島前高校初となる早稲田・慶應・上智・法政・東洋などの、島根県以外の大学にも生徒たちの視野が広がっている。「30歳で島に戻り、町長になってこの島を日本一幸福度が高い町にしていきたい」「将来、西ノ島に人と人をつなぐ"ヒトツナギカフェ"を開き、私の好きな『食』を通じて、町をもっと元気にしていきたい」など自分と地域をつなぐ夢を持って進学する生徒が増えており、卒業後も、島と東京をつなぐ人材ビジネスを構想し、ビジネスプランコンテストで入賞したり、自分の夢に近づくような社会活動や海外体験を自主的に行うなど、卒業生が活発に動くようになっている。

　注目すべきは、島前高校に通い卒業した生徒の意識変革だ。東洋大学に進学した石井佑布子さんは「中学生まで、埼玉には自分の居場所がないと感じていた。限られた人間関係の中で窮屈に生活を　送っていましたが、隠岐島前でボランティア活動をする中で、たくさんの人と関わって自分の居場所を見つけた。消極的だった性格が、ボランティアを率先して行い、自分から行動する力を身につけられました」と振り返る。「さらに、自分の人生の目標も見つけることができました。海士町の方に関わっていただいたおかげです。今の自分がいるのも隠岐島前での学ぶ日々があったから。だから、恩返しとして、海士町の力になる仕事をしたいと思っています」と、彼女は今、将来隠岐島前で働く保育士を目指している。

高知大学に通う古川森さんは「大学卒業後は、都心の企業でノウハウを獲得、社会問題を見つめ直し、地方（場所は未定）で実践して力を蓄えたいと思います。やがては隠岐島前に帰るというビジョンを今漠然と持っています。隠岐島前では私は自信を持ち、自分が好きになりました。初めて自分が住んでいる地域に対して誇り持てました。夢を開拓できたのも海士町という場があったから。夢を見つけ、深掘れる素材が島にはつまっていました。隠岐島前に感謝しています」とした上で「今頑張っている、隠岐島前を引っ張っている人のバトンを継ぎたい。継げるような人材になるために、大きな力を蓄えて帰りたい」と語っている。
　このような島外生との交流は地元出身者にも良い刺激となっている。島で生きる覚悟を決めた、西ノ島出身で島前高校を卒業した近藤弘志さん（法政大学生）は、島外から来た生徒との交流をきっかけに「島外生（との交流）がきっかけで地元に誇りを持つようになりました。結果、地元である西ノ島に帰って、地元をもっと元気にしたい、と思うようになりました」と話している。

　隠岐島前高校だけではない。2013年から魅力化を実施している沖縄県立久米島高校魅力化プロジェクトでは、公営塾の久米島学習センターでも、地域課題発見解決型キャリア教育として「ちゅらゼミ」を実施している。ある生徒はちゅらゼミを通じて自身の志として、久米島に観光の面から貢献したいとした。結果、志望理由書に志を盛り込み、琉球大学に合格した。その生徒のみならず、ちゅらゼミは近年稀に見る久米島高校からの琉球大学4名合格に大きく貢献した。地域課題発見解決型キャリア教育が生徒の夢や志を醸成し、生徒の進路実現にも大きく貢献したのだ。

＜全国に広がる魅力化プロジェクトと、輩出される地方創生リーダーの"金の卵"たち＞

　現在、高校魅力化プロジェクトが全国に飛び火している。北は北海道、南は沖縄まで多くの高校で教育改革を実施している。意欲が高く、目的意識を持ち、学ぶに貪欲な高校生が、地方創生リーダーや地域活性化のリー

ダーを目指す人材、まさに"金の卵"として地域から現れ始めている。高校の魅力化プロジェクトは、徐々に結果を出しつつある。

　北海道の羽幌町にある羽幌町立天売高校は人口350名の島にある全校生徒4名の高校だが、魅力化プロジェクト1年目で島内や島外、遠くは道外から合計3名の生徒が天売高校を志望し、2年ぶりの入学式が行われた。長野県立白馬高校魅力化プロジェクトでは地域課題発見解決型キャリア教育の一環として、高校では国際観光科を設置、公営塾の「しろうま学舎」では「輝☆ラボ」を実施し、入学する生徒は2年間で50名から76名へ増加した。広島県立大崎海星高校魅力化プロジェクトでは、地域課題発見解決型キャリア教育の一環で羅針盤学・潮目学・航界学からなる大崎上島学と、公営塾で「夢☆ラボ」を実施し、入学する生徒は2年間で17名から31名へほぼ倍増した。大崎上島内からの進学率は36％から62％に急増した。先に挙げた沖縄県立久米島高校では入学する生徒が55名から87名に急増した。このように、地域課題発見型キャリア教育から始まる高校魅力化プロジェクトが萌芽期を迎えている。

　大学も、地域課題発見型キャリア教育で育った金の卵たちに期待をしている。法政大学では地域推薦（首長推薦）入試制度で、基礎自治体の首長から推薦された生徒が法政大学現代福祉学部に入学できる。また早稲田大学は地域貢献型人材を獲得すべく学部横断型のAO入試を実施する。また地方創生を担う人材を育成すべく地方創生系学部設立が国公立大学、私立大学でも相次いでいる。

　変革は辺境から生まれる。まさに教育改革を実施している高校は離島・中山間地域、地方の辺境である。辺境だからこそ、危機感を持ち、変革の遺伝子を組み込まれた人材が生じる。今後、教育を核とした地域活性化と各地で拡大している高校魅力化プロジェクト、そして地域課題発見型キャリア教育から目が離せない。

高等学校での〈活用・探究〉取り組み事例

活用事例①　奈良女子大学附属中等教育学校
活用事例②　桐蔭学園中等教育学校
探究事例①　富士市立高等学校
探究事例②　島根県立隠岐島前高等学校
探究事例③　岩手県立遠野高等学校
探究事例④　宮崎県立五ヶ瀬中等教育学校
探究事例⑤　京都市立堀川高等学校
探究事例⑥　神戸大学附属中等教育学校

活用事例① 奈良女子大学附属中等教育学校

国語科の授業で、「習得」を「探究」につなげる「活用Ⅱ」を実践する

基本データ

創　立：1896（明治29）年　中等教育学校への改組は2000（平成12）年
男女共学　6年一貫教育
生徒数：1学年120人程度
教員数：47

■中学と高校の垣根のない6年一貫教育

　奈良女子大学附属中等教育学校では、国語の教科学習の中でSNSやクラウドを活用したユニークな授業が展開されている。が、ここではそれらのICTツールの使用に注目するのではなく、そこで実現されている内容が習得・活用・探究の枠組みで言えば、活用に該当する点にこそ注目したい。

　活用については、中央教育審議会委員であり学習指導要領のとりまとめでも中心的な役割を果たす安彦忠彦名古屋大学名誉教授が、2段階に分けて考えるべきだと主張されている。教科の文脈の中で活かせる「活用1」と、教科の文脈を超えて探究に橋渡しするような「活用2」の2段階である。

　ただ、現実問題としては、全国的に見ても「活用2」の授業の実践例は極めて少ない。そこに実質的にチャレンジしている同校の取り組みだからこそ、大いに注目される。

　具体的な取り組みについての紹介に入る前に、同校の概要について触れておく。

　同校は奈良女子大附属の6年一貫の中等教育学校だが、中学に該当する1～3年と、高校に該当する4～6年が完全に垣根なくフラットにつながっているというのが、中等教育学校の中でもかなりユニークな存在である。というのも、多くの中等教育学校では、中学と高校の両方の教育免許を持っている先生は少なく、そのためどうしても中学と高校を連続して担当できないという問題が生じる。ところが、奈良女子大附属中等教育学校の場合はすべての先生が中学と高校の両方の教員免許を持っているのである。そうした体制を組むことが可能なのは、公立中学・高校との人事交流をしていないことによる。つまり、同校では、両方の免許を持っていることが採用条件となり、外部への人事異動がないためにその体制が保持されているわけである。

　さらに、同校の異動がないという条件から、すべての先生方が教育に関する研究テーマにじっくり取り組める環境にあることも意味している。

　では、次に具体的に2つの取り組みを紹介しよう。

■遠隔地の小学生の作品に3年生がアドバイスする

　最初に紹介するのは、同校の二田貴広先生が、国語の教科で（実際にはロングホーム

ルームの時間を使用）3年生がソーシャル・ネットワーキング・サービス（SNS）を活用して、遠隔地の小学校の児童の作品にアドバイスをする、という授業である。

相手となるのは静岡大学附属浜松小学校6年生のクラス。浜松小学校では、総合的な学習の時間に「浜松市の案内パンフレット」を作成している。この作品に対して、奈良女子大附属中等教育学校の3年生の生徒たちが、SNSを通じてアドバイスをするのである。まず条件として異年齢ということがあり、対面ではなくSNSという制限があるが、これをいかに教育にプラスに活かしていくのかというのも、この授業の課題である。

生徒たちのミッションは「小学生の成長に貢献するためにアドバイスする」ということ。生徒たちへの教育の狙いとしては、基礎的リテラシー、認知スキル、社会スキルの育成である。使用するSNSは「ednity」という教育向けのSNSであり、生徒たちがフェースブックなどを使用するようになる前に、こうした場で対応できる能力を実践的に身につけるということも含まれている。加えて自分一人ではできないことがグループを組むことで可能となるという経験と、SNSという直接相対しない制約の中でどのような対応をすべきかを考えることを通じて、上記の3つの能力を実現しようという試みである。

具体的には、小学生の作品をSNSにアップしてもらう。下図のような手書きのパンフレットである。浜松の歴史、浜松城と家康の関係、動物園の紹介などが掲載されている。

それを見て同校の生徒たちは、まずアドバイスをする前にグループで、小学生の作品を分析する。だが、分析する前にまずグループワークのためのチームビルディングが重要になる。チームのミッション遂行のために分析し、提案し、言語化するわけだが、そもそもチームとは何か、貢献するとはどういうことか、を考えることからスタートする。

次に作品のどこがよいのか、それはなぜよいのか、どうしたらもっとよくなるのかを、生徒たちは付箋にコメントとして書き出し、グループで共有する。このプロセスでは、グループの他者の、自分にはない観点を知り、それがメタ認知を促すことにもなる。

その上で、グループで議論して何を取り上げるかを決める。

次は、どのように言語化し伝えるかを考える。実際に対面するわけではない、SNSというコミュニケーション手段の特性を考慮し、その制約の中で小学校6年生という年下の子供たちにどのようなアドバイスがふさわしいか考えて言語化するのである。

そこで目指されるのは「小学生が気持ちよくアドバイスを受け入れて、成長できるための方法を考える」ということであり、①初めの語りかけをどうするか、②相手に語らせる方法とは、③相手がこちらのアドバイスを受容してくれるためにはどうするか、という視点で表現する言葉を決めていく。

そういったやり取りについて浜松小学校と同様の授業を行った奈良市の済美南小とのやり取りから一部を抜き出してみた。

> 2015年11月18日
> 奈良女子大附属中等教育学校のお姉さん、たくさんのアドバイスをくださりありがとうございます。どんな返答が帰ってくるかドキドキしながら返信を読みました。私なりにせいいっぱい考えて作ったつもりだったのですが、太いペン、濃い色など、こうしたらよかったんだということに気づきました。1番がんばったところが、赤・黄・青の色分けだったので、ほめてもらえてうれしかったです。
>
> 打ち込んだのは担任ですが、児童の手書きの感想をほぼそのまま載せています。
> ♥いいね！・0
>
> 2015年11月19日
> 返信ありがとうございます。素晴らしい自由研究でアドバイスをするのが実は大変だったんです。（笑）本当に私たちが小学5年生の時にはこんなに中学生を圧倒させる自由研究ができたかな、、、なんて考えていました。これから███さんがどんな自由研究をするのか気になりました。これからも楽しい小学校生活をすごしてください(^_-)♡
> ♥いいね！・0

このやり取りからは、生徒たちが見えない年下の相手に気を使いながら、慎重にかつやる気を引き出すように言葉を選んでいることが窺える。

そして重要なことは、この作品へのアドバイスというプロセスに他者評価が組み込まれ

ていることだ。グループ活動中に時間を区切って「分析できた」「提案できた」「言語化できた」の色違いの付箋を3種類用意し、グループ内の他者のことを評価して記入するのである。次の写真は、その付箋をまとめた「ほめたおシート」と呼ばれているものだが、相互評価を通じてすべてのプロセスが生徒自身にとって可視化され、「チームに貢献するとはどういうことか」「自分はそれがどうできているのか」をメタ認知していくのである。

そうして、最後に自分はメタ認知とスキル獲得の両面でどのような学びがあったのかを振り返り、それをまとめてポスター発表する。

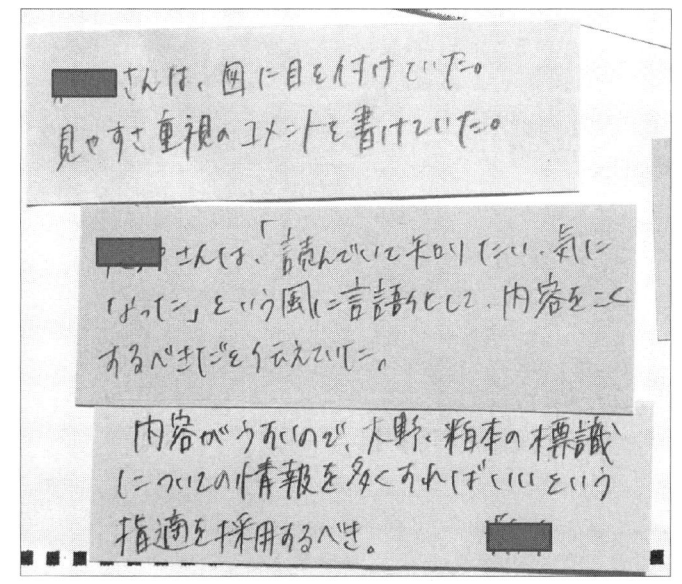

国語という教科の習得の範囲にとどまらない、しかも探究につながる「活用Ⅱ」に該当する授業である。

　生徒たちがSNSの使い方を覚えるのは国語の時間においてであるが、グループワークやSNSでのやり取りにはロングホームルームの時間を45分で4コマ活用した。当然、LHRであっても、国語の授業の延長に位置づけられている。

　生徒たちも、この授業の狙いをよく理解していて、「一人で考えるよりも人の意見を聞けてもう一度考え直せるのがよかった」「自分たちが考えたことの経過が分かっていくところがよかった」などの感想が寄せられている。

　ところで、小学校の側のメリットはどこにあるのだろうか。それについては、子供たちの作品を他者に見てもらい、評価してもらうという経験をさせたいという狙いがあったという。

　「今回は、小学生とのやり取りはここまででした。時間があれば、生徒たちのアドバイスをもとにパンフレットをさらによりよいものにつくり変える、ということがあってもよかったかもしれません」と二田先生は振り返るが、いずれにせよ両者の意図がかみ合うことで、SNSを活用したこのような授業が実現できたのである。

■クラウドとSNSを併用し、遠隔地の高校生と宮沢賢治を読む

　ただ、こうしたSNSの場合は、次のような問題もある。

　「時系列で新しい投稿が上に並んでいく『タイムライン形式』を取るため、『情報やコメントが増えれば増えるほど全体把握が難しくなる』といったタイムライン形式に特有な課題があります」と二田先生は指摘する。

　そこで、『カード形式』により情報全体を一覧把握できるクラウド上の協同学習ツール（School Takt等）とSNSを組み合わせた学習活動をデザインした。どちらか一方のみを活用した場合に比べて相乗的に教育効果が高まるのではないかという仮説を立てた上で計画した取り組みである。

　この、もうひとつの授業もやはり教科は国語である。岡山県立岡山城東高等学校の2年生と奈良女子大附属中等教育学校の3年生が、クラウド上で協働して宮沢賢治の短編作品『やまなし』を読むという授業である。先の例では年齢が下だったが、この例では相手は歳上となり、いずれにせよ異年齢という条件をいかにプラスに作用させるかが課題となる。

　教材となる『やまなし』という作品は、蟹たちが「クラムボン」と「イサド」について語っているが、そもそもそれらが何者かは意味不明であり、難解な作品として知られている。が、これは小学校6年生の国語の教科書に掲載されているため、高2の生徒も中3の生徒も一応は知っている作品ということになる。

　授業では、この作品を読み解くために中高生全員が「問い」を立てるところから始める。その全員の問いをクラウドにアップし、全員が見えるようにした上で、SNSで問いにつ

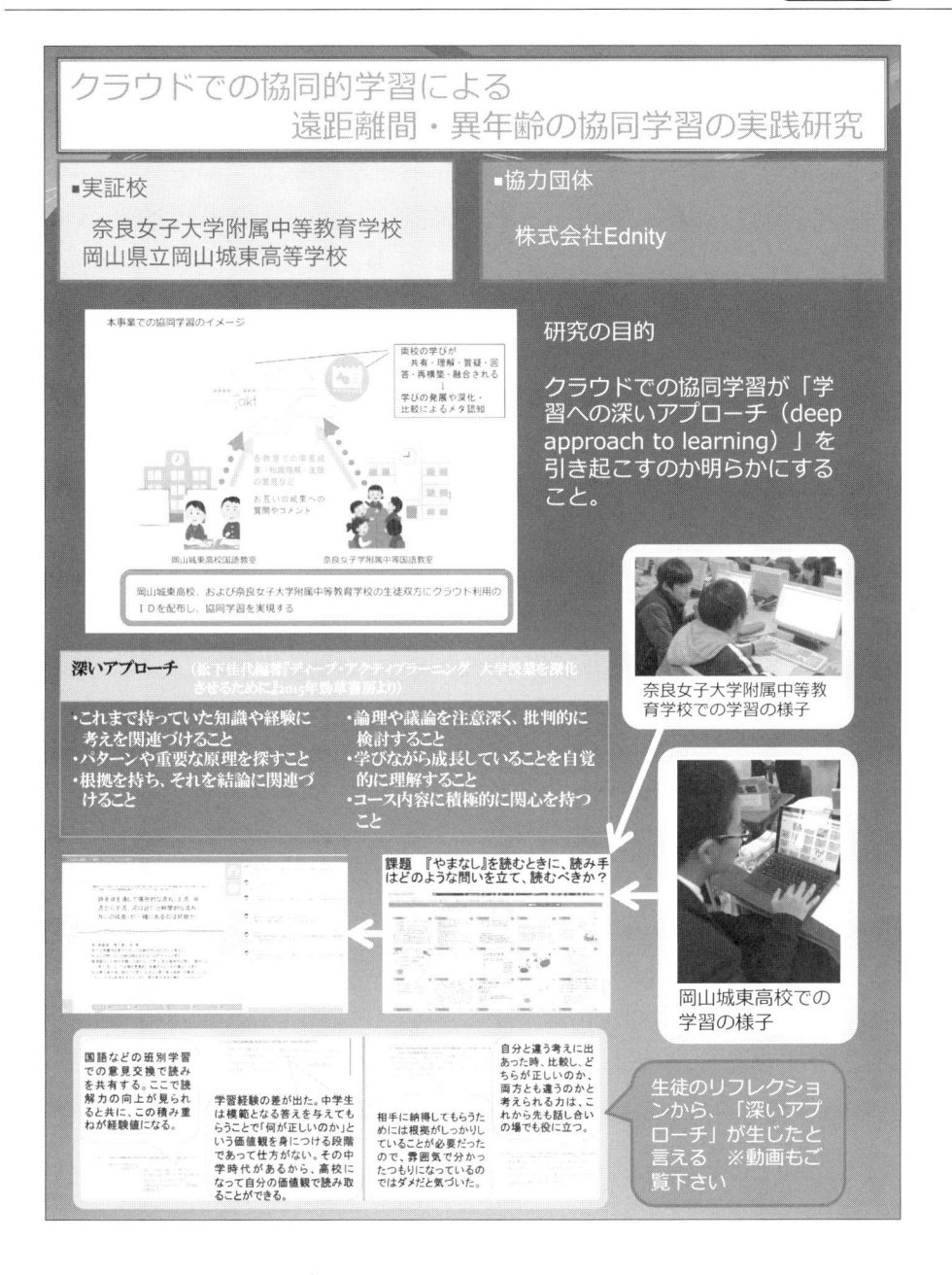

奈良女子大学附属中等教育学校 活用事例①

クラウドでの協同的学習による遠距離間・異年齢の協同学習の実践研究

■実証校
奈良女子大学附属中等教育学校
岡山県立岡山城東高等学校

■協力団体
株式会社Ednity

研究の目的

クラウドでの協同学習が「学習への深いアプローチ（deep approach to learning）」を引き起こすのか明らかにすること。

本事業での協同学習のイメージ

岡山城東高校、および奈良女子大学附属中等教育学校の生徒双方にクラウド利用のIDを配布し、協同学習を実現する

深いアプローチ （松下佳代編著『ディープ・アクティブラーニング 大学授業を深化させるために』2015年勁草書房より）

・これまで持っていた知識や経験に考えを関連づけること
・パターンや重要な原理を探すこと
・根拠を持ち、それを結論に関連づけること

・論理や議論を注意深く、批判的に検討すること
・学びながら成長していることを自覚的に理解すること
・コース内容に積極的に関心を持つこと

課題 『やまなし』を読むときに、読み手はどのような問いを立て、読むべきか？

奈良女子大学附属中等教育学校での学習の様子

岡山城東高校での学習の様子

生徒のリフレクションから、「深いアプローチ」が生じたと言える ※動画もご覧下さい

いて不明なことなどの質疑が行われる。そうして問いが定まると、どの問いがよいかを投票する。そして、その後各学校でそれぞれ、なぜその問いに投票したのかを議論する。

議論の後に改めて各生徒が全員の問いの中から、自分の問いでもよいし、奈良女子大附

属中等教育学校の生徒の問いでも、高校生の問いでも構わないので1つ選び、「その問いが何を明らかにできるか」という仮説を立てて、その問いに答えるべく取り組むのである。

例えばある生徒は「詩全体を通して場所的な流れ（上流、中流から下流、河口近く）と時間の流れ（カニの成長）が一緒にあるのはなぜか」という問いを選び、次のように答える。

「色、擬音語、『侵入者』、泡、魚。我々は両義性を表すものとしてこの詩が作られたのだと考えた。私はこの問いは、この詩の読みをするには不十分だと思う。擬音語はこの詩の本題には迫らないと思う。色は直接的な問いに関与しないと思う（色によって本題を感覚的に知覚させるための舞台だと思う）。私は侵入者がよい読みだと思う。なぜなら侵入者は季節にも関係してくるし、カニに大きな影響を与える。また侵入者の特性も変わってくるからだ」

この問いと答えに対して、前頁の図の右側のようにSNSで他者がコメントを寄せたり、質問と回答が行われたりする。

このプロセスを国語の授業時間の6コマ使って行ったのである。

この授業の振り返りでは、奈良女子大附属中等教育学校の生徒からは次のような言葉が上がっている。

「自分と違う考えに出あった時、どちらが正しいのか、両方とも違うのかと考える力は、これから先も話し合いの場で役に立つ」

「相手に納得してもらうためには根拠がしっかりしていることが必要だったので、雰囲気で分かったつもりになっているのではダメだと気づいた」

また、高校生からは次のような振り返りがあった。

「学習経験の差が出た。中学生は模範となる答えを与えてもらって『何が正しいのか』という価値観を身につける段階であって仕方がない。その中学時代があるから、高校になって自分の価値観で読み取ることができる」

高校側にとっては、自分たちが一度やった教材、通ってきた過程を中学生と一緒にやることで、振り返りと自分の能力の相対化が可能となるという点がメリットであるが、こうした振り返りからは、その狙いが達成できていることも窺える。

また、奈良女子大附属中等教育学校では、こうしたSNSやクラウドを活用した授業を行った結果を検証すると、「夏休み前と比べて、大量の情報を読み込み、他者の論理や立場を把握して、価値判断し、意見を述べ、自他の意見を俯瞰的に捉えて、コンフリクトを恐れずによりよい議論を創り上げる態度や能力が上がった」と回答した生徒の割合は何と96％に達した。そのうち、「とてもよく向上した」「よく向上した」と見なしている生徒の割合は40％であった。

■狙いに対応した仕掛けを埋め込み、生徒の視点を高める

　ICTやコミュニケーションツールの活用というと、スキル的な側面にばかり関心が向かいがちだが、やはり問題は狙いの明確化と授業設計の内容である。その点で、この2つの授業は、狙いが明確で、しかもSNSにおける「対面ではない」という制限を上手に活用している。その上で、情報スキル、コミュニケーションスキルの向上だけでなく、メタ認知や協働性を高めることなども狙いに取り込みつつ、それに適合した仕掛けを随所に配置して実施されている点が注目される。

　こうした狙いは、生徒たちも認識していて、だからこそプロセスの途中での他者からの指摘や評価が重要だということを理解しているのである。

　アクティブラーニングの成果というと、すぐに個人の学力やアウトカムズの向上が言われる傾向もあるが、こうしたプロセスを重視した授業を行うことで、他者を介して自分を見つめる視点やメタ認知の高まりを実現しようという試みでもある。

　もちろん、国語という教科ではありながら、教科内だけには収まらず、探究へとつながる橋渡しのような内容が追求されてもいる、奈良女子大附属中等教育学校の授業なのである。

世界史、古典、英語での合教科による活用Ⅱの授業を実現。

> **基本データ**
> 創　立：2001（平成13）年
> 男子校　6年一貫教育
> 生徒数：1学年180人
> 教員数：61

■全校を挙げてアクティブラーニング導入に取り組む

　桐蔭学園中等教育学校は、神奈川県でも屈指の進学校として知られるが、2015年度から全校を挙げてアクティブラーニング（AL）の導入に取り組んでいることでも有名だ。導入について指導しているのは、同校の教育顧問に就任した溝上慎一京都大学教授。AL研究の第一人者が、その研究の成果をかけて実践を指導しているだけに、同校のALへの取り組みは、全国の教育関係者からも注目を集めている。

　同校では、すべての先生方が試行錯誤しつつALに取り組んでいる。全校方針としてのALの導入だが、それ以前はALに積極的な先生方が特に多かったわけではない。いや、むしろ一斉授業がほとんどの科目で行われていたというのが実情であり、そこからの大転換であるだけに、多くの先生方にとっても試行錯誤の連続である。それは現在も続いている。しかし、大きな成果も生まれ始めている。2015年12月に「AL公開研究会」が開催され、全国から何百人もの先生方が同校の実践を知ろうと集まった。またAL型授業の模様はYouTubeでも広く公開されている。

　そして、同校では探究や習得を目的とした授業でのALはもちろんだが、世界史、古典、英語の合教科による活用Ⅱに該当するALへの取り組みも、高1に相当する4年生のクラスで2015年秋に行われた。この合教科授業の取り組みは、溝上教授からの提案ではなく、4年生の学年担任でありAL推進委員でもある先生方の発案から実現したものだという。その取り組みをここでは紹介する。

■先生方のブレインストーミングから生まれた合教科授業

　2015年12月に行われた「AL公開研究会」は、同校の先生方にとって、自分たちのALへの取り組みの成果を広く教育界に問うイベントである。それに向けて、2015年度の初頭から多くの先生方がAL型授業を自分なりに工夫しつつ進めていた。この合教科授業の一翼を担った橋本雄介先生は4年生の担任だ。4年生の担当教員は全部で11人。そのうち主要5教科を担当する、橋本先生を含む5人がAL推進委員となっている。

　多くの高校でもそうだと思われるが、桐蔭学園でも同じ学年を担当していても他の教科で何を教えているのかを先生同士が知らない、という現状があった。AL推進委員として

さまざまに議論する中で、AL 公開研究会に向けて 2015 年の秋に何を教えるのか、が英語の青木美有紀先生、地歴科の鷺坂オオ先生、国語科の橋本先生の 3 人の間で議題になった。そこで 3 人は、まなボードと付箋を使って、AL で何ができるかのブレインストーミングを行ったのだが、そこで初めて世界史は中国の古代～中世の歴史を教え、古典の授業では『十八史略』を教える予定であることが分かった。同じ時代を扱う予定であることから、合教科で何かができないかという議論が始まったのだ。世界史と古典を内容的にクロスさせつつ、さらにアウトプットを英語で行うという授業プランである。こうして、世界史、古典、英語という 3 教科での活用Ⅱを目的とした授業が準備され、実現されていった。

そこでの目標は以下の 3 点に設定された。

①教科・科目の枠を超えて知識の関連づけを行い、大学での専攻分野への接続を図ること

②関連づけされた知識をもとに現代・現実を見直すことで、今まで気づかなかった問題を発見すること

③発見した問題について、映像・パワーポイントなどの情報・メディア技術を用い、英語で発表すること

③の、映像・パワーポイントなどの情報・メディア技術を用いるための ICT 関連のスキル習得は情報の授業を通して行われた。

そして、世界史や古典の授業でそれぞれ該当する時代や『十八史略』についてのインプットの授業が 6～7 回行われる。

インプットの授業も、単に一方通行の講義型授業ではない。例えば古典では、5～6 個の文章をそれぞれのグループが 1 つずつ担当し、その担当するグループがクラス全員に対して授業を行う、というスタイルで AL 型授業が行われた。

また世界史では、まなボードにグループで地図を書き込みながら、中国の歴史を理解していった。

そしてアウトプットには 6 コマの英語の授業が使われた。もちろん、この授業には英語の青木先生だけでなく、世界史の鷺坂先生と古典の橋本先生も参加する。そして最初の 1 コマ生徒 5～6 人で形成される班決めが行われ、以下の 12 テーマが担当教員から提示されて、各班でどのテーマに取り組むかを決定した。

テーマ一覧
①孔子の思想と現代日本への影響
②諸子百家の統治論
③戦国時代の外交政策と現代の外交
④テロについて考える
⑤公共事業としての都市計画
⑥統一事業から見た秦の政策とその目的

⑦焚書坑儒から考える思想統制
　⑧秦の始皇帝陵から見た死生観
　⑨兵馬俑から見たファッション
　⑩秦〜漢時代の君主に見るリーダーの資質
　⑪古代と現代における民族の対立と交流
　⑫環境問題から文明を考える
　具体的には各班で第1希望から第3希望までを提出し、競合した場合は抽選でそれぞれの担当テーマを決定したのである。
　次に2コマを使って、グループごとに資料を読み込み、発表方針を決めていく。資料の読み込みは、世界史や古典の授業で学ぶ内容は概括的なものなので、テーマに沿ってより掘り下げた理解が必要となる。そのための作業である。ここでは、すべての資料・作業で使うメモ、文書・評価用紙をまとめてポートフォリオと呼ばれる紙袋に入れて保存するという方法が取られた。この中身を確認することで、自分たちの次の手を考え出すことができるのではないか、という狙いからだ。
　4コマ目と5コマ目の授業は、発表原稿の作成である。各班で付箋を用いたKJ法などを使いながら、どんな発表をすればよいのか各自の考えを出し合いながら、ブレインストーミングを行う。
　そして6コマ目の授業では発表とコンテストが行われ、生徒全員がルーブリックを用いて相互に評価を行ったのである。

■生徒も先生も変わり、先生同士、生徒と先生との関係も変わった

　この合教科による活用Ⅱの授業で、生徒たちはどのように成長したのだろうか。
　生徒の感想としては、ポジティブなものでは「普通の授業よりも主体的に取り組めたので面白かった」「発表で皆に対して話せたことが快感だった」「自分の意見が言えることが楽しかった」などがあり、自分の意見が話せたことを、多くの生徒が前向きに捉えていることが分かる。もちろんネガティブな「英語を話せないことが改めてわかった」「受験にプラスにならない」という感想もあった。
　先生から見て、生徒たちの振る舞いはこの授業を経験した後にどのように変わったのか。定量的な学力の伸びは計測されていないが、橋本先生によると以下のような成長が見られるという。
　「英語の4技能のうち『話す』ができないとダメだという自覚が高まっていると感じます。また、ホームルームで1分間の日本語のスピーチを行っているのですが、そこでテーマのある話ができるようになっていますし、短い時間で分かりやすく話そうという姿勢が顕著に見られるようになりました」
　もうひとつはキャリア意識の変化だという。

「この授業で他の生徒の能力が見えてきた分、自分の強みは何なのかを考えるようになっています。漠然とした将来像ではなく、その強みとの関係で将来を考えるような傾向が生まれています」

そして、もうひとつ大きな変化は先生方の変化、先生同士の協働の在り方の変化であり、また生徒との関係の変化だという。

まず先生自身の変化としては、「教科の内容をすべて教えなくてはならないという考えから自由になれました」と橋本先生は語る。確かに、この合教科型の授業は3教科合わせて18コマ程度もの授業時間を使っている。いわゆる教科書に沿った内容にある程度の「しわ寄せ」が行くことは避けられない。しかし、それは本当にしわ寄せなのか。生徒が聞いていようがいまいが、一方的に先生がしゃべって単に範囲を終わらせるだけの授業では、生徒にとって何の意味もないのではないか。このように考えた橋本先生は、この合教科型授業を行った2015年度は授業でカバーしきれないところはプリントで対応したが、今では無理に全部を教える必要はないという考えに立っているという。

また、先生同士の協働の高まりについては、「教員間での協働性を高めていかなければ生徒にグループワークの質を高めよう、なんて言えません」と語る。

さらに先生と生徒の関係の変化について、「教員同士で、アクティブラーニングで何ができるかブレストした内容をまなボードに残していたのですが、その内容を基盤として、生徒たちは自らのアイデアをどんどん上書きしていきました」「このような授業では教員に都合のいい予定調和は一切ありません。教員も分からないことは『分からない』と言って、生徒とともに学ぶ立場に立たなければ成り立ちません。そこの覚悟が問われました」と語る。

この生徒たちは、中学校段階でもAL型授業をいつも受けていたのではないかと思われる読者も多いかもしれない。しかし同校へのALの導入を中心的に担っている佐藤透先生によれば、「中学校段階では問いは与えられるもので、それにどれだけ早く答えられるかが高い学力、という世界観にどっぷりと浸かっていた生徒たちです」とのことだ。

■探究にもこだわりを持って取り組む生徒が増えた

この授業は先生から生徒に問いを与える活用Ⅰの次の段階であり、問いを別の文脈に移して考える活用Ⅱに該当する。活用Ⅱは当然のことだが、生徒が自ら問いを立てる探究への橋渡しの役割を担っている。

この合教科型の授業を行った学年では、2016年度からはロングホームルームと放課後を使って、探求への取り組みが始まっている。まず生徒個人で自分が取り組みたいことについてレポートし、それを読んだ生徒の実行委員が似たテーマを選んだ生徒たちをグループ化する。そのグループでお互いのレポートを読み合って、グループとしてのテーマをより深い次元で立てていく。

生徒にとってこれがチャレンジであるように、先生方も自分の専門外のテーマを選び、生徒とともに学ぶ立場から取り組むことが決まっている。そしてグループで9月の学園祭でグループ発表し、それを論文にまとめていくことになっている。
　そして、先生方は以前の学年で多く見られた「要するに論文書けばいいんでしょ？」的な姿勢が減少し、こだわりを持って取り組む生徒が増えてきている手応えを感じているという。
　とはいえ、すべてが上手くいったと考えているわけではない。合教科による活用Ⅱの授業ではルーブリックを使っての相互評価を生徒に書かせたが、それを生徒にどうフィードバックしていくのかという、形成的評価への取り組みが不十分だったという思いもある。
　「探究Ⅱの授業はいかにあるべきか、これを考え続けていくことが、この合教科授業を担った私たちの宿題だと思っています」という橋本先生の言葉は、アクティブラーニングに試行錯誤しつつ取り組む同校の先生方共通の姿勢のように感じられた。

探究事例① 富士市立高等学校

地域の具体的な課題の解決に取り組み、何度も繰り返し言語化することで成長を促す

基本データ

創　立：2011(平成23)年
男女共学　総合探究科3クラス、ビジネス探究科2クラス、スポーツ探究科1クラス
生徒数：710人
教員数：73　　※数字は2016年6月現在

■理念の策定時から「探究ハイスクール」を目指す

　静岡県の富士市立高等学校は、富士市立吉原商業高等学校を改組・改称する形で、2011年に開校した。改組にあたって、新しい高校の理念が2005年から検討される。市教委により「富士市立学校あり方懇話会」が設置され、内容が「基本計画」としてまとめられたのが2009年。そしてそこから学校開設準備がスタートして2年後の2011年の開校に至った。総合探究科3クラス（普通系専門学科）、ビジネス探究科2クラス（商業系専門学科）、スポーツ探究科1クラス（体育系専門学科）で構成される総合型専門高校である。

　その特徴は、目指す学校像と育てたい生徒像に表れている。

　目指す学校像は「高校教育界のリーダー」であり、「コミュニティ・ハイスクール」、「ドリカム・ハイスクール」、「探究・ハイスクール」にブレークダウンされる。

　育てたい生徒像は「自律する若者」であり、「自らの夢の実現に向け、主体的に学び、探究し続ける生徒」、「多くの人との交わりの中で、互いを尊重しながら自らを表現できる人間性豊かな生徒」、「国際的な視野に立ち、高い見識を持って、富士市や社会に貢献できる

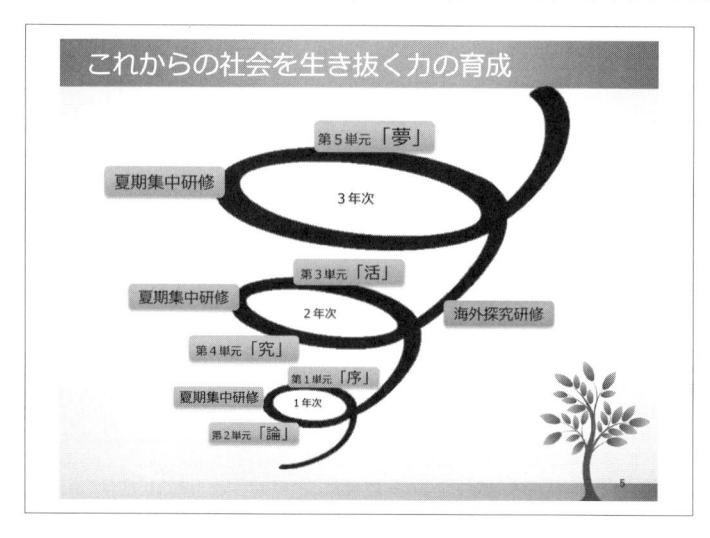

生徒」にブレークダウンされる。

この理念を実現するために置かれているのが、次のようなプログラムである。

図中の「序」「論」「活」「究」「夢」と3年前期までつながっているのが同校では「究タイム」と呼ばれる探究活動であり、「総合的な学習」と「情報」の2コマを使って行われる。夏期集中研修も1年次〜3年次まで置かれている。また2年次には全員が海外探究研修に参加する。

この「究タイム」の目標は2つあり、1つ目は「体験的な活動を元にした探究的な活動を通して、自ら問題に気づき、主体的に課題解決に取り組むことで、思考力、判断力、表現力等を身につける」ことである。

「これは、学習指導要領を利用して何か独自の狙いを実現しようとするものではなく、学習指導要領の趣旨にそのまま則った教育をしようということです」と語るのは、眺野大輔先生である。前身である商業高校からの教員で、2009年の準備段階から高校開設に関わってきた。

2つ目が「協同的な課題解決の活動を通して、多様な意見や考え方を尊重し、互いを認め合いながら行動する力を身につけ、地域や社会に貢献しようとする意欲を高める」ことであり、これが同校の探究活動の独自性を表現している。当初から地域貢献が織り込まれている点が特徴である。

■何度も繰り返すことで螺旋状にレベルアップする

「究タイム」は週2コマのボリュームで、先に述べたように「序」「論」「活」「究」「夢」の5段階の取り組みが設定されている。1年次と2年次では「総合的な学習の時間」と「情報」の授業の2コマを使っているのは、内容に取り組むと同時にプレゼンテーションなどで情報系のスキルも身につけていくからである。

「究タイム」では段階ごとに、即ち半年ごとにテーマは変わっていくが、その振り返りを通じて次第に高度化していくというPDCAサイクルが組み込まれている。

1年前期の「序」では、ブレインストーミング、KJ法などを使って課題を見つけ、情報を集め、まとめて表現するための基本的な方法を学ぶ。入学直後に4コマを使ってオリエンテーションし、それ以降はクラスごとにテーマを決めて4人のグループで個々の生徒が調査をしてグループでまとめる。そして、ポスター発表などを行う。この段階では、「慣れること」が重視されている。

1年後期の「論」ではディベートにチームで取り組むことで、多角的な見方や論理的な考え方を学び、コミュニケーション力や協働力を高めることが目指される。情報収集や論の立て方を身につけることが主眼だが、勝ち負けが入ることで生徒の取り組みにも熱が入るのだという。

2年前期の「活」では、地元である富士市の抱えている課題に向き合い、解決策を検討

しプレゼンテーションすることで、地域の一員としての意識を高める。これについては、詳しく後述する。

2年後期の「究」では、これまでに身につけた力を活用して、自分自身が設定したテーマを研究することで社会問題や自分の将来についての視野を広げる。個人でレポートを作成し、以降は個人作業が中心となる。

3年前期の「夢」では、3年間の学習を振り返り、そこでの気づきや自らの成長を自覚し、将来とのつながりを意識したスピーチ原稿の作成を通して進路意識を高める。メタ認知して価値づけしていくと同時に、後輩たちに伝えていくのである。このスピーチ原稿を作成する過程でのエピソードの掘り起こしやそのメタ認知のプロセスは、大学受験での面接などの力を高めることにもつながっている。

これがPDCAを通して螺旋的にレベル向上していく仕組みである。

■半年に3サイクルで取り組む、地域連携の「市役所プラン」

2年前期の「活」では、市役所や地域と連携して地域課題を解決する「市役所プラン」という探究活動に取り組む。2014年度の例で説明しよう。

クラスごとに市役所の健康福祉課、環境課、防災危機管理課の3つのうちのいずれかの課を割り当て、地域課題を見つけて解決するという取り組みだ。ここでポイントとなるのは、政策提言というよりも、「私たちは地域のためにこんなことができます」という能動的な提案をすることであり、市に「何かをしてもらう」、「何かをつくってもらう」という受け身の姿勢はあらかじめ排除した取り組みだということである。

そして「市役所プラン」でも、下図のように探究活動が半年間に3つのサイクルとなって組み込まれている。

富士市立高等学校 探究事例①

　最初のサイクルでは各部署の計画等を読み込んで興味のある課題を見つける。次に富士市の取り組みをウェブサイトや市の計画から収集し、整理・分析してグループ内で情報共有するとともに、グループの課題を絞っていく。そしてこの段階で、調査した情報をもとにグループで設定した課題として報告・発表する。

　2番目のサイクルでは、最初のサイクルの最後に設定した課題を修正して設定し直す。次に、市職員の話や体験学習で情報を収集し、自分たちの班で取り組むべき課題を出し合ってグループで検討する。最後に、これまでの活動の経過や課題を6月の中間発表会で報告する。

　3番目のサイクルで、もう一度2番目のサイクルの最後に報告した課題を修正して設定し直す。次に、独自の調査を計画し、解決策の根拠となる情報を収集する。この自主探究には夏休みの期間が充てられ、生徒たちは自分たちで様々な場所に出かけていって話を聞く。先生たちはこの段階ではほとんど生徒の自主性に委ねている。そして生徒たちが考えてきた解決策が実現可能かどうかを検討し、最後に9月末の究タイム発表会で、これまでの活動で考え出した解決策を提案する。

　下図は、夏休みに生徒たちが取り組んだ自主探究のテーマである。

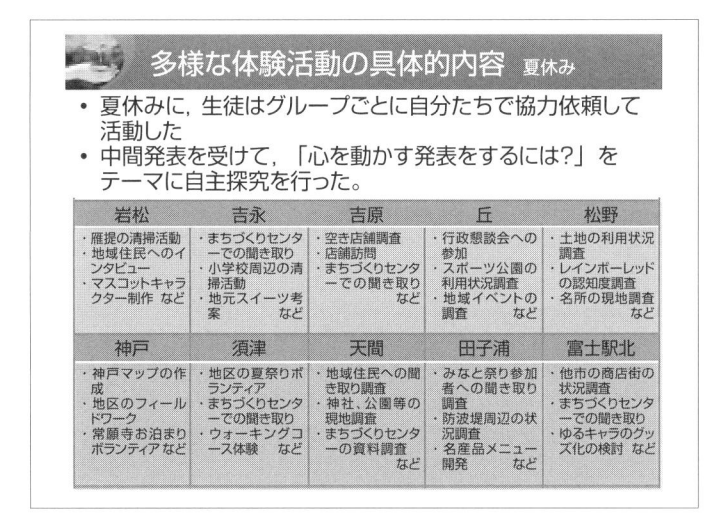

多様な体験活動の具体的内容　夏休み

- 夏休みに、生徒はグループごとに自分たちで協力依頼して活動した
- 中間発表を受けて、「心を動かす発表をするには？」をテーマに自主探究を行った。

岩松	吉永	吉原	丘	松野
・雁提の清掃活動 ・地域住民へのインタビュー ・マスコットキャラクター制作　など	・まちづくりセンターでの聞き取り ・小学校周辺の清掃活動 ・地元スイーツ考案　など	・空き店舗調査 ・店舗訪問 ・まちづくりセンターでの聞き取り　など	・行政懇談会への参加 ・スポーツ公園の利用状況調査 ・地域イベントの調査　など	・土地の利用状況調査 ・レインボーレッドの認知度調査 ・名所の現地調査　など

神戸	須津	天間	田子浦	富士駅北
・神戸マップの作成 ・地区のフィールドワーク ・常願寺お泊まりボランティアなど	・地区の夏祭りボランティア ・まちづくりセンターでの聞き取り ・ウォーキングコース体験　など	・地域住民への聞き取り調査 ・神社、公園等の現地調査 ・まちづくりセンターの資料調査　など	・みなと祭り参加者への聞き取り調査 ・防潮堤周辺の状況調査 ・名産品メニュー開発　など	・他市の商店街の状況調査 ・まちづくりセンターでの聞き取り ・ゆるキャラのグッズ化の検討　など

　このように3サイクルを回しているのは、生徒たちの自主的な気づきを期待してのことだと眺野先生は語る。各サイクルの最後に他のグループの発表を聞き、自分たちのグループよりも進んでいたり優れていたりする内容を知ると、生徒たちは先生が言わなくても「これじゃいけない」「もっといいアイデアが見つかるのでは」と意欲的になるのだという。

　また、「自分たちができること」という枠組みを与えることで、生徒たちの思考は明らかに活性化していくのだとも。

ただ、この年までは生徒は課題を見つけて一歩前に踏み出すものの、提案の具体化には踏み出してはいなかった。

■「したいこと」「できること」「求められていること」が重なる提案で具体化へ

そこで、2015年度以降は「市役所プラン」のテーマを「まちづくり行動計画」に設定し、学年全体が市役所のまちづくり課として連携して取り組むように改められた。そして特筆すべきは、市内26カ所のまちづくり協議会が進めている「まちづくり行動計画」の策定作業に、高校生のアイデアを届けるという内容に変更したことであり、実際、6月の中間発表会や9月の探究学習発表会には50人以上の町内会長が集まった。こうした現場の人々に接することにより、生徒たちは本物の活動に参加しているという意識が高まり、夏休み中の自主的な調査も深く掘り下げたものとなった。

2015年度ではすでに、地域の将来像を考えて提案した内容が、実現に至ったものもある。「てんまんじゅう」という、地域の「梅まつり」に供する饅頭を地域の人たちと一緒につくることでまちづくりにつなげる、という提案が実現したのである。これまでは地域活動から高校生の存在が抜けていたのだが、高校生がこのような活動に参加する形で戻ってくることにより、地域活動そのものが活性化し始めたのだ。

また生徒たちの振り返りでも、「社会が求めていること、自分たちがしたいこと、自分たちにできることの3つが重なったところに答えがあるのだと感じた」など、探究活動の目指すところを自分なりの気づきで表現する生徒も少なくない。

多くの場合、探究活動は生徒たちが自分たちでしたいことに傾きがちである。それに比して、富士市立高校の探究活動はそこに陥らないよう地域との実際の交流を組み込んでいる点に違いがあると言えよう。

■探究活動以外の研修的な学びも結びつける

同校では探究活動以外に、総合探究科では研究実践、ビジネス探究科では企業研究、スポーツ探究科では野外活動の取り組みがある。2015年度を例に紹介しよう。

総合探究科では、1年生の夏休みに校内研修、アメリカ大使館をはじめとする22大使館訪問、産業能率大学での自由が丘地域調査、マイナビ研修（社会で求められる力とは）を4日間連続で行っている。

2年生では、11月末からボストンへの海外研修が行われたが、それに向けて夏休み期間中にやはり4日間連続の海外研修の事前研修が行われる。具体的には、ハーバード大学生8人が来校しアクティブラーニング型授業を英語で行ってもらったり、ボストンでは現地の高校との交流で日本文化紹介のプレゼンテーションを行うため、その事前プレゼンテーションをハーバードの学生に対して行い、アドバイスをもらう等の活動が主となる。

そして3年生でも4日間かけて、社会課題解決につながるビジネスを考えるワーク

ショップを行った。

　ビジネス探究科では企業研究として、1年生はJALのキャビンアテンダント研修の見学や、東急ストア物流センター、あずさ監査法人、東京証券取引所、日本銀行などの見学を行う。

　2年生は海外研修で台湾に行くので、台湾の事情研修や静岡県内の企業の研修を行い、報告書を作成して報告会を行う。

　3年生は2日間のインターンシップとして20事業所に赴くが、その企業の魅力を発見してキャッチコピーを作成することが課題とされている。お客さまとしての単なる体験になってしまうことを避けるためである。

　スポーツ探究科では野外活動として、1年生はカーリング、2年生はサバイバルキャンプとカヌー、3年生は富士登山に取り組む。

　これ以外に、海外研修として総合探究科がボストンでのハーバード大学や高校交流など、ビジネス探究科が台湾での高校交流、現地企業での研修など、スポーツ探究科がロッテルダム、ケルン、フランクフルトでのスポーツ文化に触れての研修が行われる。

　しかも同校の場合、こうした海外研修が単発のイベントに終わらないように考えられている。例えばビジネス探究科では、1年生の夏休みの企業研究でJALのキャビンアテンダント研修を見学するが、2年生の海外研修ではそのJAL機を使用し、キャビンアテンダントがどのように動いているのかを観察してレポートを作成しJALにフィードバックするのである。そこでは新しいサービスの提案なども盛り込まれ、優秀なレポートはJALから表彰されるという仕組みが整えられている。

■ 生徒の成長が多面的に実現されている

　このように同校では、探究活動、夏期研修、研修旅行などの取り組みが関連づけられ、

自分自身に関すること

視点	観点	No	質問項目	H25 全国	H25 富士市立	H26 富士市立	H27 富士市立
自分自身に関すること	意思決定	14	人とは異なる意見でも、自分の考えを状況に応じて伝えることができる。	70.8	65.8	78.8	81.9
		15	自分の考えに責任を持ち、自分がすべきことを決定できる。	71.2	67.4	78.3	79.3
	計画実行	16	課題解決に向けて、見通しをもって行動できる。	65.4	58.7	76.8	75.1
		17	自分の役割を自覚し、計画的に行動できる。	72.3	69.0	83.3	80.4
		18	失敗しても、もう一度挑戦したり、最後までやり遂げたりしようとする。	77.5	75.0	78.8	90.3
	自己理解	19	自分の良いところや得意なことをあげることができる。	63.7	70.7	71.4	78.5
		20	自分は、地域や社会から必要とされていると思う。	49.1	47.3	55.2	63.7
		21	学習や生活での気付きを、自らの改善につなげている。	69.4	65.8	74.4	82.3
	将来展望	22	自分の将来について考えることがある。	87.0	82.6	96.1	99.1
		23	興味や関心のある職業をいくつか上げることができる。	82.1	79.3	87.7	91.1
		24	人の役に立てる人になりたい。	89.5	89.1	95.1	97.5

他者や社会に関すること

視点	観点	No.	質問項目	H25全国	H25富士市立	H26富士市立	H27富士市立
他者や社会に関すること	他者理解	25	異なる立場や考えを受け入れ、理解しようと思う。	89.8	84.2	95.1	96.6
		26	異なる立場や考え方の良いところを見つけることができる。	82.5	79.3	88.6	91.6
	協同	27	話し合いのときに、班やクラスの意見をまとめることができる。	55.4	54.3	57.6	60.7
		28	お互いの良いところや違いを認め、協力することができる。	82.6	83.7	93.6	92.0
		29	異なる意見から得た気付きを生かして、考えを発展させることができる。	75.0	70.7	80.3	80.2
	共生	30	環境への影響を考えて、行動することができる。	74.1	72.8	81.8	81.9
		31	人や生き物の生命を守り、ともに生きようと思う。	85.8	79.3	93.1	93.2
		32	自分の生活だけでなく、社会全体のことを考えたいと思う。	79.7	76.6	88.7	87.3
	社会参画	33	地域社会の一員として、自分にできることはないかと考えたことがある。	65.2	61.4	71.9	72.1
		34	社会や地域の課題解決に向け、主体的に活動したいと思う。	65.2	62.0	72.8	75.8
	社会関心	35	日本国内で起きている出来事について、自分で調べたり、考えたりすることがある。	62.6	57.6	68.0	69.2
		36	世界で起きている出来事について、自分で調べたり、考えたりすることがある。	60.4	52.7	62.1	57.0

学習方法に関すること

視点	観点	No.	質問項目	H25全国	H25富士市立	H26富士市立	H27富士市立
学習方法に関すること	課題設定	1	日常生活の中で「知りたいな」と思うことや「不思議だな、なぜだろう」と思うことがある。	87.1	81.5	87.7	89.9
		2	何か分からないことや困ったことがあった時に、どこに問題があるかを考えることができる。	80.6	68.5	85.7	88.6
		3	課題解決の道筋を予測し、課題を解決するための計画を立てることができる。	65.7	60.3	70.9	74.2
	収集分析	4	解決したいことを、書籍やインターネット等を使って調べることができる。	88.7	84.2	92.6	96.2
		5	解決したいことを、電話やメール、インタビューでたずねることができる。	51.2	50.5	52.2	59.1
		6	収集した情報が正しいかどうかについて考えることができる。	78.4	70.7	78.8	87.8
		7	課題の解決に役立つ情報かどうかを考えながら、情報を集めることができる。	79.3	72.3	89.2	91.6
		8	収集した情報を関連づけて、比較したり、推測したりして考えを広げることができる。	73.6	66.8	74.4	79.8
	思考判断	9	課題の原因や状況等を理解して、自分の考えを持つことができる。	79.3	73.9	85.2	86.5
		10	課題を解決するときに、何から始めれば良いか優先順位を付けることができる。	74.3	73.9	79.8	74.3
		11	課題の解決のために、複数の方法を考えることができる。	67.8	66.8	67.5	70.4
	表現省察	12	相手や目的に合わせて、自分の考えを根拠を明確に整理して表現することができる。	66.6	63.0	73.4	72.9
		13	学習の仕方や進め方を振り返り、次の学習や生活に生かすことができる。	66.2	65.2	71.9	77.2

繰り返しサイクルとして行われることによって、生徒の力を螺旋的に高めていくという考えで教育プログラムが構築されている。

実際、総合的な学習の時間に行ったアンケート調査からは、こうした取り組みの成果を読み取ることができる。

自分自身に関することでは、「失敗しても、もう一度挑戦したり、最後までやり遂げたりしようとする」が全国平均77.5％に対して、2015年度の富士市立高校は90.3％、「自分は、地域や社会から必要とされていると思う」が全国49.1％に対して63.7％、「学習や生活での気付きを、自らの改善につなげている」が全国69.4％に対して82.3％と、いずれ

学習活動に関すること

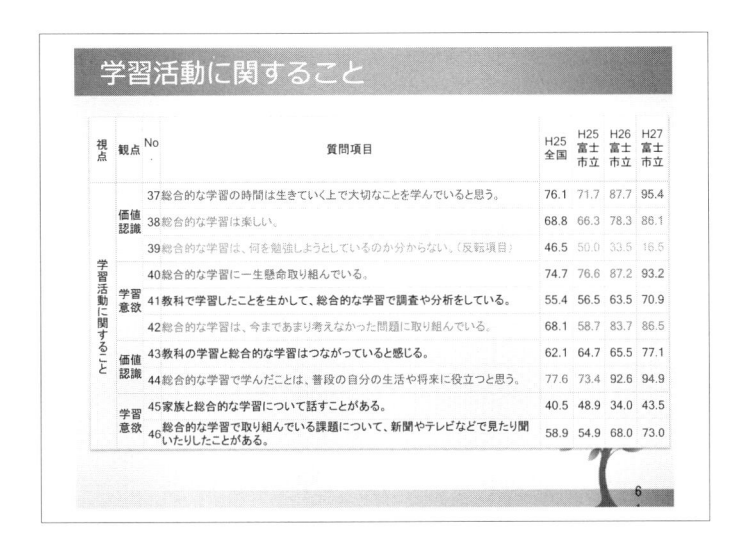

視点	観点	No	質問項目	H25 全国	H25 富士市立	H26 富士市立	H27 富士市立
学習活動に関すること	価値認識	37	総合的な学習の時間は生きていく上で大切なことを学んでいると思う。	76.1	71.7	87.7	95.4
		38	総合的な学習は楽しい。	68.8	66.3	78.3	86.1
		39	総合的な学習は、何を勉強しようとしているのか分からない。(反転項目)	46.5	50.0	33.5	16.5
	学習意欲	40	総合的な学習に一生懸命取り組んでいる。	74.7	76.6	87.2	93.2
		41	教科で学習したことを生かして、総合的な学習で調査や分析をしている。	55.4	56.5	63.5	70.9
		42	総合的な学習は、今まであまり考えなかった問題に取り組んでいる。	68.1	58.7	83.7	86.5
	価値認識	43	教科の学習と総合的な学習はつながっていると感じる。	62.1	64.7	65.5	77.1
		44	総合的な学習で学んだことは、普段の自分の生活や将来に役立つと思う。	77.6	73.4	92.6	94.9
	学習意欲	45	家族と総合的な学習について話すことがある。	40.5	48.9	34.0	43.5
		46	総合的な学習で取り組んでいる課題について、新聞やテレビなどで見たり聞いたりしたことがある。	58.9	54.9	68.0	73.0

も高い比率を示している。

学習方法に関することでは「何か分からないことや困ったことがあった時に、どこに問題があるかを考えることができる」が全国80.6％に対して88.6％、他者や社会に関することでは「異なる立場や考え方の良いところを見つけることができる」が全国82.5％に対して91.6％、学習活動に関することでは「総合的な学習の時間は生きていく上で大切なことを学んでいると思う」が全国76.1％に対して95.4％となっている。

これらはほんの一例であり、図のようにほとんどの質問項目で肯定的に高い回答が全国平均を大きく上回る結果につながっているのである。

■成功している理由は、学校ぐるみの取り組み

このような地域と連携した探究活動が大きな成果を挙げている理由は、先に見たように探究活動と夏期研修と海外研修などが有機的に結びついたサイクルを形成していることが大きい。

そしてそれが実現できているのは、学校の組織としての取り組みが徹底しているからであり、先生方の協働が実現できている、即ち学校ぐるみの取り組みになっているところが大きく寄与している。

具体的に紹介すると、同校には企画研究課という校務分掌が存在している。下図のようにここが総合的な学習の時間をつくる責任部署であり、学年主担当の先生３人がコーディネーターとなって、各クラスの担当の先生全員が週１回打ち合わせの会議を持っている。同時に、まちづくりセンター長との連携の窓口でもある。

しかも授業は担当の先生の個人任せではなく、すべての授業は情報科目の先生とペアで、

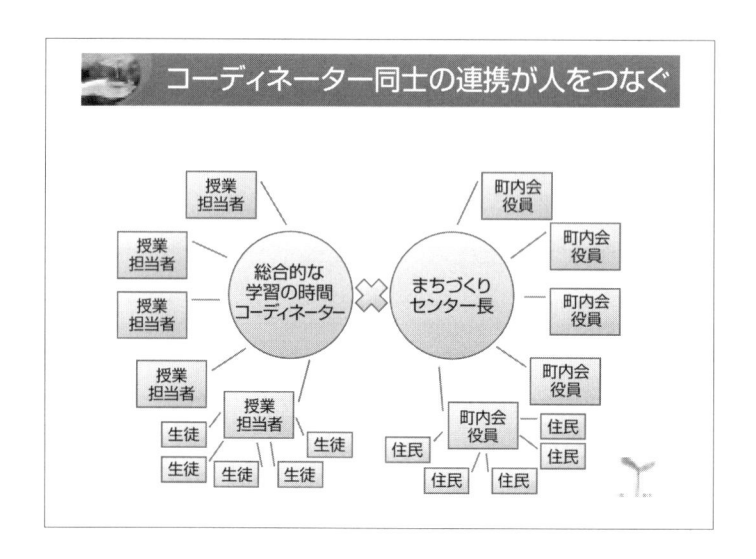

コーディネーター同士の連携が人をつなぐ

どちらの授業も2人で組んで行っているのである。このような先生方の協働が実現されているからこそ、生徒の側だけではなく先生の側でも PDCA やカリキュラムマネジメントが機能することで、より生徒たちに意味のある探究活動への不断の改革が可能となっているのである。

また地域との連携の教育的意味については、眺野先生は次のように語る。

「本物のプロジェクトに入り込んで一緒に活動しても、それだけでは意味のある体験活動にはなりません。最も大切なのは、社会の本物がどのように考えて、どうしてそのような行動をしたのかを定期的に振り返り、省察し、その意味を言語化して記録するということを繰り返すことです。社会の本物が何気なく実行していることの裏には、無数の経験に裏打ちされた判断が繰り返されていることに気づき、それを自分なりの言葉で言語化し自覚することで、生徒たちは自らの成長につながる手応えが得られるのではないでしょうか」

こうした観点に立って学校ぐるみで取り組むことにより、探究活動を軸としたプログラムが生徒の具体的な成長に結実しているのである。

地域創生の核となる隠岐島前高校魅力化と地域課題解決型探究学習

探究事例② 島根県立隠岐島前高等学校

> **基本データ**
>
> 創　立：1955（昭和30）年
> 男女共学
> 生徒数：180人（平成28年4月時点）
> 教員数：29人

■地域創生の核としての高校魅力化

　島根県立隠岐島前（おきどうぜん）高等学校と、リクルート、DeNA、ベネッセコーポレーション、大学入試センター、早稲田大学……と並べるとどんな関係を想像されるだろうか。卒業生の就職先？　それとも？　実は、これは隠岐島前高校の教育を支える「隠岐島前高校魅力化プロジェクト」のコーディネーターや公立塾「隠岐國学習センター」のスタッフたちの前職である。

　隠岐島前高校は日本海に浮かぶ隠岐諸島の島前地域（西ノ島町、海士町（あまちょう）、知夫村の三町村）にある唯一の高校。島前は島根半島から海上を60km、高速船で約1時間半、フェリーでは約3時間かかる。しかも船は海が荒れれば欠航となり、冬では毎週のように欠航となる年もあるという。

　そんな隠岐諸島・島前地域にある隠岐島前高校が注目されるようになったのは、5年ほど前からだ。人口減少による高校統廃合の危機をきっかけに島前地域の三町村が立ち上がり、「隠岐島前高校魅力化プロジェクト」が発足した。具体的な施策として、島外からの生徒受入のための「島留学」制度や2年次以降のコース制（特別進学コース、地域創造コース）の導入等を実現し、2012年度には離島・中山間地域では異例の学級増を果たした。当時つくられた海士町のスローガンは「ないものはない」だ。これには「ないものは本当にないが、なくてもよい」と「大事なことはすべてここにある」という二重の意味が込められている。一見、高校魅力化の取り組みとは関係のないように映るが、ピンチをチャンスに変えてきた地域の「逆転の発想」を表現する見事なコピーである。

　隠岐島前の高校魅力化の取り組みは、全国紙をはじめとする様々なメディアで取り上げられ、取り組みの軌跡を綴った『未来を変えた島の学校』や実際に島留学で同校に通った生徒がまとめた『スギナの島留学日記』（共に岩波書店刊）などの単行本にもまとめられている。

　本書は、高校における地域連携の探究活動をテーマとしているので、前出の媒体とは異なった切り口で隠岐島前高校の取り組みを紹介するが、それでもなお同校の取り組みを理解するためには、全体像を把握しておくことが不可欠である。

　以下、隠岐島前高校と地域が一体となって取り組んできた高校魅力化の全体像を簡潔に

紹介する。

■地域総がかりの「隠岐島前高校魅力化プロジェクト」

　隠岐島前高校のある海士町は人口約2,300人。美しく豊かな自然に恵まれ、海産物や農産物は豊富である。一方で、人口は1950（昭和25）年頃の約7,000人から減少し、隠岐島前高校も生徒数減少による学校統廃合の危機にあった。2008年度には同校の入学者は28人まで落ち込んだ。生徒数減少に伴い教員数も削減され、物理の教員が不在という状況も生まれた。大学の理系学部への進学を志望する生徒にとっては圧倒的に不利である。こうした状況を憂慮し、地元の中学生の半数以上が島前高校ではなく本土の高校に進学するという事態も起こっていた。しかし、本土での高校生活には年間約150万円もの負担がかかり、それが島民の生活に重くのしかかっていたのも事実であった。

　そして、それ以上に大きいのが、高校時代に本土に出て教育を受けた生徒ほど、将来的には都会に出ていってしまい、島には戻ってこないという問題だ。

　こうした負の連鎖を断ち切るため、2008年度に島前三町村と隠岐島前高校、PTA、地域の中学校など、まさに島の総力を結集して「隠岐島前高校魅力化プロジェクト」が始まる。具体的な目標として、「島前内をはじめ全国からも生徒が集まる魅力と活力ある高校づくり」を目指し、当時の各学年1クラスを2クラスに増やすことが掲げられた。そして、山積する地域課題に対して、高校生が「当事者」として解決に取り組む探究学習などが教育の柱となった。

　同時に「隠岐島前高校魅力化プロジェクト」の一環として、行政が設置した公立塾としては全国でも草分け的な存在である「隠岐國学習センター」も設立される。後述するが、学習センターでは自立学習支援とともに、キャリア教育の一環としての「夢ゼミ」が2本柱として提供されている。

　このように、島前地域創生＝地域全体の魅力化の核としての島前高校の魅力化という位置づけでプロジェクトが始まった。地域・高校・行政の三者連携、すなわち「地域総がかり」の取り組みであることが重要なポイントである。

　また、これらを通じて、島前地域出身者の"Uターン"だけでなく、将来的な"Iターン"や"Sターン"（島外から島前高校へ島留学で来た生徒が、都市部や海外の大学や企業での経験を経て、「志を果たしに」再び島に戻ってくること）をも見据えた取り組みにもなっていることが注目される。

■隠岐島前高校の取り組み

　隠岐島前高校での取り組みの現状はどうなっているのだろうか。2008年度には28人にまで減少した入学者だったが、前述の取り組みなどによって島の教育は全国から注目され、2016年度の入学者は65人と2倍以上となった。悲願であった2クラス化も全学年で実現

された。島留学してくる生徒は1学年24人程度で、その全員が寮生活を送っている。

同校には、特筆すべき取り組みとして「魅力化コーディネーター」の存在がある。三町村が立ち上げた財団や高校がある海士町の職員でありつつ、島根県からも「魅力化コーディネーター」としての嘱任を受け、同校に常駐という形式を取っている。業務内容としては地域協働型カリキュラムの構築や島内外の生徒募集、学校の枠を超えたグローバルな連携など様々な面で教育機会を創出する役割を担っている。現在は3人がコーディネーターとして同校に常駐している。

ところで、同校は2015年度入学生までは2年次から「地域創造コース」と「特別進学コース」を設置していたが、それを2016年度入学生から廃止している。

プロジェクト発足当初は「特色」として打ち出したコース制を廃止した理由を、常松徹校長は次のように説明する。

「島外から島留学で来る生徒たちは、ほぼ全員が大学進学を希望していますが、島に来る最大の魅力は地域課題探究学習をはじめとする地域での学びにありました。ところが、これまでは島留学の生徒の多くが国公立・難関私立大学受験を想定して特別進学コースを選択している関係で、地域での学びに触れる機会が少ないというジレンマがあったのです」

こうしたジレンマを解消し、基礎学力と地域での学びを両立するために採られた対応が、特色でもあった2コース制の解消である。

内容的に見ると、これまで同校では探究学習の一環として、キャリア教育的な要素を含む「夢探究」が総合的な学習の時間に行われ、これに加え地域創造コースの2年次には「地域学」という地域課題解決型探究学習の取り組みが行われていた。

2016年度の入学者からはこのコース制を廃止したが、内容そのものが消滅したわけではない。このタイミングで「夢探究」と「地域学」の内容も含んだ「地域生活学」という新たな科目が島根県初の教育課程特例として創設されている。これまで実施されてきた科目の要素は「地域生活学」に引き継がれているので、本書ではこれまでの「夢探究」や「地域学」での取り組みを例にして紹介する。

■「夢探究」と「地域学」

「夢探究」はキャリア教育的な要素を含む探究型学習である。大学や専門学校への進学がゴールではなく、進学先では何をするのか、卒業後の社会で必要とされる力は何かなど、進学よりも先の未来を探究するという取り組みである。

毎年、生徒の状況や前年度までの実践の反省を踏まえて内容を改善しているので、年度によって内容が変わるが、2015年度の1年次の「夢探究」の年間計画を見ると、週2時間×35週として次の表のようになっている。

島根県立隠岐島前高等学校 **探究事例②**

「夢探究」内容	時　期
学ぶ姿勢づくり	1〜3週
人間関係づくり	4〜7週
高校時代を考える	8〜9週
地域に学ぶ	10〜15週
進路を考える	16週
仕事を考える	17〜23週
地域を探究する	24〜35週

　「地域に学ぶ」、「仕事を考える」の単元の中でそれぞれ課題解決策を提案するPBLを経験する。そして、「地域を探究する」の単元では、2年次に取り組む課題を選ぶため、チームに分かれて興味を持った地域課題についてインタビューやフィールドワークを含めた調査を行う。フィールドワークを通じて地域の人たちと対話することで課題を発見し、「必ず自分たちが実践できること」という範囲で解決策を考える。これらの取り組みを通して、多様な大人に関わる中で、自らが社会に出て「働く」イメージを描くことができる。また、チームでの探究学習を通して、多様な価値観を持った他者と協働する力を磨くとともに、集団における自身の長所や短所にも気づいていく。これらの経験が「夢」を描く材料になる。

　2年次の地域創造コースの「夢探究」の最初のオリエンテーションの授業を見学したが、授業を進めていたのは大野佳祐さん。高校の教員ではなく、「高校魅力化プロジェクト」のコーディネーターだ。

　教室には、24人の生徒たちの他に2年次の「夢探究」を担当する6人の先生方とキャリア教育主任、もうひとりのコーディネーターである奥田麻依子さん、隠岐國学習センター長の豊田庄吾さんなどが参加している。こうした様々な視点を持つ大人が関わることで、授業をブラッシュアップするためだ。そして、この全員が毎週1回定期的に打ち合わせを開き、「夢探究」の進め方や隠岐國学習センターで行われている「夢ゼミ」との連携などを調整している。

　この回は、最初のオリエンテーションであるためプレゼンテーションが中心だったが、大野さんが学生時代にバングラデシュに赴いてボランティア活動をした自分自身の体験などをもとに、生徒たちに「夢とは何か」を問いかけ、考えを探る。そして、夢とは「自分ができること（can）」と「自分がしたいこと（want）」の輪が重なる部分のことではないかと問いかける。この重なる部分を広げていくことが、学校教育の場なのだとの説明は分かりやすい。

　そして、「夢探究」に臨む基本的な姿勢について説明する。それは、①行動しないと何

も起こらない（失敗もしない）、②自ら本気にならないと手応えは得られない、③他者がいて初めて成立する学びがある、の3つである。確かにこれらを生徒たちが実感することが探究学習の核心だろう。

他方、「地域学」は、1年次に調査した課題をもとに、1チーム4〜5人でプロジェクトに取り組む。例えば、港のフェリーターミナルで販売されている弁当が地域の魅力を伝えきれていないことに問題意識を持った生徒が、隠岐島前らしい独自の弁当をつくることをテーマとして提案。これに取り組んだチームは実際に販売にまでこぎつけた。このプロジェクトは、3年次に地域の内と外のつながりを考えながら課題解決に取り組む「地域地球学」で、外国人観光客の誘致というテーマに引き継がれているという。

「夢探究」にしても「地域学」にしても、重視されているのは机上の空論にとどめずに実践にまで持ち込むことである。

同校はこうした探究学習の取り組みが評価され、2015年度に文部科学省「スーパーグローバルハイスクール（SGH）」に指定された。その一環として2年次の2学期にシンガポール海外研修が行われ、全員がシンガポールに赴く。これに向けて、英語でプレゼンテーションをつくり、シンガポール国立大学の外国人学生相手に発表する。こうした活動を通して、ど田舎の島である島前と、大都会の島であるシンガポールを比較することで、新たな視点で自らの地域を見ることができる。

さらに、2学期末にはその内容を日本語にして、地域の人たちを対象に提案発表会を行う。この発表会は自分たちが懸命に取り組んできたことを地域の人たちに届ける絶好の機会である。

「自分たちの発見した地域課題とその解決策が、地域の人たちに真剣に寄り添っていないと地域の方々を動かすことはできません」と中村怜詞先生は語る。そこが、この取り組みの核をなしているのである。そして、その後1,600字の論文を各自で書き、最後に下級生を対象にしたポスターセッションで次世代に伝えて2年次のプロジェクトが終了する。

先にも少し触れたが、高校での「夢探究」や「地域学」と、隠岐國学習センターでの「夢ゼミ」は、相乗効果を狙って設計されている。高校ではチームでの探究学習を中心として取り組み、学習センターの「夢ゼミ」はゼミ形式による少人数で行い、最終的には個人探究をするように設計されている。いずれの探究も将来取り組みたいこととつながる事例が出てきている。

■探究学習がもたらす生徒たちの成長

生徒たちは「夢探究」と「地域学」を通じて、どのように成長するのだろうか。

成長のきっかけは様々な場面にちりばめられている。その一例がチームビルディングだ。

島前高校のチーム分けではルールが決められている。それは、多様性を考慮し、島内外出身者が最低でも1人ずつ、男女が最低でも1人ずつ入っていること、である。島留学で

24の都道府県から生徒が集まる同校ならではのチームビルディングである。

このように「夢探究」や「地域学」で異なる文化背景を持つ生徒同士の協働活動に慣れている生徒たちは、教科のアクティブラーニングにもすぐに順応できると中村先生は指摘する。

課題発見・解決力などの伸びについては、「フィールドワークに出るタイミングが大きく影響しているのではないか」と中村先生。早く地域に飛び出して島民の生の姿や声に早く触れると、それだけ早く課題が自分事になり、主体的に授業等に取り組むなど姿勢にも差が生じるのではないかというのが現在の仮説である。

■隠岐國学習センターの取り組み

隠岐島前高校の取り組みを理解するには、隠岐國学習センターの取り組みを一体のものとして理解しておく必要がある。

学習センターには隠岐島前高校の全在校生180人のうち約150人が通っており、高校との連携にはことのほか力を入れている。同センターにはスタッフが全部で10人おり、大学や大学院を休学して半年～1年間の長期インターンとして来ている学生スタッフもいる。センター長の豊田さんは高校にも自席が設けられており、他のスタッフも毎日のように高校に出向いて教員らと様々な打ち合わせや情報交換を行っている。

「以前は、1学年10数人が学習センターに通っている程度でしたが、学年の8割もが通ってくるようになると、学習センターで取り組む内容も学校との相乗効果を今まで以上に考えなければならず、常に試行錯誤しています」と指導スタッフの中山隆さんは語る。

学習センターの役割のひとつは自立学習支援にある。英国数の指導はもとより、大学受験をクリアすることのみにフォーカスするのではなく、生涯を通じて「自立した学習者」となれるよう手帳を用いた学習支援・指導を行っている。

学習センターのスタッフは、冒頭で紹介したように全国から希望して集まってきた人たちで構成されている。教育と接点を持ちつつも幅広い職業を体験した挑戦者たちであるというのが大きな特徴だ。多様な経験からくるアドバイスが生徒の視野を広げている。

自立学習支援と並ぶ、もうひとつの柱が「夢ゼミ」。隠岐島前高校の「夢探究」と並ぶプロジェクト型の探究学習である。学習センターと高校では、生徒にとっての相乗効果が生まれるように常に意見交換・情報交換を行っており、双方ですぐに対応できる体制を構築している。こうした調整を中心となって行っているのが、「夢ゼミ」を担当する学習センタースタッフの佐藤桃子さんである。

2016年度の「夢ゼミ」は、次のような内容で行われている。

学　年	夢ゼミの内容
1年	表現することを通して自分を知る（プロジェクト ダース）
2年	考える力と地域を多角的に見る視点を養う（グローカルゼミ）
3年	自分のテーマに沿った探究学習（じぶんゆめゼミ）

　1年生の夢ゼミは「プロジェクト ダース」というPBLで、1年生全員が1年間かけて自分たちの視点で島前地域を見つめ直すきっかけになるような文化雑誌を制作するプロジェクトだ。生徒が表現する場を設けることで、「夢探究」等で伝えている様々なスキルの定着を図り、体験を豊かにすることが狙いである。また質の高いアウトプットを求めることが質の高いインプットにつながる、という仮説に基づいて、2年生・3年生でのプロジェクトにつながるような内容が模索されている。

　2年生の夢ゼミは、「グローカル（グローバル＋ローカルの造語）ゼミ」で、10人程度の少人数で論理的に考える力と、地域を多角的に見る視点を育むことが狙いだ。

　3年生の夢ゼミは、「じぶんゆめゼミ」と題され、生徒一人ひとりが自分の興味に合わせてテーマを設定し、課題研究に取り組むというものだ。

　どんな研究が行われているのか一例を挙げると、知夫村から同センターに通った生徒は、地域の畜産を元気にしたいと「夢ゼミ」でスマートファーム構想を立ち上げた。構想の内容は、JAに頼らず自分たちの力で日本の畜産を変えるというテーマであり、①効率化に関して、畜産家ネットワークで飼料の価格交渉をする。牛にICタグをつけて集中管理する。②ネットワーク化に関して、畜産覗き見システムによって消費者や小売業者も双方向に知り合う、というものだ。

　この成果は結果的に慶應義塾大学湘南藤沢キャンパス（SFC）のAO入試につながり、今は大学で農村開発を学びつつ、知夫村での構想の新たな展開を目指して準備を進めているという。

　こうした一人ひとりの興味関心に基づき課題を設定し、その解決に取り組む。スタッフはそれを支援するというのが「夢ゼミ」の基本である。

■成果が生まれていても「挑戦事例であり、試行錯誤の途上」

　以上、見てきたように隠岐島前高校の魅力は、地域と学校と行政の三位一体の取り組みの成果である。魅力化プロジェクトが始まった当初は、学校の先生方と魅力化コーディネーターや学習センターとの考え方に差があった時期もあるが、今ではそれは完全に払拭されている。

　「この仕事は高校の仕事か、それともコーディネーターの仕事か、あるいは学習センターの仕事か、という発想はありません。生徒のためになることは積極的にやりましょうというスタンスがどこでも定着しています」と常松校長。

高校に赴任する先生方は希望して来る人は少なく、赴任当初は島前高校の取り組みにすぐに順応できないこともある。また、教員の半数以上が講師であるため、1～2年で異動になり、取り組みが定着、発展しづらいリスクがある。しかし、コーディネーターや学習センタースタッフが探究学習など、高校の核になる取り組みに参画し、教員とスクラムを組むことで簡単に崩れず、小さなPDCAを繰り返しながら力強く前進する仕組みを構築している。

　また、高校にせよ学習センターにせよ、ほとんどの人たちがまだ試行錯誤の途上にあるということを強調する。「成功事例ではなく挑戦事例である」と。そうした姿勢が、常に振り返りつつ新しい施策を生み出している根拠となっている。

　同校のSGHへの挑戦も、一定の成功に安住しないという姿勢の表れでもある。魅力化プロジェクトが目指した当初の定量的な目標は、島内入学者の増加と島留学の増加による2クラスの復活であった。しかし、それが達成された今、次の課題として「『グローカル人財』の育成に向けた様々な施策の質の向上」や「保小中高のさらなる連携」が打ち出された。この「グローカル人財の育成」に沿ったものとして、SGHにおけるグローバルへの挑戦が位置づけられている。

　島で生まれ、島で学び、島に戻ってくるというUターン、島外から移住して島に貢献するという学習センタースタッフのようなIターン、そして島外から島留学し、本土の大学に進学して将来また島に戻ってくるというSターン。地域創生と結びつき、地域と世界をつなぐ人材育成を視野に入れた探究学習が、隠岐島前高校を中心として地域一体で取り組まれているのである。

多彩な地域連携プロジェクトを活用し、学校の負担を軽減しつつ継続的に探究活動を実現

探究事例③ 岩手県立遠野高等学校

> **基本データ**
> 創　立：1901(明治34)年
> 男女共学
> 生徒数：492人
> 教員数：41人
> ※数字は2016年2月現在

■遠野高校の地域連携活動の概要

　岩手県立遠野高等学校が地域連携を活用した探究活動への取り組みを始めたのは2012年のことである。それから4年経った2016年2月の段階では、次のような取り組みが行われるようになった。

①「遠野オフキャンパス」(遠野市経営企画部まちづくり再生担当と連携)
　城下町遠野の町家(三田屋)の調査活動が中心。見取り図の作成や聞き取り調査の補助として大学生や大学院生と協働で作業にあたるとともにワークショップ等により地域おこしの取り組み。また、オフキャンパスとして、馬産地遠野について学ぶ企画などが開催されている。企画ごとに参加希望生徒を募集。年間3回程度開催。毎回20名程度の生徒が参加。

②「米通プロジェクト」(NPO法人遠野まごころネットと連携)
　地元NPO法人が遠野市内の限界集落地域活性化に取り組むプロジェクト、小電力発電や交流、人口増加への取り組みに高校生も参加。企画ごとに参加希望生徒を募集。1名〜10名の生徒が参加。不定期開催。

③「遠野みらい創りカレッジ企画」(遠野みらい創りカレッジと連携)
　オープンカレッジとして地域住民を対象に活動や内容を体験してもらうことを目的に年4回程度開催される。1名〜10名程度の生徒が参加。

④「東大イノベーション・サマープログラム」(遠野市産業振興部連携交流課と連携)
　国内外の大学生と高校生が民泊をしながら地域活性化についてワークショップを実施。最終日にはグループごとにプレゼンテーション。参加希望生徒20名程度募集。

⑤「遠野地区人材育成等モデル事業」（岩手県南広域振興局・遠野市産業振興部商工観光課と連携）
　1学年：学年全生徒が市内企業を見学し、職業について、地域産業振興について考える。高卒と大卒での就業形態の違いや給与等の違い、企業が求める人材の違いについての説明を受けることで職業研究を深める。企業からも、求める人材について率直に説明をしてもらう。
　2学年：就職希望者が2日間のインターンシップで職業現場を体験する。

⑥「遠野冬プログラム」（法政大学・遠野市産業振興部連携交流課と連携）
　2学年を参加対象とする。事前に2学年全生徒に企画説明会を実施。2月に民泊をしながら地域活性化についてワークショップを実施する。プログラムのまとめの発表は2学年全員の前で高校生と大学生がテーマ別にプレゼンテーションを行う。

⑦「いわて高等教育コンソーシアム」（いわて高等教育コンソーシアム事務局と連携）
　平成24年度から高校生と大学生がともに学ぶワークショップ企画。沿岸地区を中心に実施。

⑧「ふれあい看護体験」（公益法人岩手看護協会と連携）
　5月12日の看護の日を中心として人の命の大切さや看護の仕事について理解と関心を深める。全県の各校で参加している。

⑨「ミニ講座」（遠野高校独自企画）
　地域で実施されている取り組みについて担当者から直接話を聞く機会をつくろうということで始めた企画。"日本の抱える課題はすべて遠野にある"こと、そして"遠野市は地域課題のすべてにおいて先進的な取り組みを実践している"ことから"遠野を知ることが社会の課題を学ぶ"きっかけとなるとの共通認識から始まった。卒業後の自分の進路を考える機会、地域社会を愛するきっかけになればとの思いもある。
（以上の各企画の説明文は遠野高校資料より転載）

　数の多さに驚かされるが、遠野高校の独自企画の「ミニ講座」以外は、具体的に高校外部の市役所などの行政や大学、NPO法人などとの連携によって取り組まれていることが特徴である。しかも、こうした企画はすべて外部の連携する組織がお膳立てをしてくれて、遠野高校は生徒が参加するだけで体験ができるように配慮されているのである。
　これらの中から最初の「遠野オフキャンパス」について紹介しよう。
　「遠野オフキャンパス」は複数のプロジェクトで成り立っているが、いずれも遠野固有

の生業や環境を再生し、豊かな未来を築くために課題を発見し、解決のためのプランニングをして実践するというものだ。そして、その中心となるのが「三田屋プロジェクト」である。

　遠野市の商店街には廃業した三田屋という古い呉服店の建物があり、解体寸前だったこの建物の保存活用の道を探るという目的で2012年にスタートした。遠野市経営企画部が企画し、1回目は東京芸術大学、早稲田大学、東京電機大学の学部生・大学院生と遠野高校の生徒が参加して三田屋空間実測とメディア制作に取り組んだ。

　当初は遠野高校の生徒たちは、学生・院生の手伝いという位置づけだったが、現場では学生・院生に実測と展開図の描き方を教わり、自分たちも重要な役割を任された。この「三田屋プロジェクト」は、街の歴史やポテンシャルを知るために周辺への聞き取り調査や改修計画の策定、改修の実施へと進んでいくが、最初に参加した経験を生徒が高校に持ち帰ったところ、2回目から参加希望の生徒が増えて毎回希望者から選考した上で20人程度が参加している。

　そして、この「遠野オフキャンパス」を皮切りとして、遠野市では前述のような地域連携プロジェクトが次々と誕生し、遠野高校の生徒たちの大部分がこれらの活動のいずれかに関わるという状況が生み出されているのである。

■志望理由書をうまく書かせるのではなく、経験を豊かに積ませたい

　では、なぜこのような地域連携の活動に遠野高校が関わるようになったのだろうか。その理由を、同校の進路指導主事でもある助川剛栄先生は次のように語る。

　「以前から生徒たちが推薦入学の志望理由書をうまく書けないという状況がありました。それを何とかしたいと思っていたのですが、作文の練習にだけはしたくなかったのです」

　上手に書かれた志望理由書として連想されるものも、世界や日本をめぐる新聞記事などをうまくまとめただけの、取ってつけたようなものが多い。上手な作文に意味がないとは言わないが、志望理由書を読むのも選考のプロたちだから、練習で技術的にうまくなったものは分かるはずだ。

　「もっと身近なこと、自分が経験したことを書かせたいと思ったのですが、それが生徒たちにはない。だから、生徒たちに書く内容、つまりコンテンツになることをたくさん経験させたかったのです」と続ける。

　ただ、スタートにあたっては、学校の負担を大きくしない、ということを常に意識していた、と助川先生は語る。

　というのも、同校は2004年には「遠野学」という取り組みを行っていたのだが、仕掛けが大きいため負担も大きく、続けられなくなった歴史がある。だから仕掛けは小さくして、長く続けたいと考えたという。

　助川先生がそう考えていた2010年に、まったく偶然にも三田屋プロジェクトの話が遠

野市から持ち込まれた。単発ではなく、毎年続ける企画である。しかも、最初だから多くの生徒は集められないかもしれないと正直に伝えたが、それでも構わないという返事を得て、「これに取り組んでみよう」ということになった。

とはいえ、初めての試みだけに校内で募集をしてもすぐに生徒が集まったわけではない。建築学科の学生が数多く参加するので工学部志望の生徒、街づくりに関係するので公務員志望の生徒たちに個別に声をかけてやっと17人が集まったというスタートだった。

ところが前述したように、学生に教わって自分で展開図を描いたことが生徒たちへの大きなインパクトとなった。生徒たちの感想も「面白かった」で占められ、それが校内に伝わることで、次回や別のイベントへも参加者が増えるようになり、今では希望者を20人に絞るのが大変だったりするほどだ。

また、このプロジェクトに参加することで自分の進路を考え直す生徒も出てきた。最初は高校を卒業して大工になるのが希望だった生徒が、建築学科の学生と交流するうちに大学工学部へと進路を変更するなどのケースも生まれている。

では、最初の目的だった「志望理由書を書けるようにする」については、どうだったのだろうか。これについても、三田屋プロジェクトを1年生のときに経験した学年の多くは、何らかのプロジェクトに関わる経験を3年生までに積んでいる。

「志望理由書を読むと、これが面白いんです」と助川先生。表現方法は稚拙であっても自分の経験を自分の言葉で書いているから、言葉に力がある。そして、面接になっても臆せず話すことができる。面接での表現方法に、プロジェクトで経験した寸劇を取り入れるなど、先生たちの想定を超える力を発揮する生徒もいるという。

教え込むのではなく、経験させることが生徒の力を大きく引き出していく実例である。

■経験を力に変えるのは「修徳尚武」という名のポートフォリオ

しかし、もちろん単に経験しただけでは、それが自動的に生徒たちの力になっていくわけではない。そこには、やはり考えられたある仕掛けがあった。それが「修徳尚武」である。

「修徳尚武」とは同校の玄関正面にも掲げられている校訓なのだが、実は一般にポートフォリオと呼ばれるワークブックのタイトルでもある。

「生徒が面接で、校訓は何ですかと訊かれても答えられない、ということからタイトルを校訓にしてしまったのです。今では校訓を答えられない生徒は1人もいません」と助川先生は笑うが、この「修徳尚武」が導入されたのは2011年からである。

きっかけはミニ講座。これに参加した生徒のリフレクション活動を行わせることが主な目的だった。ただし、このリフレクションは「感想文」がメインではなく、「講演メモ」のほうをより重視した構成となっている。書きたいことを自由に書くよりも、まず講演の内容を構造化して理解することが重要だと考えたからである。実際、生徒たちは最初のころは構造化できないのだが、回を重ねていくうちに次第に構造化できるようになっていく。

そのプロセスでは優れた講演メモをコピーして生徒全員に配布し、どこが自分の書いたメモと違うのかを考えさせたりもする。

ミニ講座の一例を紹介しよう。2013年7月31日のミニ講座は「遠野市食育センターがめざすもの」というテーマで、完成したばかりの食育センターを見学しつつ管理栄養士からの講演を聴くという企画だった。

そこに参加した栄養士志望の生徒は、行政の縦割りの弊害を感じた、という趣旨を講演メモに記述している。食育センターでは同じ建物内にありながら福祉の食事と学校給食を別々の場所で調理している。そうした規制があるからなのだが、そのことに気づいた生徒が自分の言葉で、そうした内容を書き込むのである。

「新聞で得た知識ではなく自分で体験し考えたことなので、説得力があります」と助川先生は語る。

「修徳尚武」には、この講演会記録は全部で15回分あり、校内のミニ講義だけではなく校外での地域連携プログラムに参加する場合にも、生徒たちは指示されていなくてもここに自分の体験を記録するようになった。

他にも、成績の記録、読書の記録、活動の記録など、あらゆる学校生活の記録を自分で記入するようになっていて、学年ごとに内容が少しずつ異なり、3年生では仮想合格体験を書く「未来予想図」、「自己PR書」、「志望理由書」、「履歴書」、「模擬試験の記録」などが加わる。また、毎年、学年担当教員で相談して少しずつリニューアルし、使い勝手のよいものへとつくり変え続けているのも特徴だ。

今では、全校生徒にとって日々の学校生活で一番身近なものが、この「修徳尚武」となっている。

このポートフォリオの上手な活用が、生徒の成長という大きな成果につながっていることは間違いない。

■双方の姿勢が共振した結果、無理をしない連携が継続可能に

地域連携というと、まず膨大な企画書や打ち合わせの積み重ねをイメージしがちだが、遠野高校の地域連携の探究活動の特徴として、学校負担を増やさず外部の力をうまく活用していることが挙げられる。それはなぜ可能になったのだろうか。

前述した食育センターでの体験などは、他の多くの学校では多くの労力を投入してインターンシップを実現することで初めて可能になる。それが遠野高校では、いとも簡単に実現できているわけである。

実は、遠野高校も他の多くの高校と同様に、こうした体験はインターンシップを通してしか実現できないと考え、2011年には大規模なインターンシップを計画していたという。

160人もの規模のインターンシップ先をどうしようかと悩み、取り敢えず遠野市の商工課に相談したら、「名簿を出してくれればこちらで全員分を割り当てるから」という返事

が返ってきた。このインターンシップは東日本大震災によって中止となったが、遠野高校の先生方は「行政は相談すれば応えてくれる」という手応えを感じた。それが、以降の連携の布石となったのである。

そして、今回の地域連携のスタートとなった「遠野オフキャンパス」では、遠野市経営企画部から遠野高校に呼びかけがあった。

「私たちは街づくりを担当しているのですが、そのためには若い世代に郷土のことを学んでもらいたいと思っています。小中学校にはそうした取り組みがありますが、高校では少ないというので、三田屋プロジェクトが始まるときに遠野高校に声をかけました」（遠野市副市長　飛内雅之さん）

遠野高校に電話をかけ、実際に出向いて説明した経営企画部まちづくり担当主任の菊池陽一朗さんは、「最初は断られるのではと緊張していました」と振り返る。しかし、実際にはそうした場を求めていた高校側のニーズとマッチして連携はスムーズにスタートし、大きく発展したのであった。

こうした遠野市の姿勢はかなり徹底したもので、富士ゼロックスと共同して、廃校となった中学校を地域・産業の発展と人材育成に活用する「遠野みらい創りカレッジ」にも取り組んでいるし、震災で壊れた市庁舎の建て替えに向けたワークショップも市民を交えて開催し、そこに遠野高校生2人を含む4人の高校生が参加するなどの取り組みも行われている。

このような市の姿勢と高校の姿勢が共振しているからこそ、地域と連携した探究活動が軌道に乗っていることが分かる。この連携が始まるまではお互いがそうした考えでいることに気づかなかった点こそがネックだったのであり、そこにお互いが気づくことで、ハードルは解消された。考えてみると、市役所の人たちも遠野高校の出身者だったり、遠野高校に通う生徒の親だったりする。地方の狭い地域ならではの環境も、こうした連携を促進する環境となっているのである。

遠野高校では、このように地域連携を活用した探究活動に取り組んでおり、これらの活動をさらに効果的にするためにも、教科科目でもアクティブラーニングによる授業を展開することが重要と考え、助川先生の日本史をはじめとして授業改革も進行しつつある。

外部の協力関係を活用して正課外の活動を充実させ、生徒に身近な地域の問題に取り組ませる探究活動が展開されている遠野高校の経験は、地域連携は大変だと尻込みしている多くの高校にとって、一歩を踏み出すために背中を押してくれるような事例ではないだろうか。

日本初の全寮制・中等教育学校で、ローカルとグローバルをつなぐ探究活動を展開

探究事例④ 宮崎県立五ヶ瀬中等教育学校

> **基本データ**
> 創　立：1994（平成6）年
> 男女共学　6年一貫教育　全寮制
> 生徒数：240人（1学年1クラス40人）
> 教員数：47人

■なぜこのようなユニークな学校が設立されたのか

　宮崎県が熊本県と接する県境の山間部にある宮崎県五ヶ瀬町。宮崎市から車で3時間程度、熊本市からは2時間程度かかるという僻地で、標高は1,000メートル以上、町内には日本最南端のスキー場も設置されている。

　主要な産業は農林業の、人口わずか4,000人程度のこの町に置かれているのが、宮崎県立五ヶ瀬中等教育学校である。同校のユニークな探究活動を紹介するためには、そもそもの同校の成り立ちを知ってもらうことが近道である。

　五ヶ瀬中等教育学校が創設されたのは1994年。学校教育法改正で中等教育学校が定められるのが1998年であるから、それよりも4年も早い取り組みだ。もっとも、中等教育学校の規定が法的に存在しない時点での創立であったから、当時の法律に則って五ヶ瀬中学校と五ヶ瀬高等学校としての創立だったのだが、1998年に学校教育法の改正に伴って中等教育学校として再出発したという歴史を持つ。

　中高一貫の6年制で男女共学、各学年1クラス40人の少人数教育、かつ全寮制という、日本の公立学校でも稀有な仕組みである。

　なぜ、このようなユニークな学校が五ヶ瀬町に創設されたのか。所在地の宮崎県五ヶ瀬町には以前は高校の分校があったのだが、人口減と生徒数減少によって廃校が取りざたされていた。学校の廃校は地域にとっては死活問題である。地域衰退に拍車をかけるものであるから、地元では学校存続の要望が高まった。他方で、単なる存続ではなく五ヶ瀬町の森林を教育に活かした「フォレストピア学習」を行う新しい学校創設の動きが県レベルで推進され、これが結びつく形で誕生したのが同校である。

　したがって同校は、創立以来フォレストピア学習として、自然体験を重視した教育が行われてきた。そして、このような地域と結びついた探究活動は、2014年度に同校がスーパーグローバルハイスクール（SGH）に採択されたことにより新しい試みも付加されて、同校の現在のユニークな教育を形づくっているのである。

■ 20年以上前の創設時より開始された探究活動

　同校の探究活動は、創設と同時に開始されたフォレストピア学習である。これは「総合的な学習の時間」のモデルとなった取り組みと言われている。「6年間のゆとりと豊かな自然と文化を生かした体験学習に基づく『知の統合化』を目指した学習」という位置づけで、1・2年生でローカルな体験をし、3年生ではそこで感じた疑問を課題研究しA4・10ページのレポートにまとめていた。

　そして4年生になると、「森林文化」、「環境科学」、「数理工学」の中から、生徒たちは自分が疑問に思ったことを取り上げて課題研究に取り組み、5年生で論文作成とプレゼンテーションを行い、6年生で研究の成果を広めるためのシンポジウムや公開講座を行う、という流れであった。

　こうした先進的な取り組みであったが、それがさらに大きく進化するのは2014年度にSGHに指定されてからである。以前の探究活動においては、どちらかと言えば個々の先生方に委ねられていた内容が、組織的に明確化されて取り組まれるようになった。個人任せの部分が減少し、学校全体として教育目標と教育内容を先生方が共有化して行われる比重が大きくなったと言えよう。

　では、現在の探究活動はどのように行われているのだろうか。

　以下に詳しく見ていく。

■ローカルをグローバルにつなげる現在の探究活動

　6年間の探究活動のカリキュラムマップを参照していただきたい。

　探究活動は隔週木曜日に3コマ連続して行われている。

　1年生の活動の課題は「地域の自然と文化を感じる」、2年生が「生命を支える産業を学ぶ」、3年生が「グローバルな視野と手法を学ぶ」、4年生が「課題研究の実践・考え方を学ぶ」、5年生が「課題研究の実践・成果をまとめる」、6年生が「課題研究の成果を発信する」である。

　具体的に見ていくと、1年生は「ローカル学1」で田植え、カヌー体験、茶摘み、地域伝統を学ぶ取り組みとして神話・荒踊りへの参加、竹細工、もちつきなどの地域に関わる体験活動を行う。そして、これらの体験活動をもとにグループワークで「命」をテーマにして探究活動を行い、全員が発表する。この、言語化する活動が以降の学年での探究への入門としての位置を占めている。

　そして2年生は「ローカル学2」で、1年生での活動を引き継ぎつつ、「食」を通して命のつながりや流通を知り、生命に触れる活動を行う。具体的には農作物の栽培（畦づくり、苗植え、収穫）、こんにゃく芋からのこんにゃく製造、やまめの産卵、野焼き、鶏をさばいて命をいただく、などの体験活動に取り組みながら、同時に「命のつながり」、「高齢化の実態」、「流通と経済」などの講義を受ける。そして最後に、自然科学、社会科学、人文

The syllabus of the Global Forestopia Study

学年	段階		5月12日 3時間	5月26日 3時間	6月2日 3時間	6月23日 3時間	7月7日 3時間		9月15日	9月29日	10月27日	11月9日 7時間	11月17日 3時間	12月8日 3時間		1月19日 3時間	2月2日	2月9日 3時間	2月23日 3時間		3月1日 3時間	3月5日 6時間	3月9日 4時間	
1年	ローカル学1	地域の自然と文化を感じる	SGH説明 探究入門1 (資料のまとめ方)	田植え	茶摘み	林業(フィールドワーク)	カヌー	夏季休業	茶詰り	稲刈り	脱穀	石積	竹細工	もちつき	冬季休業	探究入門2 (発表の手法)	体験活動のまとめ				研究発表会(全員)			春季休業
2年	ローカル学2	生命を支える産業を学ぶ	散作り 苗植え	農作物①	農作物②	命のつながり (6時間)	農作物③		農作業④	農作業⑤ (収穫)	ヤマメの産卵	青春館 製茶	野焼き 見学	探究活動		探究活動				発表会準備			イギリス語学研修
3年	グローバル学1	発見・挑戦と思考法を学ぶ	オリエンテーション TED視聴	国内外のリーダー像を学ぶ ※世界史科	ローカル課題の実を知る ※五ヶ瀬町議会 (6時間)	ディベートの手法を学ぶ ※国語科	中間発表会の見学		課題研究の進め方を学ぶ ※講師	統計の手法を学ぶ ※数学科	グローバルな社会課題を知る① ※講師	グローバルシンポジウム IN 五ヶ瀬	グローバルな社会課題を知る② ※講師	グローバルな社会課題を知る③ ※講師		画像ソカロレアの哲学的な考え方(知の理論)を学ぶ	課題研究(テーマ設定)						
4年	グローバル学2	課題研究の実践・考え方を学ぶ	ビジネスフレームを学ぶ ※講師	先行事例を知る ※町役場		課題研究(実践)			スタディーツアー@五ヶ瀬(オックスフォード大東大 PEAK)	課題研究(調査)		グローバルシンポジウム IN 五ヶ瀬	課題研究(分析)			課題研究			ポスターセッションの準備				
5年	グローバル学3	課題研究の実践・成果をまとめる			英語サマリーの作成 ※英語科		中間発表	夏季休業	日本語によるディスカッション ※公民科	課題研究(考察)		論文作成の手法を学ぶ	日本語論文の作成			日本語論文の作成 プレゼンテーションの作成							海外研修
6年	グローバル学4	課題研究の成果を発信する							日本語によるディスカッション	英語によるディスカッション ※講師(ALT)	英語によるディスカッション ※講師(ALT)	英語によるディスカッション ※講師(ALT)	英語によるディスカッション ※講師(ALT)		安立ゼミ訪問								

1日研修

※前期課程(1〜3年)はSGH事業の対象外

網掛け部分が「課題研究」、色塗り部分が「グローバルリーダートレーニング」を表す

科学のいずれでもよいが、各自が疑問に思ったことをテーマに探究活動を行い、その成果を個人発表する。ここまでは、SGHに指定される以前の探究活動とほぼ同じである。

　3年生になると「グローバル学1」として「グローバルな視野と手法を学ぶ」ことを課題に、グローバル・リーダー・トレーニングが始まる。一方では「国内外のリーダー像を学ぶ」(地歴公民科)、「五ヶ瀬町議会のインターンシップ」、「統計学の手法を学ぶ」(数学科)、「フィールドワークの手法を学ぶ」(地理科)、「ディベートの手法を学ぶ」(国語科)、「ICTを活用したリサーチの手法を学ぶ」(外部講師)、「課題研究・プレゼンテーションの手法を学ぶ」、「グローバルな社会課題を知る(高齢化、経済、エネルギー、環境)」(外部講師)があり、また小水力発電の実地研修等がある。各教科が協力して、この探究活動を実現していることが分かる。

　さらに、3月にはイギリス・オックスフォード大学へ語学研修があり、そこで現地の大学生向けに発表するのだが、その内容を事前に学校内で発表して備えるのである。この語学研修は英語に触れるだけでなく、イギリスから五ヶ瀬町に訪問してもらうことも重視した取り組みであり、生徒たちはそのためのマーケティング調査も行う。それをもとに、五ヶ瀬町へのスタディツアーのプランを作成してそれをオックスフォード大学生などに提示して勧誘(寮に宿泊可能)し交流する(1年目は10人程度参加、2年目は5人が参加)。語学研修旅行が始まる前は先生方がツアープランを作成してきたが、初めての語学研修が始まって以降の2016年度からは、生徒によるプラン作成までをも展望している。

　そして4年生では「グローバル学2」として本格的な課題研究が始まる。テーマはSGHに指定されてからは自然科学分野がなくなり、「高齢化」、「経済格差」、「エネルギー」、「環境」の4分野で、1年間かけて研究した後の3月にポスターセッションで中間発表を行う。また、夏休みに希望者による海外研修があり、行先はバングラデシュ、ハワイ、モンゴル、インドネシアである。彼らが行っている間に、他の生徒はスタディツアーを受け入れて交流する。

　そして5年生からは「グローバル学3」として、課題研究の実践・成果をまとめる。具体的には、ビジネスフレームを学ぶ(外部講師)、哲学的思考法を学ぶ(外部講師)、ポスター発表の手法を学ぶ等の講義を受ける。同時に並行して「高齢化」、「経済格差」、「エネルギー」、「環境」の4つのテーマで、ローカル(中山間地域)からグローバル(国際社会)につながる社会課題に関する課題研究に取り組み、5年生の最後に日本語で論文を作成し、プレゼンテーション資料を作成しての発表となる。

　さらに6年生は「グローバル学4」として、グローバルに発信する活動へとつなげている。具体的には5月に論文の英語サマリー(A4・1～2ページ)を作成し、オックスフォード大学に送って大学生に英文を添削してもらう。さらに7月には地域の有志を12人招き、生徒3～4人に1人の割合でグループに入ってもらい、発表後の討論を行う。これは研究への客観的な視点を提供してもらうためである。

10月には英語によるディスカッションを宮崎県内のALT8人を招請して行う。「今持っている英語力で話せばいい、ということを徹底したのですが、2回目、3回目と行う中で生徒たちは自主的に英語を勉強して英語力も向上しました」と西山先生。
　要するに、この1年〜6年生の流れの中で、生徒たちはローカルとグローバルでの体験を重ね、自分の問題意識に基づいて課題研究に取り組み、それを日本語と英語で言語化するわけである。
　また、このような盛りだくさんの活動が、ローカルとグローバルをつなぐという視点で関連づけ体系づけられているが、西山先生によれば「SGHに指定されなくても、自分たちだけで取り組むことも含めて計画した」のだという。その意味で、同校が地域連携だけでなくグローバルにつながる教育を目指すことは、フォレストピア学習の自然な発展の中で生まれてきたものであることが理解できる。

■核となるのは課題研究

　この一連のプログラムの中でも特に重要なのが課題設定である。さらに詳しく見ていこう。
　課題設定については、まず個人的な興味・関心が出発点となるべきだと同校では指導する。「個人的な興味・関心がなければどうしても研究の内容が薄っぺらいものになってしまうからです」と語るのは、このプログラムを中心的に推進する西山正三先生。その上で、個人的な興味・関心があることの中から、社会的な意義・汎用性があるものを研究テーマとして設定するのである。この両者のどちらが欠けても、研究はうまくいかないという。
　環境のテーマとしては「ヒ素汚染地域への水供給と長期的な水資源利用に関する研究」、「森林消失の原因究明および生態系保護と持続可能な管理に関する研究」等がある。前者の研究は九州の土呂久公害を研究しながら海外研修のバングラデシュにつながり、後者の研究はインドネシアとつながっている。
　経済格差のテーマとしては「ICT技術を農業に導入する技術指導および共同研究」「マイクロファイナンス（無担保融資）に関する研究」、「人口減が問題となっている五ヶ瀬町での週末ファーマー等の取り組みについての研究」、「コミュニティカフェについての研究」などに取り組む。
　エネルギーのテーマとしては「地方自治体における小水力発電の普及および運用に関する研究」「地域性を考慮した風力発電の開発および共同研究と実証」などがある。
　高齢化のテーマとしては「ハワイの高校で行っているワンマイルプロジェクトに関する研究および五ヶ瀬町での実践」がある。これは学校から1マイル圏内に居住する高齢者を若者が訪問し、若者目線で高齢者の生活やニーズを把握するというものである。今年度は、フィールドをフィンランドに変更し、高齢化対策等を学んでいく予定である。
　こうしたテーマでのローカルな研究を、海外でのフィールドワークを通じてグローバル

につなげるということを念頭に課題設定が考えられていることに注目したい。

そして前述したように、5年生では課題研究で取り組んだ内容を日本語で論文にまとめ、プレゼンテーションを行い、6年生では論文の英語サマリー作成、オックスフォード大学生による添削、地域の有志との日本語討論、ALTとの英語討論へと続くのである。

しかも、同校では探究活動においては「研究だけでなく実践が大切」だと教えている。その実践としてNPOを設立する構想を温めている。「高齢化」、「経済格差」、「エネルギー」、「環境」の4つのテーマの生徒代表が参加し、代表委員会で運営していくようなプランが進められている。

■探究活動の教育目標とアセスメント

ところで、このように多くの活動を組み入れる場合、それをこなすことに終始し、活動を並べただけで終わってしまうのではないか。残念ながら、実際にそんな総合的な学習の時間の実例は枚挙にいとまがない。しかし、同校の場合は、そうした陥穽を回避するために、6年間の探究活動を通じて生徒たちが身につける力を教育目標として明示している点が注目される。

これは、SGHに指定されて以降の改革において、先生方が議論してまとめ上げたものである。したがって、どこかから押しつけられたものではなく、同校がこれまで取り組んできた課題研究などを振り返る中で、こうした能力を身につけさせることが必要である、というように抽出したものだ。つまり、暗黙裡に行われていたことを可視化し、明文化したということであって、このプロセスが先生方の協同作業として行われたことは、先生方による共有が一体的に進行したという点で大きな意味があったのではないだろうか。当たり前のことのように思えるが、実際には稀有な取り組みであると言っても過言ではない。

以下紹介する。

○身につける力
　興味・関心・意欲：体験活動や講義を通して、社会課題に対して主体的に取り組む姿勢
　　　　　　　　　を身につける。
　専門的な知識：先行研究の調査や講義を通して、課題解決に必要な専門的な知識を獲得
　　　　　　　する。
　課題設定力：「グローバル×ローカル」の視点から、社会課題（問い）を設定する力を身
　　　　　　につける。
　問題解決力：獲得した知識を活用しながら、効果的に課題を解決するための手法や能力
　　　　　　を身につける。
　批判的思考力：既存の知識や成果を客観的に見つめ直し、未知なるものに対して挑戦し
　　　　　　　ようとする姿勢や考え方を身につける。

発信・表現力：プレゼンテーションや論文作成，ディスカッションを通して，課題研究
　　　　で得られた成果を効果的に伝えるための手法や能力を身につける。

しかも同校では、各学年段階における到達目標まで設定され、共有されている。

○到達目標
　ローカル学1(前期課程1年)：
　・体験活動を通して，学習に対して主体的に取り組む姿勢を身につける。
　・写真や表などを使って活動内容をまとめ，他者に伝えることができる。

　ローカル学2(前期課程2年)：
　・ローカルな自然や文化から，問い(テーマ)を設定することができる。
　・探求活動を通して，「仮説 - 検証 - 考察」の手法を身につける。

　グローバル学1(前期課程3年)：
　・グローバルな社会課題に対する知識を獲得する。
　・「グローバル×ローカル」の視点から，課題を設定することができる。

　グローバル学2(後期課程4年)：
　・課題研究の実践を通して，問題解決の手法を身につける。
　・ビジネスフレームや哲学的思考法の手法を使って，批判的な思考ができる。

　グローバル学3(後期課程5年)：
　・課題研究の成果を効果的にプレゼンテーションすることができる。
　・日本語論文を作成し，社会的(学術的)に成果を発信することができる。

　グローバル学4(後期課程6年)：
　・英語を使って自分の考えをまとめ，他者に伝えることができる。
　・グローバルな社会課題に対する考え方を他者と共有することができる。

さらにこうした教育目標や到達度を、「Glocalに生きる多様な力に関するアンケート」と文科省からの「目標設定シート」でアセスメントし検証する仕組みを導入しているのである。

■グローカルな生徒が育ってきている

　このように五ヶ瀬中等教育学校では、交通の便としては不便だが豊かな森林などの自然に囲まれている条件を活かして、地域と連携した探究活動が進められている。それが、近年ではSGHの指定もあってグローバルとローカルをつないだ探究活動へと内容的に発展を遂げつつある。

　2015年12月には、五ヶ瀬町も含む「高千穂郷・椎葉山の山間地農林業複合システム」が国際食糧農業機関（FAO）により世界農業遺産に認定されたが、イタリア・ローマで英語によるプレゼンテーションを行ったのは同校の女子生徒である。彼女は、卒業後は海外の大学に進学し、将来は、お年寄りと子供たちがともに学ぶことのできる、新しいタイプの学校をつくることを真剣に考えているという。

　山間の小さな町で行われる、地域と連携しグローバルにつながる探究活動。こうした生徒たちが育っていることも、その確実な成果であると感じずにはいられない。

探究事例⑤ 京都市立堀川高等学校

探究基礎委員の生徒たちが語る「なぜ堀川の探究基礎が成功しているのか」

> **基本データ**
> 創　立：1999(平成11)年探究科設置
> 学　科：普通科、人間探究科、自然探究科
> 男女共学
> 生徒数：1学年約240人　6クラス編成各クラス約40人

■探究活動と「堀川の奇跡」

　京都市立堀川高等学校には1999年に全国の高校に先駆けて「人間探究科/自然探究科」が設立された。その探究科の第1期生が卒業した2002年に、国公立大学への現役合格者数が前年の6人から106人に急増し、「堀川の奇跡」として注目された。同校は2002年度から継続してSSHの指定を受け、2014年度からはSGHの指定を受けている。

　同校の教育の最大の特色は探究活動である。今では、「堀川高校といえば探究活動」と言われるほどに知られている。その全体像については、『奇跡と呼ばれた学校』(荒瀬克己著　朝日新書)、『どんな高校生が大学、社会で成長するのか』(溝上慎一責任編集　学事出版)、『アクティブラーニングとしてのPBLと探究的な学習』(溝上慎一・成田秀夫編集　東信堂)等の多くの書籍に詳しく紹介されているので、詳細はそれらを参照していただきたい。

　本章では、同校の探究活動を支えている生徒たちの「探究基礎委員会」に焦点を当てる。ただ、やはりその前提として、同校の探究活動の概要を理解していることが不可欠であるため、以下できるだけ簡略に概要を紹介しておきたい。

■探究活動

　堀川高校では、学校生活における軸を教科学習＋探究活動の2つに置いている。他の一般の高校では、勉強と部活の2つの軸を中心に教育が組み立てられているが、同校の場合は教科学習と探究活動(授業名は「探究基礎」)の「二兎を追う」指導がされている。もちろん部活も活発である。

　その探究活動ではHOP・STEP・JUMPの3段階が設定されている。まず第1段階のHOPとして、生徒は1年前期にクラス単位の活動で「探究の『型』を学ぶ」。「証拠を集めること」「漠然とした興味を具体的な課題に落とし込む方法」「様々な可能性を吟味すること」「引用の仕方」等を、研究における重要な方法・姿勢として身につけるのである。

　第2段階のSTEPは「探究の『術』を身につける」であり、1年後期から少人数講座の「ゼミ」が開かれ、クラス単位ではなくゼミ単位の活動に移る。自然科学、人文科学、社会科学から探究科9分野、普通科8分野のゼミが開講され、それぞれのゼミで探究の方針

の立て方を身につけるための探究活動に取り組む。

　ここまでが準備期間で、第3段階のJUMPは「探究の『道』を知る」として、2年生の前期に全員がゼミを基盤としつつ個人研究を行う。総仕上げ段階の2年の探究活動を個人研究にしている理由は、グループ研究にするとフリーライダーが発生しかねないため、これを防ぐ意図もあるが、将来、大学や大学院、あるいは社会に出ての研究活動や仕事では、個人は大きなプロジェクトの一部のみを担うことになる可能性が大きく、高校時代には全プロセスを一通り自分自身の手で経験しておくことが重要だと考えているためである。

　このゼミには京都大学などの大学院生がティーチングアシスタント（TA）として関わっている。彼らTAが生徒たちにとってロールモデルともなり、キャリアを考える機会にもなっている。

　そして全員がポスターを作成して研究発表し、その後に論文にまとめる。ポスター発表での議論→論文という順序であり、論文を作成してから発表するという通常のプロセスとは逆になっているのが特徴だ。それはポスターセッションやゼミでの議論を論文に反映させるためであり、しかも論文では「考えたこと」「行ったこと」を羅列的に書くのではなく、結論に至るまでの筋道やその論拠だけを書くように徹底的に指導されている。

　また振り返りの時間を重視しているが、それは生徒のメタ認知を高めるためだ。

■生徒たちはどうして探究基礎委員になろうと思ったか

　このような堀川高校の探究活動だが、そこにはほぼ全員の先生方が関わるという体制が構築されている。探究の授業を開始する前に企画立案会議が開かれ、研究部と学年担任とで流れを確定し、その後、授業担当者会議が持たれる。そこには学年担任だけでなく教科の教員も加わり、実際の指導は1つのゼミに2人の教員と大学院生1～2人が当たる。

　生徒の側でも「探究基礎委員会」が形成されていて、大きな役割を担っている。ここでは、探究基礎委員の次の3人に話を聞いた。

　　人間探究科2年　杉村　文（ふみ）さん
　　人間探究科2年　池山　睦衛（ちかもり）さん
　　普通科　　2年　浅野　望（のぞみ）さん

堀川高校に入学する前から探究活動のことを知っていましたか。

杉村　私は小学校に上がる前、欧米に住んでいたことがあります。欧米では議論中心の教育が行われていて、知識を詰め込むだけではなくて、より深く広く将来に役立つような学問を教えると友人からも聞き、そんな教育を日本でも受けられたらいいなと思っていました。堀川高校の学校説明会で探究基礎のことを知って、これなら必ずしも受

験のための成績につながらなくても、考えることを大切にする教育が受けられるのではないかと思いました。

池山　ぼくは中学受験に失敗した経験があり、詰め込み教育ではない高校に行きたいと思っていました。中学1年のときに父に勧められて堀川高校の説明会に参加し、探究基礎のことを知り、1つの課題に時間をじっくりかけて取り組むというのは他の高校にはないので、入学したいと思いました。高校になると大学受験ばかりに目が行きがちですが、これから社会に出て長い目で役立つ力、答えがあるかどうか分からないことをずっと考え続けて答えを生み出す力が身につくし、人間として生きていく上で大事なことが学べると思いました。

浅野　ぼくは堀川高校に探究基礎があることは知っていましたが、それが入学動機ではありません。詳しいことは入学してから知りました。1年生の最初に全員が山の家に合宿に行き最初の探究活動をしてポスター発表をしたのですが、そこで人に自分の考えを説明するのが面白いなぁと感じました。それが出発点です。

> 　探究基礎委員会は1年生では1クラスに4人、6クラス合計24人で構成されている（年によって人数は異なる）。2年生ではクラス替えが行われるため、1クラスの人数はバラバラになるが、1年生前期のHOPはクラス中心の活動であり、2年生はゼミ中心の活動であるため、それでも問題はないのだという。
> 　委員会は主に委員長1人と副委員長2人の計3人で構成される運営班が中心となる。生徒たちが自主的に生徒に働きかけるためのプロジェクト等が自主的に立ち上げられるが、その都度メンバーは自主的に編成される。

探究基礎委員になろうと思った理由を教えてください。

杉村　1年生の4月の第2週に探究基礎委員を決めるのですが、先輩からは「すごく忙しいからやめたほうがいいよ」とアドバイスされました。でも、部活だけではなくてアカデミックなことにも取り組みたいという思いがあったので、立候補することにしました。それに、私は入学前の春休みから合宿の指導係として活動し、合宿の時にもみんなに探究基礎の説明をしたりして、それがとても面白いと感じていたので、忙しくてもやりたいと思いました。

池山　探究基礎で実際にどんなことをするのか、説明を受けるだけではよくわかりませんでした。ぼくは誰よりも早く探究基礎のことを知りたかったので委員になりました。

浅野　ぼくは2人ほど積極的ではなかったのですが、合宿でのポスターセッションが思っていた以上にうまくいったので、先生に勧められたときに「やってみてもいいかな」

と思いました。

具体的にどんな活動をするのですか。

池山　授業では、最初の導入を探究基礎委員が行います。先生がその後にレクチャーしてくれますが、授業を主催しているのは生徒で、先生を講師に招いているという感じで授業を進めていきます。授業の最後にも探究基礎委員がまとめを行います。

杉村　先生との打ち合わせが重要になりますが、第1段階のHOPでは毎週、先生と委員とで次回の目標や活動内容について話し合い、授業で難しそうなところはレジュメをつくってクラスのみんなに注意を促したりします。そして授業が終わると、その感想などを話し合います。ベストなタイミングは授業が終わったすぐ後のミーティングです。授業の印象もはっきりしていますから。

　HOPでは、課題設定といって疑問に思ったことをテーマに絞り込んでいく段階があります。そこでは、それは本当にテーマになり得るのか、などを先生と吟味するなどしてかなり抽象的なレベルで検討します。それから私のクラスでは、先生から出されるものとは別に探究基礎委員から宿題を出したり、ということもしていました。その授業で行ったことを振り返られるような記述式の宿題が多く、例えば「5歳の子に探究とは何かを説明するとしたら、どんなキーワードを使いますか」という課題を出したりしました。

　それ以外に探究基礎委員が編集して、クラスごとにA4・1枚の広報誌を2週間に1度発行しています。探究基礎委員の全体ミーティングは基本的に2週間に1度ですが、学校説明会の前などは毎日集まります。また、クラス全体が大きなテーマで戸惑っていたりするときに、委員が一歩議論をリードするとみんながついて行こうとしてくれます。そういう意味で、先生と生徒の中間的な役割を担っています。

浅野　中学生向けの学校説明会では、探究基礎委員会も独自の説明を行います。それに向けて企画を練ることから始めて2～3カ月前から毎日のように集まって準備をします。

1年後半のSTEPになるとどうなりますか。

杉村　STEPでは人間探究科は9分野のゼミから1つを選択します。1つのゼミは6～10人で、ゼミごとに1人のゼミ長を選び、探究基礎委員会とは別にゼミ長会という組織も置かれます。そこでゼミの運営の仕方を相談し、理系ゼミだったら実験の準備だとか文系ゼミだったら論文を読むとかするわけですが、その準備や先生とのやり取り、授業中の司会などを通じて授業運営に関わります。探究基礎委員会のほうは、STEPになるとクラスごとではなく全体で1つの広報誌を編集してつくります。ゼミ長と探

究基礎委員を兼任する生徒は2人しかいませんが、私はやりたいので兼任しています。

部活と重なるときはどうするのですか。

池山　ぼくはバドミントン部で、週6日練習があるのですが、活動が重なるときは探究基礎委員を優先します。それを優先して当然という雰囲気が学校全体にも部にもあります。

浅野　ぼくは山岳部なので、それほど日常の活動とは重なりません。

杉村　私は山岳部と新聞局の2つですが、重なるときは同じく探究基礎委員優先です。

■探究基礎委員を経験した成長したこと

探究基礎委員をやってみてどうですか。

池山　自分たちで試行錯誤することが多く、思っていた以上に大変です。それに、こちらの活動が忙しいからといって自分の探究活動をいい加減にすることはできません。委員の先輩たちの研究発表を聴いていると、すごいと思います。思っていた以上に長い時間をかけて考え続けないと答えが出なかっただろうということが分かります。それから、ぼく自身の変化でいうと、中学のときには人前で話すことはとても苦手でしたが、それが自信を持ってできるようになったことです。

浅野　先生には教えられないことを、ぼくたち委員が担っているのだと思います。ただ、ぼく自身は生徒と委員の2つの立場で学んでいくので、そこをどう使い分けるかで悩んだこともありました。

杉村　探究基礎委員の先輩たちの発表を聴くと、あんなに忙しいのに他の人よりも深く掘り下げて考えていて、すごいなぁと思うことが多いです。探究基礎委員が忙しいということを言い訳にはできないと感じますし、委員のみんなは誰もが探究基礎に対する人一倍の熱意と真剣さを持っていると思います。

学校はなぜ探究基礎委員会をつくったと思いますか。

池山　理由は2つあると思います。ひとつは運営を円滑に進められるし、よりよいものにできるからだと思います。もうひとつは探究基礎委員の生徒が成長・変化することだと思います。ぼくは探究活動を好きなのは、生徒が主体的なところなんですが、もし探究基礎委員がいなかったら、探究活動も生徒主体のものではなくなっていると思います。

探究基礎委員に対しては、先生はほとんど直接指示したりしません。自分たちが発案して「これがやりたい」というと、なぜかと質問されますが、それを考えて発案しているので基本的に認めてもらえます。堀川高校で一番驚いたのは、生徒が発言できる場があって、自由に自分たちで決められることです。でも個人の好みだけでは実現できません。だから、堀川高校では先生と交渉するのが当たり前のように行われています。小学校や中学校では先生が取り合ってくれず、交渉の経験自体がありませんでした。これはすごい違いだと思いました。堀川高校では先生が生徒をリスペクトしてくれているのが嬉しいです。

杉村 探究基礎は、最初はとてもテーマが大きくて、どこから手をつけていいか戸惑います。探究基礎委員は、探究基礎に関する情報も同期の生徒よりたくさん持っていますし、いつも探究基礎のことを考えているので、一歩先を行っているところがあって、そうした存在がみんなを引っ張っている面もあると思います。ここは先生がなかなか教えられない部分かもしれないので、先生と生徒の中間を担っているのだと思います。

浅野 先生では無理で、生徒でなければできない関わりがあると思うのです。そうした形で先生と生徒をつないでいると思います。

みなさんは探究活動に熱心ですが、受験があるのでいつまでもやっていられない、と思う人もいるのではないですか。

杉村 堀川高校は受験だけの学校ではなく部活にも力を入れていますし、探究基礎とは別の自主ゼミという活動もあります。これは自分たちの興味のあることに自主的に取り組むもので、数人が集まって企画書を書いて認められると文献の購入費などの補助が出るという仕組みです。「数学オリンピックゼミ」とか、最近、私たちでつくった「漢文素読ゼミ」とか10数個の自主ゼミがあります。堀川高校は、そうした複数の活動を両立させるのが当たり前の学校です。学校のスローガンに「二兎を追え」というのがありますが、二兎どころか五兎を追っている人もいます。勉強は隙間時間にやって、勉強に負けてしまわないようにして、高校のうちにできることをたくさんやっておこうという姿勢をみんな持っていると感じます。

それは探究を通じて身についたものですか。それとも校風としてあるから自然にそうなったのですか。

杉村 最初は探究基礎を「こんなに長い時間かけてどんな意味があるのか」と疑問に思っていた人や嫌がっていた人も、ゼミでテーマを決めて不承不承でも論文を読んで議論するようになると、「意外とこれは面白い」と気づいたり、そこから「大学はこんなと

ころに行ってみたい」と考えが変わったりという人もいます。

探究をしていることで、教科の勉強に変化はありましたか。

池山　探究基礎の最初に3つのことが重要だと言われました。①クリティカルシンキング、②自分を客観的に見つめられるメタ認知、③人の行動から認知状態を推測する心の理論です。これが、探究基礎だけではなく各科目でもコアになっていることに気づきました。

杉村　私は数学が苦手でした。受験に向けて問題集ばかりやっていたので嫌いになっていたのですが、探究基礎で答えがない問題に取り組むことを通じて、考えることが大切なのだと実感しました。だから数学も、単に正しい答えを出すだけではなくて、どうやって証明するか、なぜこの定理を使うのかというようなことを考えるようになりました。

　教科の授業の大半は先生からの講義なのですが、でも古文の記述について深く議論するなどプロセスを大事にしていると感じます。堀川高校は探究をベースにした学校なので、やはり教科でも重要なところは深く掘り下げて生徒に考えさせるようになっていると感じます。例えば歴史の授業では「文明と文化の違いは何か」「国王と皇帝の違いは何か」等という抽象的な内容を自分で言葉にして考えてくるという宿題だとか。目先の受験には直結しなくても、突き詰めていくと面白いなぁと思います。

　それから、マレーシアに海外研修に行ったときのことですが、バスの中で生徒が発案して「先住民保護にどんな意義があるのか」という議論が始まったり、「AIは人間をどう超えるか」という議論になったり。堀川には「朋と愉しむ」という言葉があるのですが、それが自然にできていると感じます。「あ、今、自然に探究してるな」と気づいて盛り上がったりしました。

　クリティカルシンキング、メタ認知、心の理論については、入学する前に先生から内容の説明がある。その上で、生徒たちはそれを自分なりに考えてくるという宿題が出される。2016年度では「クリティカルシンキングがあるときは、こんなとき。クリティカルシンキングがないときは、こんなとき」というテーマで寸劇の台本をつくるという宿題である。そしてその台本をもとに、授業ではグループで1つの台本に練り上げ、その発表を行った。生徒たちにとっては、寸劇の台本づくりが宿題になるという目新しさが刺激となりつつ、グループワークも含めて内容をしっかりと考えている、という仕掛けである。

■成功している理由は、生徒が主役になっていること

探究活動に取り組んでいる高校はかなりあるのですが、なかなかうまくいっていない高校もあります。うまくいかないのはどうしてだと思いますか。

杉村　最初はどこの学校でも先生が発案して始まったと思うのですが、堀川高校ではそれが長く続く中で生徒が探究基礎委員のような形で自主的に動きだして、それを見てまた別の人がゼミ長をやろうと刺激されたりということが起こってきたのだと思います。たとえ始まりが先生からだったとしても、途中で生徒たちが巻き込まれていって自主的な活動になってきたことが大きいと思います。もちろん、そこには知的好奇心が旺盛だとか、積極的な人が多いということも関係しているとは思いますが、生徒の姿勢にかかっているのだと思います。

池山　学校説明会などで雰囲気を見て入学するので、自主的な姿勢に惹かれる生徒が集まり、結果的に受け継がれているのだと思います。

説明会はみなさん参加してから入学するんですか。

杉村　どこの学校も、説明会では受験指導の取り組みだったり部活だったりですが、堀川は探究基礎だったりの説明を行うので、私の知っている限りでは同期の生徒はみな参加したと言っていました。

池山　説明会で学校が一番力を入れて出してくる情報が、ある学校では進学実績だったり、他の学校では受験指導システムだったりしますが、堀川高校はそれが探究活動でした。そこがぼくが知りたいことだったので、学校説明会はよかったと思います。

杉村　堀川高校では、学校説明会は生徒のスタッフ活動によって運営されています。施設紹介のブース、個別相談のブース、探究基礎委員会のブース、舞台発表のブースに分かれて、映像による紹介や内容を生徒が自分たちで準備して発表するというのが伝統になっています。その内容も、今年は私たちが新企画でやってみようと今、企画書を書いている最中なのですが、先生から「あれをやりなさい」という指示は基本的にありません。

探究基礎委員には上級生から引き継ぐという仕組みはあるのですか。

池山　例えば去年先輩たちが立ち上げようとしてできなかった新企画を、今年、もう一度ぼくたちの学年で再企画して実現したいと考えているのですが、先輩たちに来てもらって、どうしてうまくいかなかったのかを教えてもらったり、運営についてのアド

バイスをしてもらったりしています。それも、自分たちでそういう場を持つことを企画して、先輩に交渉して来てもらいます。
杉村 夏の学校説明会は2年生と1年生の探究基礎委員会が合同で取り組みます。昨年は1年生だった私たちはポスター発表のやり方も全く分からなかったりしたのですが、2年生と1年生が必ずペアになって取り組むという形で、引き継いでいきます。

探究基礎委員会には自分たちの集まる部屋はあるのですか。

池山 ありません。委員長がその都度、先生に演習室などを予約してもらって使っています。

課題研究のテーマと自分の将来の進学や職業との関係はありますか。

杉村 私は将来、海外で働きたいのですが、ゼミでは「言語文学ゼミ」に属しています。このゼミは海外文学を、できれば言語で比較して、自分なりの作品解釈をするというゼミです。自分の興味とできるだけ近づけていった者が勝ちだと先生からも言われているので、選びました。
池山 ぼくは将来弁護士になりたいと思っているのですが、2年生からの文理選択ですごく迷いました。自分の興味があることが理系だからです。目指す職業との関係で文系を選んだのですが、ゼミは「生物学ゼミ」を選びました。
浅野 ぼくは経済に興味があって、最初は漠然とした興味だったのですが、「数学情報ゼミ」に入って、そこで株価の分析をしたんですが、これは面白いと思えたので、自分の進路も固まってきたという影響がありました。

■先生の狙いと生徒の意図

　この探究基礎委員会は探究基礎が導入された1999年から設けられているのだという。その当初からの狙いについて飯澤先生は次のように語る。
　「開始するときに、先生方によって探究基礎の取り組みにばらつきが生じることが予想されたため、生徒たちに授業運営に関わってもらい、生徒たちが横に連携できる仕組みをつくることで先生たちにプッシャーをかけてもらい、結果的に授業の質が保証できることを考えたそうです」
　と同時に、生徒たちにとっては自主的に活動する場合に先生方を説得しなければならず、ある意味では「壁」になることで、生徒と先生方との緊張感が生まれることを狙ったのだという。
　そして、同じく生徒たちとのインタビューに同席していた井尻先生は、「生徒たちの話

を聞いていて、かなり教員のほうからも『あれやって』という指示はしているのに、生徒たちが『指示されてやらされているのではなく、自分たちで自発的にやっている』と感じているのが少し意外でした」と語った上で、「それは、おそらく堀川高校では作業の指示ではなくゴールを生徒に示して『どうやるかは自分たちで考えなさい』というのが徹底しているからかもしれません」と、その理由を推察する。

　そのあたりが、探究基礎委員のインタビューを聞くことで、先生方にとっても発見だったようだ。

■アクティブラーナーが育っている

　飯澤先生は、「アクティブラーニングを単なる先生の側の手法として考えてはうまくいきません。重要なことは、生徒の側にどれだけ任せられるか、という教育観の転換です」と語る。

　読者は、この生徒たちへのインタビューを読んでどう感じられただろうか。アクティブラーニングを導入する本来の目的が、アクティブラーナーを育成することだとすると、探究基礎委員の生徒たちはみな貪欲なまでのアクティブラーナーであることがよく分かる。

　「堀川の奇跡」は堀川だからこそ可能だったという人もいれば、それは条件さえ整えばどこでも可能なのだという、探究基礎の導入を決めた当時の教頭である荒瀬克己大谷大学教授などの意見もある。

　ここで紹介した、先生方が生徒を信頼し、生徒たちが自主性を発揮して運営される探究基礎委員会の活動の実態には、探究活動が成功するための重要なヒントが隠されているのではないだろうか。今回のインタビューにおける彼らの生の声を通して、それが伝えられたとしたら幸いである。

6年一貫の探究活動と教科教育が結合したカリキュラムマネジメントで、全生徒が18,000字の卒業論文執筆

探究事例⑥ 神戸大学附属中等教育学校

基本データ

創　立：2009(平成21)年
男女共学　6年一貫教育
生徒数：各学年200人　5クラス　全校1,200人

前期課程(中学校)					後期課程(高等学校普通科)					合計	
1		2		3		4		5		6			
生徒	学級	生徒	学級	生徒	学級	生徒	学級	生徒	学級	生徒	学級	生徒	学級
120	3	143	3	191	5	182	5	164	5	135	5	935	26

教員数：67人

■協同学習に先進的に取り組んできた歴史

　神戸大学附属中等教育学校の前身は、神戸大学発達科学部附属住吉中学校と明石中学である。そのうちの住吉中学は62年にわたる歴史の中で、小集団学習には1960年代から、小集団学習・一斉学習・個別学習の効果的な組み合わせの模索には1980年代から、そして協同学習については2000年代以降、積極的に取り組んできたという経緯を持つ。

　そうした歴史を持つ学校が2009年に中等教育学校として改組された。つまり、中学校3年間だけだったものが高校部分を含んだ6年一貫教育に変化したのである。同時に、発達科学部の附属から神戸大学の附属へと帰属も変更となった。

　ここで読者に注意を喚起しておきたいのは、神戸大学には附属小学校も設置されていて、こちらは1学年40人×2クラスとなっているが、国立大学附属小学校の例に漏れず選抜には抽選も併用されている。そして附属小学校の卒業生は基本的に中等教育学校に連絡進学する。中等教育学校1年生には一般校からも2クラス分約80人が募集されるが、前述したように内部進学も約4割を占めることから学力層の幅が広いのも同校の特徴のひとつとなっている。

　また、附属小学校から進学してきた生徒にとっては12年一貫教育とも言える状況でもある。

　こうした、多様な学力層を受け入れながら、6年一貫教育の中で全員に18,000字もの「卒業論文」を書かせることをゴールに設定し、そこまで生徒を伸ばしているのである。実は、それこそが同校の最大の特徴である。

　では、どうやってそれが可能となっているのだろうか。

■「教育目標」や「育てたい生徒像」を明確化

　神戸大附属中等教育学校の現在の教育への取り組みは、地歴・公民科の先生方にとってはよく知られているかもしれない。2013年度から文部科学省「地理基礎」「歴史基礎」指定研究開発学校となっているからだ。しかし、同校は地域課題に取り組む探究活動に6年一貫で取り組む教育を2009年の開校以来実施しており、この分野でも先進的である。ここでは、探究活動を切り口に紹介したい。

　その特徴は中等教育学校であることと同時に、「グローバルキャリア人の育成」を教育目標とし、その実現のために、①課題研究を核とする教科横断型体系的グローバル人材育成カリキュラムの開発、②国内外での圧倒的なグローバルアクションプログラムの実施、③高大一体による実践を支える確かな調査研究の推進の教育内容やカリキュラム開発を行うこと、をミッションとしている点である。

　また、教育目標を実現するために、「見つける力」「調べる力」「まとめる力」「発表する力」の4つの力を、教科教育だけではなく地域連携探究活動である「Kobe ポート・インテリジェンス・プロジェクト（以下 Kobe プロジェクト）」や課外活動等を通じて育成することが明確化されている。

　育てたい生徒像は、①主体的に自己の未来を切り拓くことのできる生徒、②国際的な視野を持ち、自他を認め合って行動できる生徒、③文化を創造する実践力を身につけた生徒、だ。

　同校は神戸大附属の学校であることから教科教育研究の課題も設定されていて、①6年間一貫カリキュラムに基づく目標設定、②新しい研究成果を踏まえ、実世界に活かせる多様なものの見方・考え方を育成、③小集団学習をはじめとした指導方法の工夫、となっている。

　同校は開校以来、グローバルキャリア人の育成を教育目標としてきたが、2015年度にSGHに指定されたことにより、教育目標やプログラムにSGHの内容を加えて整理されている。

　「グローバルリーダーセミナーなどのグローバルアクションプラン等は新たに加わりましたが、もともとの本校の理念とSGHの理念が極めて近いこともあり、本校の教育目標については意味を整理し、Kobeプロジェクトに関しても内容の調整することでSGHに沿ったものになっています」と高木優先生は語る。

　いずれにせよ、こうした理念や教育目標、育てたい生徒像を明確化した上で、それを実現するための手法を考えるという、カリキュラムマネジメント的には極めてオーソドックスな方法が厳格に適用されているのは、同校の大きな特徴だと言えよう。

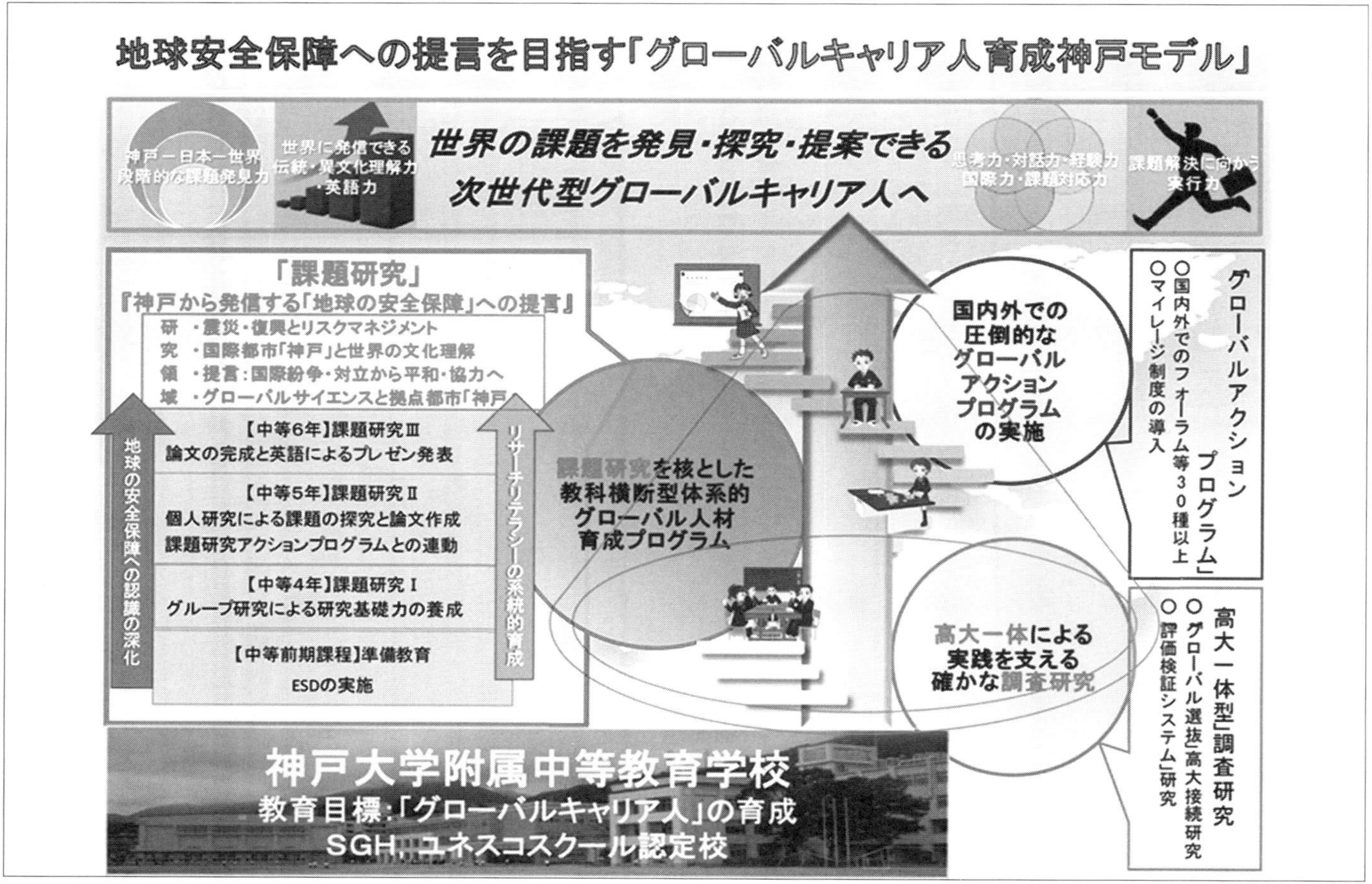

地球安全保障への提言を目指す「グローバルキャリア人育成神戸モデル」
神戸－日本－世界 段階的な課題発見力
世界に発信できる 伝統・異文化理解力・英語力
世界の課題を発見・探究・提案できる
次世代型グローバルキャリア人へ
思考力・対話力・経験力 国際力・課題対応力
課題解決に向かう実行力
「課題研究」
『神戸から発信する「地球の安全保障」への提言』
研究領域
・震災・復興とリスクマネジメント
・国際都市「神戸」と世界の文化理解
・提言：国際紛争・対立から平和・協力へ
・グローバルサイエンスと拠点都市「神戸」
【中等6年】課題研究Ⅲ
論文の完成と英語によるプレゼン発表
【中等5年】課題研究Ⅱ
個人研究による課題の探究と論文作成
課題研究アクションプログラムとの連動
【中等4年】課題研究Ⅰ
グループ研究による研究基礎力の養成
【中等前期課程】準備教育
ESDの実施
地球の安全保障への認識の深化
リサーチリテラシーの系統的育成
課題研究を核とした教科横断型体系的グローバル人材育成プログラム
国内外での圧倒的なグローバルアクションプログラムの実施
グローバルアクションプログラム」
○国内外でのフォーラム等30種以上
○マイレージ制度の導入
高大一体による実践を支える確かな調査研究
高大一体型」調査研究
○グローバル選抜」高大接続研究
○評価検証システム」研究
神戸大学附属中等教育学校
教育目標：「グローバルキャリア人」の育成
SGH、ユネスコスクール認定校

■教育目標を達成するために生まれた「Kobeプロジェクト」

　上記のような教育目標や育てたい生徒像を実現するためには、一方向の講義形式のみの授業だけでは不可能である。そのために開発されたのが、開講当初より同校の教育の柱となっている「Kobeプロジェクト」である。その狙いは「体験を通して知る感動、創造する感動を味わわせ、知的好奇心や探究心を高めさせる」、「計画的・系統的なキャリア形成を図り、将来の夢と志を持たせ、その実現に向けて努力させる」、「福祉や環境問題など、社会の課題に関心を向けさせ、進んで社会に貢献する意識を身につけさせる」だ。

　具体的には1・2年生で「探究入門」として神戸および奈良のローカルな調査に取り組むが、こうしたことを通じて聞き方や話し方等のスキルを習得させることが狙いである。特に震災テーマでは阪神淡路大震災の体験を生徒たちに引き継がせるために、震災関連の施設に行くことも織り込まれている。

　加えてKobeプロジェクトには、キャリア教育的な要素も盛り込まれていて、1年生では地域の企業の人に職業紹介の実演をしてもらい、2年生では企業を訪問してインタビューを行う。

　3・4年生は「課題研究」「課題研究Ⅰ」として、個人で半期ごとに計4回課題に取り組み毎回発表する。並行して震災テーマでは、仙台の中等教育学校との交流も行っている。

　またキャリア教育としては、3年生になると「KUトライやる」と名づけられたインターンシップを5日間行う。神戸は公立中学校で生徒全員が「トライやる・ウィーク」と名づけられた全員のインターンシップを全国でもいち早く実施したことで知られるが、同校でも3年生が全員参加する。しかも公立中学の場合、インターンシップ先は市内や近隣エリアに限られているが、同校の場合は地域を限定していない。東京はもちろん、アメリカ・ニューヨークの国連本部やイタリアでインターンシップを行う生徒もいる。インターンシップ先の開拓は保護者にも入学時から依頼されており、割り当てられた役所や企業に行くという、受動的でも済んでしまうインターンシップとは様相が異なっている。

　そして5・6年生は「課題研究Ⅱ」「課題研究Ⅲ」で、本格的な課題研究に取り組む。テーマは生徒が個人で設定するが、学校として領域が設定されていて、「震災・復興とリスクマネジメント」、「国際都市『神戸』と世界の文化」、「提言：国際紛争・対立から平和・協力へ」、「グローバルサイエンスと拠点都市『神戸』」の4領域である。神戸という地域と震災、そしてグローバルが結びついた領域設定されていることが分かる。これら4領域から1つを選び、それに関連するテーマを生徒自身が設定するわけである。

　この課題研究は校内では「卒業論文」と呼ばれているが、5年生の終わりに中間発表をして6年生の7月に18,000字の論文を書くという流れとなっている。特筆されるべきはそのボリュームであり、「卒業論文」と呼ばれるにふさわしい。大学でもこの程度の量的基準のところは少なくないからだ。この段階ではゼミ形式になり、生徒6～7人に1人の先生がついて研究と論文執筆を指導する。また、このプロセス全体には神戸大学の教員や

大学院生も関わっている。

つまり、同校では6年生の7月に全生徒が18,000字の論文を書くことを具体的なゴールにして、それが可能となるように1年生から6年生まで探究活動を積み上げていくのである。しかも、冒頭にも触れたように多様な学力層の生徒全員を、である。

もちろん、こうした成果を実現するためには、Kobeプロジェクトだけでは困難であり、すべての教科教育もKobeプロジェクトとの連携を意識した内容になっている。

■小集団学習で教科教育もKobeプロジェクトとつながる

冒頭でも紹介したように、同校では教科教育についても小集団学習や協同学習に長年にわたって取り組んできた蓄積がある。その蓄積の上に、現在の教科教育が行われている。

前身の住吉中学校時代を含めれば、すでに30年以上前から行われている小集団学習は次のようなものだ。生徒たちは4人1組の小集団を組む。今日はAの生徒がリーダー、Bの生徒がタイムキーパー、Cの生徒が記録報告、Dの生徒がムードメーカーというように役割分担が行われ、この役割は授業のたびに毎回変わる。そして、この小集団が通常の授業の中でもグループワークの基本単位として根づいている。また、協調学習・ジグソー法にも活用される。小集団の中の一人ひとりが異なる資料を読んで、その後、小集団内で議論したり、あるいは小集団ごとにまとまって異なる資料を読んで、それを他の小集団と議論したり、というようにである。

また、前期課程では生徒の役割のうちのひとつであるリーダーが、授業の最初の5分間でその日に何を学ぶかを生徒に説明し、残りの45分間で先生が授業を行うというスタイルも、もはや伝統とも言えるものとなっている。しかもこの小集団は、給食や掃除などの生活班にもなっている。

この小集団のスタイルは3年生までに確立しているが、4年生からは選択科目や英語でのペアワークもあるので、あまり4人1組というスタイルにこだわってはいないという。

「本校では、『小集団学習』や『協同学習』という言葉が先に定着していました。最近になりこのような学習スタイルは『アクティブラーニング』と呼ばれるようになってきています」と高木先生は語るが、アクティブラーニングに取り組んできた歴史は日本でも有数のものと言えるだろう。

授業の具体例を紹介する。同校が文部科学省指定研究開発学校であることは先に紹介したが、高木先生の「地理基礎」の内容について見てみると、4年生では南アジアとアフリカを人文地理的に比較するという単元がある。その授業では次のような小集団学習が行われる。それぞれの地域の資料を読んで、グループワークで各地域向けの商品開発をして、総合企画・商品開発、宣伝・広報、販売、サービスの立場から、南アジアとアフリカの違いについてコメントする、というものだ。習得・活用・探究という分類で言えば、まさに習得を探究につなげる活用の内容が展開されている。また、そこで各グループから発表さ

れた内容を、生徒が相互評価する仕組みも取り入れられているのである。

その他の科目でも同様であり、同校にはワンウェイの講義だけで終わる授業はほとんどないという。

教科における伝統に根差したアクティブラーニングへの取り組みが、Kobe プロジェクトの基盤をなしていると思われる。

このように、神戸大附属中等教育学校は明確な理念と教育目標、18,000 字の卒業論文というクリアすべきゴールを設定し、そこから逆向きに目標やゴールを達成するための教育プログラムを、教科教育と6年一貫の Kobe プロジェクトとして開発し、これらを結びつけている。まさに、カリキュラムマネジメントの先進的な事例である。

学びをどのように
デザインするか
〜堀川高校の取り組みと
高大接続システム改革から〜

大谷大学教授
荒 瀬 克 己

　2016年3月31日、高大接続システム改革会議は「最終報告」をまとめました。ご承知のように、この会議のめざすところは、高等学校教育、大学教育、大学入学者選抜の改革を一体的に行うことです。高等学校教育（「高等学校までの教育」と言うべきかもしれません）の改革は、現在、中央教育審議会（以下、中教審）教育課程部会で進められている次期学習指導要領に向けた議論の中で、しだいに姿が浮かび上がってきています。

　本稿では、京都市立堀川高等学校（以下、堀川高校）での取り組みを紹介しつつ、中教審の動きとして、次期学習指導要領において非常に注目されている「アクティブ・ラーニング（中教審での表記に従う。以下本文では、AL）」について、さらに、その実施にあたって重要になるカリキュラム・マネジメントをどのように進めていくべきなのかについて、そして、教育の根幹であるキャリア教育について、わずかばかりですが、わたしの考えるところを述べます。

　これらが、みなさんの学校の現状と課題、そして生徒にどのような力をつけていくかという学校の目標に照らして、みなさん自身がお考えになる際の、一つのきっかけになることを願っています。

　なお、本稿は産業能率大学主催の「授業改革推進フォーラム」（2015年12月）での講演録を修正したものです。

堀川高校がめざしてきたもの

＜自分の子どもを行かせたい学校に＞

　1999年の新校舎竣工を機に堀川高校が生まれ変わろうとしていたときに、その準備段階からわたしたちはどのようなことを考え、模索していたかといえば、講演などでよくお話ししていることなのですが、それは次のようなことでした。

　「自分の子どもを行かせたい、自分の子どもが行きたい、と思うような学校は、どんな学校か？　どうすればつくれるだろうか？」

　社会で生きていく上で向き合う問いは、答えが一つに定まるものではありません。しかし、定まらない中でも何かを選び、決断し、そして取り組んでいくことが重要です。「自分の子どもを行かせたい」「自分の子どもが行きたい」というイメージもまた、人によって異なるでしょう。ですが、そういった違いを超えて、具体的な学校像に収束させていく必要があります。

　新たな堀川高校をつくる。そこに至るまでの10年間ぐらいかけて、わたしたちは学校のあるべき姿を検討していました。

　堀川高校は京都市立の学校です。つまり京都市民の税金によってつくられ、運営されている学校ですから、京都市民の負託に応える義務があります。京都市民に対して説明責任を負っているわけです。

　市民からは、「大学に合格しなければ高等学校の意味がない。ところが京都市の公立高校は一浪を前提にしているみたい。まるで4年制だ」という厳しい批判を受けていました。その一方で、「高等学校を卒業して大学に行ったとしても、それが高等学校としての教育の成果なのか？」という声も寄せられていました。相反するようなこの二つの声にどのように応えていくかが、京都市立堀川高等学校のメンバーの命題となっていたのです。

　ああだこうだ、ああでもないこうでもないと考えた末に、わたしたちは「二兎を追う」という言葉に行き着きました。一つは、大学進学を望むな

らば合格する力をつけること。もう一つは、その大学に入ることが人生のゴールではないので、入学してから、あるいは卒業してから必要とされる能力の基礎となる力を培うこと。その両方を追求するということです。

　「目的」と「目標」も「二兎」になるかもしれません。たとえば、「医者になりたい」というのは目標です。その先には「医者になって病気で苦しむ人を助けたい」といった目的があるはずです。大学進学も就職も「社会に出てどのように生きるか」という目的に向けた、一つの目標であるといえるのです。そう考えてわたしたちは、生徒たちが将来の目的を見つける一助になればという願いも込めて、「探究基礎」という取り組みを中心にした、生徒が主体的に活動していく学校をつくることを考えました。自分で考えて、実際にやってみる、そんな経験を重ねることができる学校をめざしたのです。このことを、「自分の子どもを入れたい、自分の子どもが行きたい学校」とは何かという問いに対する答えとして追究していこうと考えました。

　堀川高校に長年勤めている間に、さまざまな問題に直面し、失敗もしました。そのときにわたしが立ち返ったのも、常にここでした。何かあったときに、あるいは何か決めるときに、「自分の子どもを行かせたいと思う学校」の判断といえるのか、「自分の子どもが行きたいと思う学校」の取り組みといえるのかと、照らし合わせました。正しいかどうか容易に見えなくとも、この問いに対する納得できる「答え」を何とか見いだそうとし続けたのです。いまでも堀川高校はそうしていると思います。

　ところで、「自分の子どもを行かせたい学校」、「自分の子どもが行きたい学校」は、実は「自分が働きたい学校」でもあるはずだと思っています。

＜社会の変化に対応できるか＞

　概要はのちほど述べますが、少し生徒たちの取り組みについてご紹介したいと思います。

　生徒たちは探究基礎と呼ぶ課題探究学習に一所懸命取り組んでいますが、それで十分なのかというと、当然ながら不十分です。17、18歳のいわば「小さなおとな」が完璧にやりとげるというのは難しく、すべて途上であり過

程です。たとえば、堀川高校の卒業生が大学に行ってから過去の自分の「探究基礎」の論文を見直して、何が書いてあるのかわからなかったと言ったこともありました。論理の構築や展開についてあれほど教わったはずなのに、自分の論文で取り上げている根拠からでは、他にもいくつも違った答えが出てきてしまう。自分の「探究基礎」を振り返っての印象です。「先生に何度も『本当にこう言えるのか』と尋ねられた意味が分かりました」と言っていました。

　生徒たちが探究基礎のポスター発表を行ってお互いの取り組みを見合う機会を重視しています。お互いのよさに気づくとともに、そうすることで、自分の取り組みの不十分さに向き合うことにもなります。しかし、卒業生も言っているように、それでもまだ足りないのですね。自分で「振り返る」機会、他の人から指摘されて「気づく」機会をつくっていますが、十分ではありません。時間が経ち、知識が増えて、それでようやく分かることがたくさんあります。そういったことからも、批判的思考力を育てることの難しさを感じます。

　よく言われることですが、非常に難しいのは、社会の変化への対応です。「これからの社会を生きていくのに必要な力は何か。その力はどうやってつけていけばよいのか」ということを考えなければなりません。それが学校だけでできるとは思いませんが、学校がしなければならないことは間違いなくあるでしょう。そして、それが今回の学習指導要領の改訂や高大接続をどのように考えるのか、というところに反映されなければならないはずです。

　高大接続システム改革会議が設置され、議論が進んでいます（注：2016年3月31日、「最終報告」が取りまとめられた）。2015年9月の「中間まとめ」では、「背景と目的」で、

知識の量だけでなく、混とんとした状況の中に自ら問題を発見し、他者と協力して解決していくための資質や能力を育む教育が、急速に重視されつつある。

として、学校教育法第30条2項を敷衍し、

未来に生きる子供たち一人一人にとって必要な能力は、（1）十分な知識・

技能、（2）それらを基盤にして答えが一つに定まらない問題に自ら解を見いだしていく思考力・判断力・表現力等の能力、そして（3）これらの基になる主体性を持って多様な人々と協働して学ぶ態度
が必要になるとしています。そしてさらに次のようにいいます。
これからの教育、特に高等学校段階以降の教育は、義務教育段階を基盤として、これらの全てを一人一人の生徒・学生が身に付け、グローバルな環境の下、多様な人々と学び、働きながら、主体的に人生を切り開いていく力を育てるものにならなければならない。

　次期学習指導要領の方向性に関しては、今年、2015年8月に中教審教育課程企画特別部会で「論点整理」がまとめられました。それを受けて、各教科、総則・評価、総合的な学習の時間といったさまざまな部会やワーキンググループが動いています。2016年1月以降には高等学校部会、中学校部会、小学校部会が立ち上がり、それまで各教科あるいは分野ごとの取り組みが「論点整理」のもとに行われていたものを、学校段階として検討することになります（注：第1回高等学校部会は2016年4月12日に開催された）。

　評価のあり方、指導要録の改善も含め、これから具体化を図っていくことになります。2016年度内に答申がまとめられ、新しい学習指導要領が編成されていきます。本章の資料を含めて、詳しくは文部科学省のホームページに載っていますから、そちらを参照していただければと思います。

　どの学校でもそうですが、堀川高校もまた、こういった国の動きを参考にしつつ、生徒の現状に立って、学校としてどのような力をつけて卒業させるかを試行錯誤してきました。話し合う、共有する、やってみる、振り返る。これからを生きる高校生につけるべき力は、わたしたち自身が備える必要のある力でもあります。

キャリア教育を進める

<キャリア教育とは何か>

　キャリア教育とは何でしょうか。また、学力とは何を指すのでしょうか。そして、アクティブ・ラーニングとはどういうものなのでしょうか。

　残念ながら、教育現場ではこれらのキーワードに対する十分な共通理解がないままに、それぞれの言葉からイメージされる取り組みが、勝手に動いているという状況にあるのではないでしょうか。もちろん、先生方は真面目に、熱心に取り組んでおられます。しかし、混乱が生じてはいないでしょうか。混乱したときには、原点に戻らなければなりません。

　堀川高校で問題に突き当たって困ったとき、どうすればよいか分からないとき、「自分の子どもを行かせたい、自分の子どもが行きたい学校か」と振り返りましたが、わたしは、混乱したときには定義に戻るのがよいと思っています。そうすることで、キャリア教育、学力、アクティブ・ラーニングの関わりも見えてくるのではないかと思います。

　まず、キャリア教育についてです。2015年12月の「高大接続答申」は多くの方に読まれたようですが、こちらは残念ながらあまり読まれなかった答申で、「今後の学校におけるキャリア教育・職業教育の在り方について」（2011年1月 中教審答申）というものがあります。ここで、「キャリア」および「キャリア教育」を次のように定義しています。

・**キャリア**：「人が、生涯の中で様々な役割を果たす過程で、自らの役割の価値や自分との関係を見いだしていく連なりや積み重ね」
・**キャリア教育**：「一人一人の社会的・職業的自立に向け、必要な基盤となる能力や態度を育てることを通して、キャリア発達を促す教育」

　キャリアの定義はとても分かりにくいですね。何度読んでもなかなか頭に残りません。しかしポイントは、キャリアという単語がどうも職業というイメージを強く持ちすぎているが、そうではない、ということを表現し

ていることだと思います。職業という言葉が使われていませんから。

　かつて文部省は進路指導で、生徒に「在り方生き方」を考えさせることを重要視していました。キャリア教育はそれを受け継いでいます。

　さきほどの定義で、キャリア教育は「一人一人の社会的・職業的自立に向け、必要な基盤となる能力や態度を育てる」として、それを通して「キャリア発達を促す教育」だとしています。ここには「職業的自立」という言葉が出てきますが、ただし、「社会的自立」と並べられています。もう少し言うと、社会的自立がまずあって、次に職業的自立となっています。その「必要な基盤となる能力や態度を育てることを通して、キャリア発達を促す教育」が、キャリア教育だというのです。では、キャリアの発達とはどういうことを意味するのでしょうか。

〈はたらくことと勤めること〉

　筑波大学名誉教授の渡辺三枝子先生は、「キャリア」とは次のように考えることができるのではないかとおっしゃいます。

　まず、「はたらく」ことと「勤める」ことを想定する。「はたらく」ということの中には、重要な要素として「勤める」がある。「勤める」と金銭的報酬が得られる。これは生きていくために必須です。

　「はたらく」ことは他者との関わりである。たとえば、横断歩道の近くに白い杖をついた人。声をかけるか、かけないか。そういうためらいもあるけれど、思い切って声をかけて向こう側まで一緒に渡ったとしても、それは「勤めた」ことにはならない。つまり、金銭的報酬は得られない。しかし、「ありがとう」と言ってもらえるかもしれない。「はたらく」ことには、お金とは異なる、こういった報酬がある。同様に、家で食後に使った食器を流し台に運ぶのも「勤めた」のではなく、「はたらいた」ことになる。犬の散歩やお使いに行くこと、人の相談に乗るのも同じ。

　「はたらく」ことで得られる報酬は、人からの感謝だけではありません。自分が、誰かの、何かの、役に立った、自分の存在には意味がある、というような自己有用感、自己効力感、その意味での自己肯定感が得られるのです。このことは生きていく上で、生活のためのお金を得ることと同様に、

ひょっとしたらそれ以上に、重要なことではないでしょうか。
　「勤める」ことだけがキャリアではない、それはキャリアの一部だろうが、それを含めて「はたらく」ということがキャリアなのだ、という考え方です（図表5-1）。

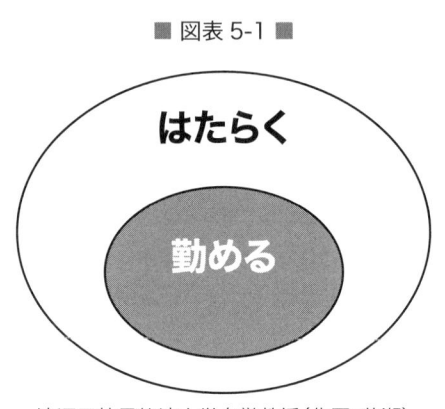

■ 図表5-1 ■

(図：「はたらく」の中に「勤める」が含まれる同心楕円図)

渡辺三枝子筑波大学名誉教授（作図：荒瀬）

　このような「はたらく」ために必要な力とはどういうものでしょうか。一つ言えるのは、多様な経験を積むということでしょうが、どんな経験を積めばよいのか。それらについて考えることがキャリア教育を進めることではないか、というのが渡辺先生の考えだとわたしは受け取っています。
　前述の「在り方生き方」は、「ライフスタイル」ということができそうです。辞書を引くと、ライフスタイルとは「生活の様式・営み方。また、人生観・価値観・習慣などを含めた個人の生き方」（大辞泉）とあります。ここにある「人生観・価値観」などのさまざまな「観」をどのように育てていくのかが大変重要です。とはいえ、これらは一朝一夕に身につくものではなく、生涯をかけて自分のものにしていくものです。当然、途中で変わることもあるでしょう。それらも含めた個人の生き方が「キャリア」の定義でしょう。キャリア教育とは、その発達を促す教育。キャリア教育を軸として、学校教育があるように思います。

<「18歳選挙権」をキャリア教育として>

　わたしたちは生徒に「自分を大切にしなさい」と説きます。自分を大切にする。それこそがキャリア教育のめざすところです。では、「自分を大切にする」とはどういう意味なのでしょうか。ただ単に「大切にしろ」と言うだけではあまり意味がありません。

　また、後述する「カリキュラム・マネジメント」の話と絡めて述べるなら、「18歳選挙権」を「地歴・公民科」の先生の仕事だとか、ホームルーム担任の仕事だとするのは見当違いです。教科や担任の役割は重要ですが、そこの仕事としてしまうことで、そこにだけ責任を求めることで終わってしまっていいのかということです。

　「自分を大切にする」ことについて考えると、消費税も年金も福祉も、もちろん教育も、外交も安全保障も、経済もエネルギーも食糧も、もとより憲法も、ありとあらゆる、と言っていいほど、政治は個人の生活と深く関わっています。

　人は一人では生きられません。「自分を大切にする」ためには、他者の幸福もまた重要な前提条件の一つになります。他者とどう関わって生きていくのか。どう「はたらく」のか、どう「勤める」のか。「18歳選挙権」を契機として、生徒に問いかけていくことが求められます。そうなってくると、この取り組みはそこで働くすべての教職員の仕事になります。

3 学力とは

＜学力の三要素＞

次は学力についてです。

入試改革の方向性を評価する声もある一方、改革の全貌や、導入が検討されている新しい試験の具体的なイメージが湧かないなどの批判も受けている「高大接続システム改革会議」ですが、その「中間まとめ」(2015年9月)の背景と目的には以下のような認識が書かれています。

知識の量だけでなく、混とんとした状況の中に自ら問題を発見し、他者と協力して解決していくための資質や能力を育む教育が、急速に重視されつつある。

そして、その際に必要な力として示しているのが次の三つです。
①十分な知識・技能
②それらを基盤にして答えが一つに定まらない問題に自ら解を見いだしていく思考力・判断力・表現力等の能力
③これらの基になる主体性を持って多様な人々と協働して学ぶ態度

一方、学校教育法30条第2項では、「学力の重要な三要素」として下記①②③を述べていますが、条文では「生涯にわたり学習する基盤が培われるよう」とあり、学校に対して「特に意を用いなければならない」という結びになっています。

学力の重要な三要素
①＜基礎・基本＞基礎的な知識及び技能
②＜活用力＞これらを活用して課題を解決するために必要な思考力、判断力、表現力その他の能力
③＜学習意欲＞主体的に学習に取り組む態度

これらの関係について考える、議論する、といったことが重要です。③の「主体的に学習に取り組む態度」はとても大事なものですが、生徒たちの現状はどうでしょうか。②は、①はどうでしょう。これら三つともを、しっ

かり身につけさせるためにどうするかを考えていく必要があります。それは新しい学習指導要領の検討の中でも、当然のことながら最も重視しているところです。

OECD（経済協力開発機構）は「つけたい力」として、「知識に関するもの」、「スキルに関するもの」、「情意（人間性や関心・意欲・態度など）に関するもの」、という三つを提唱しています。学校教育法30条2項で示された三要素と重なります。それらはまた、長年、日本の教職員が大事なことだと考え、取り組んできたことです。そのことについて、OECDは日本の教員や教育に対して高い評価をしているそうです。

2015年8月の教育課程企画特別部会の「論点整理」では、三要素を三つの柱という形に敷衍しています。
①何を知っているか、何ができるか（個別の知識・技能）
②知っていること・できることをどう使うか（思考力・判断力・表現力等）
③どのように社会・世界と関わり、よりよい人生を送るか（人間性や学びに向かう力等）

＜学力の意味＞
「論点整理」を見ていくと、②については次のように書かれています。
問題を発見し、その問題を定義し解決の方向性を決定し、解決方法を探して計画を立て、結果を予測しながら実行し、プロセスを振り返って次の問題発見・解決につなげていくこと（問題発見・解決）や、情報を他者と共有しながら、対話や議論を通じて互いの多様な考え方の共通点や相違点を理解し、相手の考えに共感したり多様な考えを統合したりして、協力しながら問題を解決していくこと（協働的問題解決）のために必要な思考力・判断力・表現力等である。

「問題を発見し、その問題を定義し解決の方向性を決定し」とサラリと書かれていますが、「問題を発見する」のはとても大変なことです。与えられた問題に対して迅速かつ正確に答える訓練は、これまでのわが国の教育でも大いに行われてきました。しかし、「問題は何なのか？」ということを、まず自分で見つけなければならない。そして、見つけた問題を正しく定義

し、プロセスを経て解決していくという段取りを組むところまでもっていく必要があります。

その際に、情報を他者と共有し、考え方の共通点や相違点を理解する。さらに、他者の考えに共感したり多様な考えを統合したりして、協力しながら問題を解決していかなければなりません。

これは、まさしく「学力」の話です。学力をこのようにとらえようということなのです。

実際のところ、教育関係者の中にも「いや、学校は学力だけじゃない」と主張する人もいます。しかし、わたしはその考えには賛成できません。学校は生徒に学力をつけさせる場所です。もちろんここでいう学力とは、テストの点数でわかるような学力だけを指すのではありません。

また、③の「どのように社会・世界と関わり、よりよい人生を送るか（人間性や学びに向かう力等）」ですが、これは学力の方向性を決定づける重要な要素であり、情意や態度等に関わるものとして、「論点整理」では次のように書かれています。

主体的に学習に取り組む態度も含めた学びに向かう力や、自己の感情や行動を統制する能力、多様性を尊重する態度と互いの良さを生かして協働する力、持続可能な社会作りに向けた態度、リーダーシップやチームワーク、感性、優しさや思いやりなど。

ここまで言うのかというような感じもしますが、学びに向かう力とはこういったもので形成されているのではないでしょうか。「優しさ」や「思いやり」に違和感を持つ方がいらっしゃるかもしれませんが、優しさが、もし生まれつきのものだとしたら、救われない気がします。人間は学ぶことによって変わっていくことができます。人は学んで人になるのでしょう。生まれつきのものだとしたら、教育は必要ない、学校で学ぶことに意味がないとなってしまいます。教育基本法第1条には「教育は、人格の完成を目指し」とあります。人間性には、学力が大変深く関わっている。それが、新しい学習指導要領において、柱とされているのです。

アクティブ・ラーニングとは

＜アクティブ・ラーニングとは何か＞

2014年11月、新しい学習指導要領に向けて、文部科学大臣から中央教育審議会に出された「初等中等教育における教育課程の基準等の在り方について（諮問）」の諮問理由には、4回も「アクティブ・ラーニング」という言葉が出てきます。その中の一つに、次の文言があります。

主体的・協働的に学ぶ学習（いわゆる「アクティブ・ラーニング」）や、そのための指導の方法等を充実させていく必要があります。こうした学習・指導方法は、知識・技能を定着させる上でも、また、子供たちの学習意欲を高める上でも効果的であることが、これまでの実践の成果から指摘されています。

この言わんとするところは、アクティブ・ラーニング（以下、AL）とは、試験が終われば忘れてしまうような記憶ではなく、本当に使える長期的記憶につながっていくものであり、学習意欲を引き出す深い学びである、ということ。言い換えれば、長期的記憶につながらず、学習意欲を引き出さないものはALとは呼べない、ということです。

これは、ALに対するわたしたちの取り組みを振り返る際の基本になります。何よりもわたしたちが大切にしている生徒たちに対して、わたしたちがしっかりとした教育をしていくにあたって非常に重要なことだと思うのです。

2012年8月の中教審答申「新たな未来を築くための大学教育の質的転換に向けて」に用語集があり、ALが定義されています（下線、筆者）。

教員による一方向的な講義形式の教育とは異なり、<u>学修者の能動的な学修への参加を取り入れた教授・学習法の総称</u>。

下線部分の印象が強いと思いますが、ご承知のように日本語は後になればなるほど意味に重みが増します。ですから、文中の「教員による一方向的な講義形式」と「学修者の能動的な学修への参加を取り入れた教授・学

習法」とでは、後者が強調されています。ここには「not ～ but ～」とは書かれていないにもかかわらず、「一方向的な講義形式はもうやめて、みんなが参加するような形にしないとダメなのではないか」と読んでしまうのです。しかしよく読むと、単に「異なる」としか書いてありません。ここが非常に重要なポイントです。

　さらに、この後がまた悩ましい表現です。
発見学習、問題解決学習、体験学習、調査学習等が含まれるが、教室内でのグループ・ディスカッション、ディベート、グループ・ワーク等も有効なアクティブ・ラーニングの方法である。

　ここで読み落としてならないのは、「も」という助詞です。これは、これら「も」、ALの方法の一つであるという意味です。ここを読み間違って、たとえば「グループ・ワークをしていなければALではない」と理解するのは大変な間違いになってしまいます。ALの方法は、取り組む内容やレベル、集団の状況によって多様にあります。また、常にグループ・ワークをしていれば、長期的記憶や学習意欲の喚起になるのかというと、必ずしもそうではありません。

＜「論点整理」のめざすもの＞

　前述の諮問を受け、学習指導要領改訂に関する議論においてはALという指導方法が焦点の一つになりました。

　教育課程企画特別部会の「論点整理」に至る過程では、次に述べるような指摘が入ります。2015年7月段階の「たたき台」です（下線、筆者）。
昨年11月の諮問以降、学習指導要領等の改訂に関する議論において、こうした指導方法を焦点の一つとすることについては、育成すべき資質・能力を総合的に育むという意義を踏まえた積極的な取組が広がる上で重要との指摘がある一方で、指導法を一定の型にはめ、教育の質の改善のための取組が単なる手法や手練手管に終始するのではないかといった懸念なども示されているところである。

　下線部にある「手練手管」は的を射た表現ではありません。この言葉は、辞書を引くと、少しもよい意味はありません。真面目に取り組んでいる方

に対して、これはあまりにも無礼だと思います。

　そこで、下線部は**「教育の質の改善のための取組が、狭い意味での授業の方法や技術の改善に終始するのではないかといった懸念」**という表現に書き換えられました。

　教育課程企画特別部会では、中教審始まって以来初といわれる AL 型の議論をしました。グループ・ワークです。ICT も導入されました。ちなみに ICT を使ったのは若い人たちが中心のグループで、わたしは付箋を使って模造紙に貼るというグループでしたが、結果として、両者のよさが分かりました。ICT 活用は、まとまった考えを、いくらでも書き込むことができます。一方、短い言葉を書く付箋は、グループのメンバーの見える状態で動くので、考えがお互いによく分かります。ICT のほうがよい部分、付箋のほうがよい部分、つまりデジタルとアナログそれぞれの長所と短所が体験的に理解できました。そして、AL にはいろいろな方法があるということ、ただし、決して「手練手管」ではないとしても、どのような場面でどう有効活用することが必要かということを、改めて考えることができたように思います。

　わたしは以前、東京大学の三宅なほみ先生のジグソー法を、生徒役で経験しました。テーマは「葉っぱはなぜ緑色なのか」。身が震えるぐらいの面白い体験でした。三宅先生はお亡くなりになってしまいました。教育課程企画特別部会の委員でもいらっしゃって、いつもとても鋭い、そして、子どもたちの学びたいという思いを大切にした発言をなさっていました。まだお若かったのに、とても惜しくて残念なことです。

　三宅先生に教わったあと、ジグソー法が面白くて、それを別の機会に真似してやってみたのですが、参加者の反応は「ああ、そうですか」といった程度。しかし、ここに秘密があるような気がします。

　つまりわたしたちの指導方法は、わたしたち自身が苦労に苦労を積み重ね、試行錯誤を繰り返しながら徐々に有効なものに育てていくのです。ここを忘れてはいけないのですね。自分で苦労しないで、見よう見まねで格好だけをつけても、相手には届かない。それこそ「手練手管」になってしまいます。

ALについて考えるとき、わたしはつらい思いを持ってしまいます。
　わが国の教育は、振り子のようにあっちに行きこっちに行き、という傾向があるように言われています。たとえば、「詰め込み」から「ゆとり」へ、また「詰め込み」へということとか。しかし、本当にそうでしょうか。
　「総合的な学習の時間」が導入されたとき、十分な説明や準備期間がなかったためか、学校では何をすればよいのか分からなかった。取り組みの意味が分かっていないから、教育効果が上がるはずがありません。そこのところは、小中学校では相当に進んだようです。しかし、高校ではどうでしょうか。意識されていないのかもしれませんが、大学生に尋ねると、総合的な学習の時間なんてなかったという答えがしばしば返ってきます。
　先ほど述べたキャリア教育についても、職業訓練とまではいかないまでも職業準備教育のことだと思い込んでしまったケースは少なからずあります。堀川高校では職場体験をしていないので、「堀川はキャリア教育をしていないんですか」と非難するように言われたことがありました。
　そんな経験も含めて思うのですが、今回のALについては、本当によく準備して、話し合って、生徒の変容をしっかり確かめながら取り組んでいかなければならないと思っています。わたしたちは、うまくいかなかったら反省して、また来年がんばろうということで成長していきます。それは大事なことですから決して否定しませんが、忘れてはならないのは、生徒の時間は二度と戻ってこないということです。
　「論点整理」は次のように、至極当たり前のことを述べています（下線、筆者）。一文の長いことが難点ですが。
変化を見通せないこれからの時代において、新しい社会の在り方を自ら創造することができる資質・能力を子供たちに育むためには、教員自身が習得・活用・探究といった学習過程全体を見渡し、個々の内容事項を指導することによって育まれる思考力、判断力、表現力等を自覚的に認識しながら、子供たちの変化等を踏まえつつ自ら指導方法を不断に見直し、改善していくことが求められる。
このような中で次期改訂が学習・指導方法について目指すのは、特定の型を普及させることではなく、<u>下記のような視点</u>に立って学び全体を改善し、

子供の学びへの積極的関与と深い理解を促すような指導や学習環境を設定することにより、子供たちがこうした学びを経験しながら、自信を育み必要な資質・能力を身に付けていくことができるようにすることである。そうした学習プロセスは限りなく存在し得るものであり、教員一人一人が、子供たちの発達の段階や発達の特性、子供の学習スタイルの多様性や教育的ニーズと教科等の学習内容、単元の構成や学習の場面等に応じた方法について研究を重ね、ふさわしい方法を選択しながら、工夫して実践できるようにすることが重要である。

下線部の「視点」とは、次の三つです。

①習得・活用・探究という学習プロセスの中で、問題発見・解決を念頭に置きつつ、深い学びの過程が実現できているかどうか

習得・活用・探究は、必ずしもこの順番ではありません。場合によって前後するのは当然です。

それはさておき、ここで重要なのは、「問題発見」。これは高大接続システム改革会議「中間まとめ」でも、この「論点整理」でも随所に登場する言葉です。自ら問題に気づくということが重要だという考えは、両者に通底するものです。教員に求められるのは、「教える場面と、子供たちに思考・判断・表現させる場面を効果的に設計し関連させながら指導していくこと」。

②他者との協働や外界の情報との相互作用を通じて、自らの考えを広げ深める、対話的な学びの過程が実現できているかどうか

「身に付けた知識や技能を定着させるとともに、物事の多面的で深い理解に至るためには、多様な表現を通じて、教師と生徒、生徒と生徒が対話し、それによって思考を広げ深めていくことが求められる」と説明が続きます。長期的記憶のカギでもあるわけですが、当然ながら、単に話し合ったからよいというものではありません。

③子供たちが見通しを持って粘り強く取り組み、自らの学習活動を振り返って次につなげる、主体的な学びの過程が実現できているかどうか

見通しを持つこと、粘り強く取り組むこと、振り返ること、次につなげること、これらが主体的に学ぶことの要素です。「学習活動を自ら振り返り意味づけ」ることや、「共有したりすること」も重要です。

＜ALを進める上で＞

　ある研修会で耳にして驚いた発言に、こういうものがありました。

　「うちの学校は若い先生たちが多いので、指導力がいまひとつ十分でない。よって、AL型なら何とかなる」

　もうひとつ、とある県の指導主事が新規採用教員の研修会に行ったときのこと。教室に入るやいなや「ALではないじゃないですか」と、隣にいた校長先生に指摘をしたそうです。授業は始まっていないのに、なぜそういう発言になったかというと、机がすべて黒板の方向を向いていたから。

　こうした事例から、わたしたちは大いに学ばなければなりません。

　ALは多種多様です。生徒もまた多様。先生方は試行錯誤しながら、悪戦苦闘しながら、生徒の学力を伸ばそうと努力しておられる。その際に、根本を忘れてはいけません。立ち戻るところはどこなのかを忘れてはいけないということです。三つの視点はそのことを示しています。

　ALは長期的記憶・学習意欲・深い学びを生むはずのものです。もしそうなっていないとしたら、考えなければいけません。現場に立つ人たちで話し合わなければなりません。

　また、「視点」の①でも触れていますが、ALでは「教えない」ことが大事だというイメージを持ってしまう傾向がないでしょうか。「論点整理」では、その点に相当丁寧に配慮しています。

こうした質の高い深い学びを目指す中で、教員には、指導方法を工夫して必要な知識・技能を教授しながら、それに加えて、子供たちの思考を深め発言を促したり、気付いていない視点を提示したりするなど、学びに必要な指導の在り方を追究し、必要な学習環境を積極的に設定していくことが求められる。そうした中で、着実な習得の学習が展開されてこそ、主体的・能動的な活用・探究の学習を展開することができると考えられる。

　ALというと課題探究型学習が重視されがちですが、習得型学習においても重要だということです。

　東京大学の市川伸一先生が、『「教えて考えさせる授業」の挑戦〜学ぶ意欲と深い理解を育む授業デザイン〜』（明治図書）という本を出しておられます。ご本人の言葉を借りれば、当たり前のことが書いてある本です。

市川先生は普段から、「学習とは浅い理解から深い理解へ移っていくこと」だと述べ、次の4項目をポイントとして挙げておられます。
○自分の言葉で学習内容を説明できるか
○意味内容に関する質問に答えられるか
○類似問題に転移することができるか
○学んだことや分からないことを自分の言葉で表現できるか

　理解が浅いものから深いものへとつながったかどうかを見るためのポイントです。グループ学習をする上で大事なのは、4番めの「学んだことや分からないことを自分の言葉で表現できるか」かもしれません。

　堀川高校の若い数学の教員が、ALに取り組んでいます。その教員にいろいろと聞いてみたところ、グループの中で「分からない」という生徒の価値が高くなるという話になって、とても興味深かったです。「分からない」という生徒がいると、「分かっている」生徒が説明する。ところが、それがなかなか難しい。「分からない」生徒は、何が「分からない」かを説明しなければならない。それを聞いて、「分かっている」生徒は自分の学んだことを教えなければならない。その際に「分かっている」と思っていたことが、そうでなかったり、教えることで深く学んだり、いわば、振り返ったり学び合ったりする状態が生まれる。「分からない」という生徒がいることで、また新たな気づきが生まれる、というのです。

　少し見方を変えると、こういうことができる集団づくりがそもそも大事ですが、集団ができているからできるのか、やっていくからそういう集団になるのか、こちらもとても興味深い話です。

＜何を教えたのか、学んだのか＞

　図表5-2の問題は有名な例なので、ご承知の方も多いと思います。これは2007年度全国学力学習状況調査の算数のA問題です。

　問題が明瞭です。面積を求めること、図形が平行四辺形であることが明記されています。しかも、底辺と高さの数値だけが与えられています。この問題の正答率は、なんと96％です。小学校の先生方と話していると、4％の児童ができなかったという点に着目するのですが、全国で96％の小学6

年生が答えることができたというのは、やはり高い正答率だと思います。

■ 図表 5-2 ■

2007年度全国学力学習状況調査 算数A

次の図形の面積を求める式と答えを書きましょう。

(1) 平行四辺形

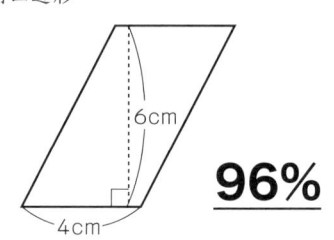

6cm
4cm
96%

次の図表5-3は、同じ年のB問題です。問題の文章が長いし、さまざまな情報が与えられています。答えだけでなく、その理由も書かなければいけません。

実際にはあり得ないでしょうが、ア、イ、ウは平行な道。エ、ク、ケ、コも平行な道。それぞれ直角。オ、カ、キも平行な道。

前の問題は平行四辺形の面積を問うものであり、問題文に「平行四辺形」と明示してありました。しかし、こちらの問題では中央公園を平行四辺形とは書いていません。したがって、与えられた条件から平行四辺形であることを自分で導き出さなければならない。地図には、道の交差が90度だという印がついています。でも意地悪なことに、「底辺」の長さは直接書いてありません。少し離れた個所に70mとか「高さ」の150mという表記があります。桁数は2桁3桁と、さきほどの1桁ではありません。しかし、そういったことを差し引いても、A問題で96%が正解した、同じ小学校6年生のこの問題の正答率が18%であったことには驚かざるをえません。

この2問の結果から何が分かるでしょうか。わたしたちは何を受けとめることが必要でしょうか。たとえば、わたしたちは伝えたつもりになっている、わたしたちは教えたと思っている。ところが、児童たちは何を学んでいたのでしょう。

■ 図表 5-3 ■

B　（3）　ひろしさんの家の近くに東公園があります。
　　　　東公園の面積と中央公園の面積では、どちらのほうが広いですか。
　　　　答えを書きましょう。また、そのわけを、言葉や式などを使って書きましょう。

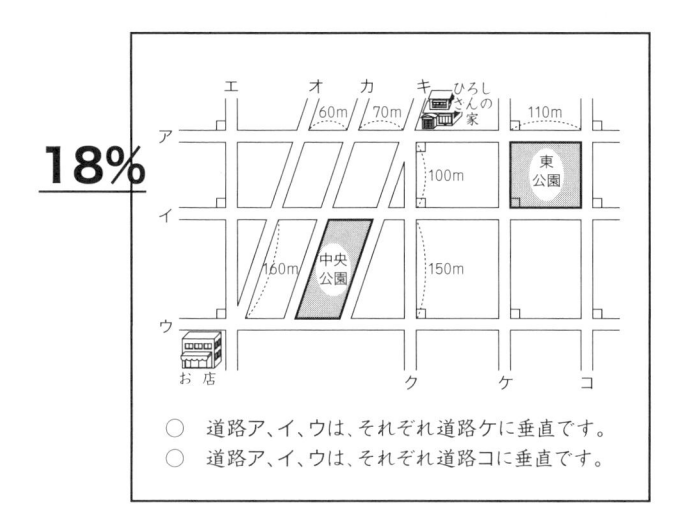

18%

```
         エ      オ   カ     キ ひろし
                                さんの
                                家
         ├─60m─┼─70m─┤         ├─110m─┤
    ア ─┼──────┼─────┼─────────┼──────
                          100m    ┌──┐
                                  │東 │
                                  │公園│
                                  └──┘
    イ ─┼──────┼─────┼─────────┼──────
         │160m  ┌─────┐  150m
                │中央 │
                │公園 │
                └─────┘
    ウ ─┼──┬───┼─────┼─────────┼──────
         │お│
         │店│           ク    ケ       コ
```

　○　道路ア、イ、ウは、それぞれ道路ケに垂直です。
　○　道路ア、イ、ウは、それぞれ道路コに垂直です。

　さきほど紹介した市川先生は、「習得の中でこそ、教える場面と考えさせる場面をしっかり持つべきだ。習得の授業では指導案というシナリオを書き授業をするのは教師であり、その中で生徒が主人公として活躍する」とおっしゃいます。
　教員が自分でシナリオを書く。「ああでもない、こうでもない」と考えて書いて、実行しつつ修正を加え、進めていく。主人公は生徒なのです。そこが大切です。
　ちなみに、市川先生は「習得」と「探究」との違いは、課題を教師が決めるのか、生徒が決めるのかという点だとおっしゃいます。市川先生の探究の定義は相当厳しいように思います。生徒自身が課題設定を行い、計画、実施、考察、発表というところまで持っていかなければ、探究とは呼ばないということですから。堀川高校の探究も、実は同様の考え方で行っていますが、ただわたしは、こういった定義づけは、それぞれの学校の判断で

219

すべきだと思います。教員で議論して、生徒の状況を見ながら、そのような力を付けるために、どのような取り組みを設定するのか。そこから自分の学校の探究が始まります。

＜広島県の「学びの変革」アクション・プラン＞

　広島県の「学びの変革」アクション・プランというプロジェクトは、とても興味深いものです。

　変化の激しい社会を生き抜くことのできる資質・能力として、学び続ける力の育成が必要である、という考えに基づいて、そういった力をどのように育むかを各学校に問うています。

　この取り組みのいちばん面白い点は、県教委は方向性や考え方を示すだけで、それを実現するためにどのような手法を用いるか、どういった取り組みを行うかは、各学校・各教員に委ねられていることです。手法は一切示していません。

　県教委の考え方は明快です。ALといっても、そこにはたくさんの手法があって、それぞれに長所・短所がある。あらゆる場面に有効なオールマイティな手法など存在しない。よって、「この場面にこれを使ってみよう」とか「これとこれを組み合わせてやってみよう」、「新しくこんなことを考えたから試してみよう」といった創意工夫を、ぜひ発揮していただきたい。生徒の状況把握、目標設定、取り組みの工夫、試行錯誤と共有、改善、そういったことを、現場で先生方にやってください、という姿勢です。

　ただし、留意点があります。それは順番です。まず「課題発見・解決学習」ではなく、「育成すべき人材像の具体化」が第一。「まず方法」ではなく、「どんな力をつけたいのか」、「どんな生徒に育てるのか」ということを第一に考える。そのために「どんな方法が大切なのか」を考え、大いに議論して、実行する。形から入るのでなく、現状把握と目標設定から逆算する。逆算と言いましたが、これこそ本来のあり方です。

　中教審の「教職生活の全体を通じた教員の資質能力の総合的な向上方策について（答申）」（2012年8月）は、「学び続ける教員像」の重要性を示したものです。「グローバル化や情報化、少子高齢化など社会の急激な変化

に伴い、高度化・複雑化する諸課題への対応が必要となっており、学校教育において、求められる人材育成像の変化への対応が必要である」とし、そのためにも、「今後は、このような新たな学びを支える教員の養成と、学び続ける教員像の確立が求められている」と述べています。その中で、「これからの教員に求められる資質能力」の一つとして、次の点を挙げています。
新たな学びを展開できる実践的指導力（基礎的・基本的な知識・技能の習得に加えて思考力・判断力・表現力等を育成するため、知識・技能を活用する学習活動や課題探究型の学習、協働的学びなどをデザインできる指導力）

　わたしが教員になったころは、教科指導や生徒指導、進路指導、ホームルーム担任や部活の顧問としての指導力ぐらいだったように思います。この答申にも「教科指導、生徒指導、学級経営等を的確に実践できる力」は示されていますが、「デザイン」力が求められるとは驚きです。

　デザイン。アートという表現がありますが、アートとデザインはどう違うか。そんな話を劇作家の平田オリザさんとしていたときに、平田さんは「デザインにはクライアントがいる」とおっしゃいました。学びのデザインのクライアント。それは誰か。

　広島県の取り組みはそのことを考えさせてくれるものです。関わらせていただいているので何度か伺っていますが、当初、戸惑いのあった先生たちが、考えれば考えるほど、やればやるほど、分からないことも、しなければならないと思うことも増えたけれど、やりがいを感じるし面白い、と話しておられたのが印象的でした。

堀川高校の「探究基礎」

＜探究基礎を通して＞

　堀川高校の代名詞でもある「探究基礎」。総合的な学習の時間です。「探究」とは、「用意された答え」がない「問い」に対して、正しいと思われる答えを導き出すこと、と堀川高校では定義しています。HOP、STEP、JUMPの三つの段階を経ますが、最後のJUMPでは生徒それぞれが個人で自由にテーマを設定して研究を続け、論文にまとめます。冒頭でも述べたとおり、生徒たちは相当な時間と労力をかけて取り組みますが、それでも限られた時間の中ですから、必ずしも十分な仕上がりとはなりません。しかしわたしたちは、取り組むことのプロセスが大事だということを思ってきました。もちろん結果がよいに越したことはありませんが、プロセスの質の高さを大事にしたいと思います。「自立する18歳」に向けての非常に重要な取り組みになると考えているからです。

　論文提出の前にポスター形式の発表会を行っています。これには少し工夫があって、完成した内容を発表しているのではありません。完成の手前のものを発表しています。なぜかというと、生徒が、そのほうが「聞く耳を持っている」状態にあるからです。その状態であれば、指摘や質問を受けて、論文の「完成度」を増すことにつなげられます。もし、出来上がったものに対して何か指摘されたら、「いまさら言われても、どうにもならない」ということもあるでしょう。しかし、完成手前の時点であれば、指摘や質問を受け入れる余裕がある。たとえば実験し直したり、資料や専門書を読み返したりすることもできます。それがとても大切なことだと思っています。

　探究基礎は1年半にわたって、相当濃厚に行われています。この進行には、生徒の「探究基礎委員会」が深く関与しています。

　1年前期（HOP）は、探究の「型」を学ぶ期間であり、どの分野を探究する上でも必要な取り組みの進め方や表現の仕方を学ぶことを目標とします。

具体的な内容は次のとおりです。講義とグループ・ワークを織り交ぜて行います。
- 探究活動の進め方
- 論文の形式・書き方
- 情報収集の方法
- 論文作成の実習

「1年後期（STEP）」は、探究の「術」を身につける期間であり、分野固有の研究手法を身につけることを目標とします。
- 分野毎の少人数講座（「ゼミ」と呼ぶ）に配属
- 実験技能、文献収集・文献講読
- データ分析
- レポート作成方法

「2年前期（JUMP）」は、探究の「道」を知る期間であり、探究活動を実践することが目標です。「研究計画書」を提出しますが、口頭試問もありなかなか通りません。
- 個人で研究テーマを決定
- 研究計画の立案
- 必要な知識・技法は自分で習得
- ゼミを超えた発表会
- 論文作成

先ほど述べたように、論文作成の最終段階の一歩手前で、ポスター形式の発表会を実施しています。

なぜ個人で研究するのかということですが、ものごとの始めから終わりまでの全体を把握させたいと考えているからです。チームで仕事をする際にも、全体が見えていなければ効果的なチームワークにはならないように思います。

探究基礎でつけたい力は、長期的視点では「普遍的な探究能力・態度」であり、中期的視点では、たとえば「仕事をする上で必要となる力」、短期的視点では「学力（学習意欲）・学習方法」です。それぞれの詳細は割愛しますが、批判的思考力やメタ認知能力、コミュニケーション力、実行

力、チームワーク、耐性などをつけられればと考えています。探究基礎は生徒自身の実践です。自分の取り組みを通して、自分がしたいことを見つけ、やっていくための段取りを描き、実際にやり、その折々に振り返ったり、工夫を重ねたり、失敗に耐えたり、そういった経験をする機会です。

振り返る中で、生徒たちから出てきた言葉を分析すると、次のようなことに思い至ったことが見て取れます。

○創造（小さな工夫）の重要性、喜び
○計画の実現可能性
○他者からの指摘の重要性
○記録の重要性

「記録の重要性」とは、多くの場合、メモのことです。実際に生徒は、メモを取らずに重要なことを忘れてしまうという、痛い経験をします。

ある卒業生が「探究基礎」について「楽しんどい」と表現しました。自分でしなければならないのでしんどい、でも自分でやったらしんどいけれども楽しい。それが探究基礎だと言うのです。

当然ですが、探究基礎はキャリア教育という観点から、堀川高校で最も重視している柱です。

カリキュラム・マネジメント

<「教育課程」に取り組む>

　堀川高校の校訓は「立志・勉励・自主・友愛」、最高目標は「自立する18歳の育成」です。「自立した」ではなくて「自立する」。自立に向けて自ら取り組み続けるという意味を込めています。しかし、この言葉を毎日唱えたところで「自立する18歳」には育ちません。「自立する18歳」を育成するとは、具体的にどんな場面でどんなことをしていくのか。それらを構造化し、教育活動として配列していくことを考えなければなりません。

　深い学びのために、学びを一つの教科の中だけに閉じ込めてしまわず、また教科担任だけで考えるのではなく、学校全体で取り組めないか、ということを考えました。「論点整理」にはそのことが詳述されています。あのときこれが出ていたらと思いますが。

　当時はもちろん、カリキュラム・マネジメントという言葉を知りませんでした。分からないまま、探究基礎を他の活動と関連づけられないか、と考えました。最高目標である「自立する18歳の育成」にとって重要な資質・能力として、生徒の「探究する能力と態度を育成すること」をめざして、教科の授業をはじめとする他の活動と関連づければ、相乗効果が働くのではないかと考えたのです。

　まず、遠足や球技大会、文化祭、体育祭、海外研修、学校説明会などをどう関連づけるかということから始めました。学校説明会は生徒中心に実施する。学校生活や探究基礎の説明、そして終了後の個別懇談。そこでは生徒が中学生やその保護者と話をするのですが、このような試みの中で絶対に忘れてはならないのは、「無用の先回りをしない」ということです。取り組みの意味を生徒と共有する努力を第一に考える。それはある種の仕掛けですが、その仕掛けがあれば、あとは生徒に任せることができます。

　与えることと、与えないこと、というのも大事な観点です。授業をはじめとして生徒に何を用意するか、あるいは用意しないか。

たとえば9月に開催される文化祭。受験を控えた3年生がいちばんの華になります。自分たちで計画して実行しますが、さまざまな困難に向き合うことになる。そういう困難は、それまでの取り組みがなければ空回りになってしまいます。意味のある負荷を与える。それができるように仕掛けを考える。

　1年生の3月に行く海外研修で学校が用意するのは三つ。飛行機とホテルと安全の半分。残りの安全の半分と内容は自分たちで用意しなさい。そうすることができるようになるのは、探究基礎を含め、それまでの取り組みがあってのことです。楽しいことも苦しいことも、生徒自身が最後まで経験し、自分たちの物語を創っていく。そういった一連の学校生活を築いていくことが、カリキュラム・マネジメントだとわたしは思っています。

　1951年に文部省から出された学習指導要領試案に、教育課程についての定義があります。

学校の指導のもとに、実際に児童・生徒がもつところの教育的な諸経験、または、諸活動の全体

　これだと思いました。教科の学習、総合的な学習の時間、学校行事、部活動等、学校のさまざまな活動をどのようにつなぐか、施設や教員のありようを含めて、学校の実態に応じて知恵を絞ることが、カリキュラム・マネジメントなのだと思いました。カリキュラムとは、すべてです。月曜の1時間目から金曜の6時間目や7時間目までだけではありません。年間計画も教員の人事も、施設や設備も、すべてカリキュラムでしょう。

　どのような学びをつくっていくか。すべての要素は一見バラバラに存在しているように見えますが、そうではありません。目標に向けて、キャリア教育、学力、AL、その他のものも含め、カリキュラム・マネジメントの発想でつなぎ、振り返り、見直し、工夫改善して続けていく。

　学びのデザインのクライアントは、わたしたちの生徒なのですから。

これから求められる
「資質・能力」育成の鍵となる
「活用」と「探究」について

名古屋大学名誉教授・神奈川大学特別招聘教授
安 彦 忠 彦

　ここでは、まず最近の教育動向として、初等中等教育における学習指導要領の部分改訂を含む重要な教育施策の動向を概観することとする。総じて、過去10年間は義務教育中心の改革だったが、大学改革への重点化以降、学制全体の改革へ重点が移っている。とくに自民党政権になって、「教育再生実行会議」に主導権が移り、「中央教育審議会」（以下、中教審と略称）よりも自民党内部の「教育再生実行本部」でほとんど細かい点まで決められてしまい、既定路線での審議結果になるよう方向づけられている。まさに政治主導、さらには政党主導であると言ってよい。そのため、「教育の政治的中立性」の問題がなおざりにされ、時の政治家の要請を直接に教育の中身に盛り込ませられる方向に、さまざまな面で改変されている。その典型的な例が地方教育行政法の改正である。

　また、次期学習指導要領に向けては、産業界の要請を受けて、今後、正解のない問題解決のための「資質・能力」を育てることを主眼として、現行学習指導要領で取り入れられた「活用」と「探究」を核とする学習が重視されるとともに、そのための発展として、アクティブラーニングの導入・浸透が図られねばならないとされる。しかし、その種の能力を育てるだけでは、日本の将来を決める責任ある主権者は生まれない。その能力を主体的に生かす「自立した人格」の育成を忘れてはならない。

最近の主な教育政策の動向

(1) 大学改革
① 大学入試の改革＝高大接続テスト等の検討

　この方面の改革は、高校教育の質の確保・向上を目的として、まずその外部への証明を主たる目的としたテストの導入が図られている。教育再生実行会議の提言を受け、中教審はこれを基礎レベルの「高校基礎学力テスト」（仮称）と発展レベルの「大学入学希望者学力評価テスト」（仮称）の2種類のテストを提言した。前者は「外部への証明」と「活動改善」のためであり、生徒自身が自らの学習の達成度を知り、他に対してそれを客観的に示すとともに、自分の学習を振り返り改善するためのものである。学校と個人の両レベルの希望参加で、国語、数学、外国語、地理・歴史、理科といった「教科型」で、点数評価ではなく段階評価を採り、在学中に複数回受検できるものとした。後者は、本来「選抜」のためであり、現在の大学入試センター試験に相当するものである。個人レベルの希望者参加で、「教科横断型」か「総合型」の出題として、段階評価を採用し、在学中に複数回受検可能としたが、実際上、1回実施の方向で具体化が進められているので、従来と同じ、一発勝負のものに変質することになる。

②グローバル化に対応した大学とその教育

　大学は現在、グローバルな競争の中で生き残りをかけた研究と教育を行わねばならない状態であり、大学のミッション別の類型化によりその環境変化についていくこと、他の先進国並みに大学在学者数の対人口比率を高めること、競争と協同、多様性と標準性の調和を図ること、大学人の危機感の共有と実効ある改革の必要性、学内教職員の職能開発、公的および自主的な質保証の仕組みの強化、基盤となる財政支援の強化などが目指されている。

(2) 初等中等教育の改革動向

① **部分的・個別的事項の改革**：「土曜日授業の地方裁量による実施」を、2013年11月に決定し、2014年度から実施可能な状態に入っている。また「道徳の教科化」については、2014年2月に中教審に諮問がなされ、「特別の教科 道徳」の導入が、さらに「英語教育改革」が唱えられ、小学校3年から外国語活動を導入し、同5年からは「教科 英語」とすることとし、2013年12月にその実施計画が公表されて、ともに2020年の東京オリンピックに間に合わせられるよう、前倒しが図られている。

② **幼・小中一貫・連携教育の推進**：これは、6－3制の見直しによる「平成の学制大改革」を標榜した現在の自民党の政策で、小中のみの部分的な制度改革である。6－3の内部区分は、すでに学校教育法第21条で9年間の義務教育の目標が規定されたことにより、絶対のものではなくなり、4－3－2制などを可能とするものとなった。その種の区分を地方裁量により、2016年度から制度化している。これまでの先行的な学校の取り組みでは、これによって「小1プロブレム」や「中1ギャップ」など、大きく話題となった問題が大幅に改善されている。

③ **高校教育改革の動向**：2011年11月に中教審・初等中等教育分科会の下に「高校教育部会」が初めて常設された。2012年7月に「課題の整理と検討の視点」という中間報告をまとめ、翌8月から個別課題の検討に入ったが、12月には自民党政権となったため、2013年からの審議が中断・停滞した。しかし、2014年6月に高校教育部会の答申を出して一区切りとし、先述のように「達成度テスト」のうち「基礎レベル」の「高校基礎学力テスト」（仮称）について原案を提示したが、「高校教育のコア」は何かについて完全な合意はできず、検討は不十分なものに終わっている。しかし、2015年8月の中教審企画特別部会の「論点整理」では、必修科目「公共」、「歴史総合」、「地理総合」、選択科目「数理探究」の導入が提言されている。

(3) 特別支援教育の充実

すでに2年前に中教審は「特別支援教育の在り方に関する特別委員会報告」として「共生社会の形成に向けたインクルーシブ教育システム構築の

ための特別支援教育の推進」(平成24年7月)を公表し、この方面の充実に向けて動いていたが、2014年1月に国連の障害者権利条約がようやく日本でも批准され、「全ての障害者を、障害の無い者と同等に、普通教育の中で育てる方向」に向け、改革が始まった。この趣旨の実現のためには、一貫した柔軟な支援の仕組みの構築が必要であると共に、普通教育の方の教職員の専門性意識の向上など、その関係者にこそ意識改革が強く求められる状況にある。

(4) 教員養成制度の改革

(ア) 4年＋アルファによる「(専門職)大学院修士レベル」ないしそれに相当するプログラムでの教員養成：6年通しではなく、4年＋1ないし2年をめどに、教職大学院をモデルの一つとして、大学や地方教育委員会などによる養成プログラムも認めると共に、教員養成系大学院の「教職大学院」化を促進する方策を展開しているが、自民党政権は大学院での養成よりも「教師インターンシップ」制を唱えているので、先行きはまだ不透明である。

(イ) 生涯にわたる力量形成システムの構築：平成24年7月の中教審・教員の資質能力向上特別部会答申「教職生活の全体を通じた教員の資質能力の総合的な向上方策について」において、教員の生涯にわたる力量形成を図るため、基礎免許状・一般免許状・専門免許状（いずれも仮称）の創設が唱えられたが、法改正を伴うので、すぐには実施されない状況にあり、自民党政権下で類似のシステムの構築が目指されている。

(ウ) 教員免許更新講習などの位置づけ：教員免許更新制は当分現行通り講習が行われるが、先の答申で「適切な規模を確保すると共に、必修領域の内容充実、受講者のニーズに応じた内容設定等、講習の質を向上するなど、必要な見直しを行う」とされている。また、初任者研修と10年経験者研修の統合改善も考慮されているが、自民党政権に戻ったので講習は従来通りであり、統合の方向も不明である。

(5) 教育委員会制度の改革

　地方教育行政法の改正では、公教育に対して、首長の意向による改革が容易なように、教育長を首長の任命による者とし、教育委員会ではなく「総合教育会議」と称するものを創設して、首長の一方的な要請を主体的に検討できる場を設けて、その政治的偏向を防ぐようにするとしているが、実際は首長の意向が通りやすいように組織することができるものとなっている。

　以上、最近の教育動向を要約的に見てきたが、教育委員会に対する首長の政治的指導性強化や、教科書への時の政府の政治的見解の明記など、「公教育の政治的中立性」原則が守られなくなっていることは、歴史的に見ても懸念すべき問題であろう。かつては、日教組などによる進歩的・革新的な思想教育に対して、保守党がこの中立性原則をもって、それを排除してきたが、今回は自分たちが政権を取ってしまうと、保守的な思想教育を行いたいがために、この原則を邪魔なものとしてしまうという、矛盾した態度を取っているのである。これによって、選挙ごとに政権や地方自治体の首長が変わると、教員は教えることを変えねばならない可能性もあり、教員も子供も主権者たる自覚を失わされ、政財界の求めに従順な人材となることを強制されて、その政治を吟味批判できる、自立した人格たることを認められなくなる危険がある。これを避けるには、学校現場で教員が、子供に日本の未来の主権者として「未来決定の自由」＝「自立」を認める教育を行うことである。

「活用」と「探究」の学習による「資質・能力」の育成

(1) 「習得」「活用」「探究」の三つの学習の型について

　以上のような動向の中で改訂されて生まれた、現行の学習指導要領の本来の趣旨は、中教審で明示的にうたった「実社会・実生活に生きる力」の育成である。この「実社会・実生活に」という一句が「生きる力」の頭に付いたことが、筆者に言わせればOECD/PISAの影響である。その育成をどう具体化するかを議論したとき、委員の一人であった東京大学の市川伸一教授の示してきた「習得型」と「探究型」という二つの学習の型が参考にされた。市川教授は、「ゆとり教育」が「教えずに考えさせる教育」であったことを批判して、「教えて考えさせる教育」を唱えていた。ただし、ここで明言しておきたいことは、このような学習の「型分け」は、中教審では行ったが、現行の学習指導要領においては一切行っていないということである。これは行政担当者の判断であったと言える。

　他方、文部科学省の事務方は、「ゆとり教育」の象徴であった「総合的な学習」が、質の悪い思考や遊びに近い活動に終わっていて、「質の高い探究的な学習」になっていないこと、また教科学習で得た知識・技能が総合的な学習とは乖離していて、探究的な学習に生かされていないと批判を受けていた。このため、何とかこの教科学習の成果を総合的な学習につなぐ方途を考えねばならない状況にあった。そこで、事務方として提案してきたのが、「活用型」学習を「習得型」学習と「探究型」学習の間に導入して、この両者をつなぐものとしたいということであった。同時に「活用型」学習の意義も、決して「探究型」学習に結びつく一方向的なものではなく、「習得型」学習にもプラスに働くという両面性を強調することで、図式化されないように留意した。それを中教審答申では次のように言っている。

　　「今回の改訂においては、各学校で子どもたちの思考力・判断力・表現力等を確実にはぐくむために、まず、各教科の指導の中で、基礎的・

基本的な知識・技能の習得とともに、観察・実験やレポートの作成、論述といったそれぞれの教科の知識・技能を活用する学習活動を充実させることを重視する必要がある。各教科におけるこのような取組があってこそ総合的な学習の時間における教科等を横断した課題解決的な学習や探究的な活動も充実するし、各教科の知識・技能の確実な定着にも結び付く。このように、各教科での習得や活用と総合的な学習の時間を中心とした探究は、決して一つの方向で進むだけでなく、例えば、知識・技能の活用や探究がその習得を促進するなど、相互に関連し合って力を伸ばしていくものである。」（答申、24〜25頁）

このような表現にもかかわらず、答申では、この三つの学習の型についてあまり丁寧な説明はなされていない。それは、新しい学校教育法の第30条第2項の「学力の三要素」の規定の方に従って言われているからである。
　まず、「習得型」の学習というのは、この条文中の「基礎的な知識・技能の習得」と結び付く。この意味で、この学習の型は「各教科等」の領域ごとにある基礎的な知識・技能を、その時間内で習得するためのものとして、主たる役割を果たすことが期待されている。このように考えると、従来から行われていた「記憶や習熟により、知識や技能を身につけるための学習」と見てほぼ間違いないと言えよう。
　他方、「探究型」の学習というのは、主に「総合的な学習の時間」と結び付けられているように、その中心的な活動が「これら（の知識・技能）を活用して課題を解決する思考力、判断力、表現力その他の能力」をはぐくむものとされており、最終的な教育目標として目指されている、質の高い「思考力等」を育てなければならない。一時は「半ば遊びではないか」とその質の低さを問題視された「総合的な学習」において、最も期待された教科横断の、あるいは総合的な高次の能力を育てる学習の型だと言ってよい。
　最後の要素である「主体的に学習に取り組む態度」は、上記二つの根底にあって「探究型」学習の質を高めるものとして求められているが、そのためかやや拡大解釈されて、「意欲」や「努力」などに関わる要素を含めるものと見られることが多い。ここでは、上記二つの学習の型の背後に働く

ものとして重要なものではあるが、直接には取り上げない。

ところが、「総合的な学習の時間」を導入した直後のOECD/PISAの学力調査で、先述のように、読解力リテラシーの成績が落ちたため、社会的に学力低下が問題とされ、「総合的な学習の時間」の効果が疑問視された。そこで、2003（平成15）年の一部改正により、教科の学習成果を総合的な学習につなげるようにという、三つ目の総合的な学習における狙いを付加し、全体として「基礎基本と思考力等とのバランス」をつくる方向を目指したのである。

現行の学習指導要領も、基本的にはこの両者のバランスを重視する方向を継承したのであり、その一つ前の「総合的な学習」重視のみの方向、あるいは「基礎基本」重視の方向のみを継承したのではない。その具体的な現れが両方向を生かす「活用型」学習の取り出しと、その導入による「探究型」学習の質の向上を意図した点である。その意味では、「活用型」学習の導入の意義は大きく、現行学習指導要領の成否を決めると言ってもよいほどのものである。

(2) 教科学習における「活用型」学習について

以上のように、学校教育法によって「知識・技能を活用して育てる思考力等」と明示的に裏打ちされ、答申では、とくに引用した後半の部分で、「活用型」学習が「探究型」学習にも「習得型」学習にも、その両方への「相互関連」があることが強調されているが、大切なことは、それでも「活用型」学習は、前者の学習への関連を「主たる」目的とし、後者の学習への関連を「副たる」効果としていることに注意しなければならない。つい見えやすい後者への関連から来る「習熟」の方に実践が偏って、本来の「活用型」学習の趣旨が軽んじられる危険もある。

ここで「活用型」学習の位置づけについて、あらためて明確にしておきたい。

1）「活用型」学習は、まず各教科内部で、各教科の知識・技能を活用する学習であり、総合的な学習への「馴らし運転・準備運動」として位置づけられる。

　この型の学習は、まず各教科の授業時間の中で、その教科の知識・技能の習得を目指した「習得型」の学習が終わったあとに、そこで身につけた知識・技能を活用することを主眼とする学習である。その狙いは、「探究型」学習を行う「総合的な学習の時間」において、子ども自身の「習得した知識・技能を円滑かつ効果的に活用する」探究的な活動の実現を促すためであった。先ほど紹介した中教審の答申では、「各教科の指導の中で、基礎的・基本的な知識・技能の習得とともに、観察・実験やレポートの作成、論述といったそれぞれの教科の知識・技能を活用する学習活動」とされていて、実際の学習活動は「探究型」のそれと同じである。ただ、「何を活用するのか」が明確であること、「教科学習の中で」の活動であること、「探究型」学習へ向けての準備活動であることなどが異なっている。とくに「各教科の指導の中で」とされていることは、そのために「教科の授業時数の増」を図ったことと結び付いている。もちろん、「基礎基本」重視で教科内容の増も行ったが、それ以上に教科学習の中で「活用型」の学習を保障したかったのである。

2）「活用型」学習は、「習得型」ないし「探究型」の学習との関係から見て、前者と関係の比較的強いタイプのものと、後者との関係の比較的強いタイプのものとがある。

　先の中教審の答申で、「活用型」学習は「習得型」学習にも、「探究型」学習にもプラスの影響を与える、両者と「相互関連」のある性質のものだとされている。しかし、この型の導入の趣旨からして、前者との関連は副次的なもの、後者との関連が主要なものと解説した。この観点からすれば、筆者の提案であるが、前者と後者をそれぞれ「活用Ⅰ」と「活用Ⅱ」と名づけて、その違いを明確にしておく必要を感じる。

［活用Ⅰ］
①　教科学習で習得した知識・技能のうち、活用させておく方がよいものを、教師が選んで活用させる。
②　教科学習の時間内に、その一部として、教師主導で誘導的に行ってよい活動である。
③　その知識・技能の文脈は、子供にはすぐに分かるような、開けた既存の文脈で活用させる。(直前・事前に学習した知識・技能が中心)
④　原則として、子供全員に、共通に経験させ、達成させる。(活用する経験自体が狙い)
⑤　一部の基礎的な知識・技能の場合は、習得・習熟を強化する性格がある。

［活用Ⅱ］(活用Ⅰより一段上のレベルのもの)
①　教科学習で習得した知識・技能のうち、一部の重要なものを教師が選んで活用させる。
②　教科学習の一部として、教師と子供とが半々に関わる（ヒントを含む、半誘導的なもの［＝「活用Ⅱ」］）(←→ 総合的な学習［＝「探究型」］の学習の場合は、すべて子供の側の自発的なもの)
③　その活用の基礎にある文脈自体も、子供には新しいもの（教科の発展として、生活上の、教科を越えるものも可）
④　全員共通に経験させるが、個々の子供によって達成度は異なってよいもの。
⑤　子供によっては、「活用Ⅰ」を省いて、このレベルから活動させてもよい。

　以上によって、「活用Ⅰ」と「活用Ⅱ」の異同は原理的に理解されたであろう。「活用Ⅱ」の方が、本来の趣旨である「探究型」学習に直結するものであり、これを欠かしてはならないが、「活用Ⅰ」を入れることで、「習得型」学習からスムーズに「活用型」学習に入っていける利点があり、この区別をすることは有益であると考える。もっとも、この両者の違いは、「習得型」にもつながるものなのか、「探究型」のみにつながるものなのかという「文脈上の違い」とも言えるので、教員はどういう文脈上で「活用型」学習を

■ 図表 6-1 ■

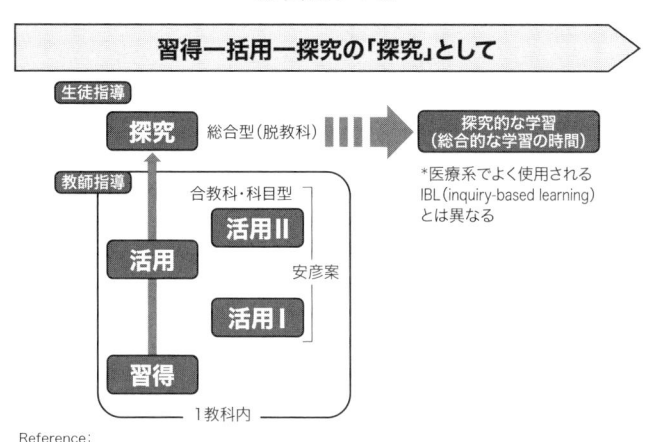

習得―活用―探究の「探究」として

生徒指導：探究　総合型（脱教科）　→　探究的な学習（総合的な学習の時間）
＊医療系でよく使用される IBL（inquiry-based learning）とは異なる

教師指導：
- 活用Ⅱ　合教科・科目型
- 活用Ⅰ
- 習得
（1教科内）〔安彦案〕

Reference：
・安彦忠彦 習得から活用・探究へ　溝上慎一（編）　高等学校における　アクティブラーニング（理論編）（アクティブラーニングシリーズ第4巻）東信堂

用いるのかを明確に自覚する必要がある。

　以上の筆者の分類を、河合塾成田秀夫氏が図にしたのが、上記の図表6-1である。

　参考までに、これらと比較して「探究型」学習の特徴を、「知識・技能の活用」の面から挙げてみよう。

[探究]
① どんな知識・技能を活用するかは、学習者本人が決めるもので、本人しか分からない。
② 教科学習に限らず、自分の全経験の中から、活用する知識・技能を、個々の子供自身が自発的に選ぶもの。
③ 子供自身にとっても、教科を越えて主体的に、実生活上の問題を中心に、新しい文脈でその知識・技能を活用する。
④ 個々の子供によって、何を活用しているかは共通ではなく、別々でよい。
⑤ ただの経験で終わらせず、その活用の結果に一定の達成度が求められる。

　以上のように、原理上の区分は可能だが、実際の授業においては、「探

究型」の学習は「総合的な学習の時間」に、「活用型」の学習は「各教科の時間」に行われるので、実施・実行される場面は明確に異なっている。

3) 「活用型」学習は、「何を活用するのかが明確」であり、それを「探究型」学習の質の向上を図るために、「教員が決める」という意味で教員に「主導権」がある。

「活用型」学習とは何かがよく分からないという人によく出会うが、それは、「探究型」の学習と同じ活動をさせるため、「活用型」の学習との違いが分かりにくい、ということのように思われる。確かに、後述のように、「活用型」の学習でも「探究型」の学習でも、ともに「活用力」を育てようとしている点は共通である。しかし、その質ないし次元・レベルが異なるのである。「活用型」の学習では、その直前における教科の学習の中で目指された知識・技能の習得のあと、そのすべてを活用させるのではなく、後の「探究型」の学習にとって重要な、価値のある知識・技能を「教員が選んで」活用させるのである。このような選択は子供には難しく、教員にしかできない。この意味で、「教員主導」の学習と言ってよく、少なくとも「活用Ⅰ」はその種の典型的な例であろう。子供たち全員に「活用型」学習をさせなければならないからである。

しかし、それは「探究型」学習である「総合的な学習」に向けての、「準備運動・馴らし運転」としての「中間的・媒介的」性格のもの、と明確に位置づけられていなければならない。したがって、学校現場でこの「活用型」学習を行ったあと、成績をつけるためにその成果を測るテストを行っている例があると聞いているが、それはきっぱりやめてほしい。

以上のような相互連関の構造を、中教審で図にして検討したので、一部手を入れてここに挙げておきたい（図表6-2）。

この図表によれば、「活用」は「探究」の方に組み込まれており、「習得」の方には入れられていない。上部の、平成10年の学習指導要領に向けて行った改訂で、点線のように各教科の時数を減らして、総合的な学習の時間を確保したが、今回の20年改訂では、各教科の時数を増やして、総合的な学習の時間を減らしたとして、分かりやすく示されている。これを

■ 図表 6-2 ■

確かな学力の育成に関する基本的考え方（イメージ図）

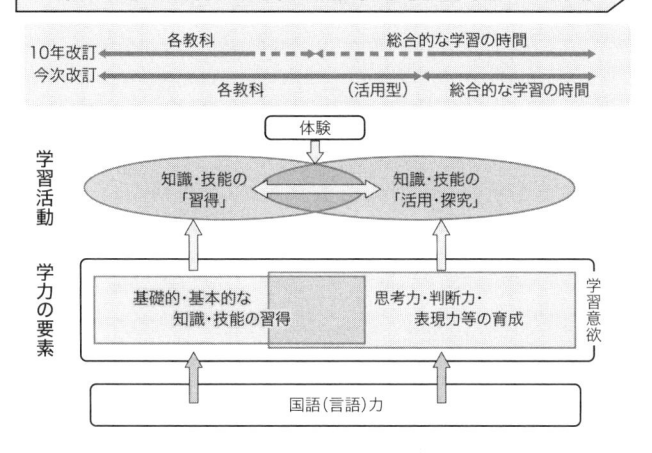

```
                    各教科              総合的な学習の時間
10年改訂 ←――――――――→ ←- - - - - - - →←――――――――――→
今次改訂 ←―――――――→←―――→←――――――――→
                  各教科  （活用型） 総合的な学習の時間

                         体験
学                    ↓    ↓
習     知識・技能の        知識・技能の
活       「習得」          「活用・探究」
動
        基礎的・基本的な      思考力・判断力・    学
学力      知識・技能の習得     表現力等の育成    習
の                                    意
要                                    欲
素              国語（言語）力
```

外見上「総合的な学習」は軽視されたのだとする見方は正しくなく、むしろ、これまで「総合的な学習」の中で行われていたものの一部を、「各教科」の中でやっておくことが求められたのだと言えよう。結果的には、それによって「各教科」の学習成果が「総合的な学習」の中で活用されることにより、教科学習と総合的な学習とが効果的につながり、「教育課程全体」のバックアップによって「探究型」の学習の質の向上が図られているのである。

(3) 「活用」型学習による「活用力」の育成

以上のように、「活用型」学習を媒介とする最終目標の能力等が「探究型」学習における質の高い「思考力・判断力・表現力等」の育成であるとすれば、そこで共通に追求されているのは、思考力等を中身とする「活用力」の養成である。そもそも、この「活用力」というのは、OECD/PISA の学力調査が登場して注目されるようになったのであり、その後、それを受けて毎年行われている「全国学力・学習状況調査」の、いわゆる「B問題」がその種の能力を測るためのものとして重視されることとなったものである。これは、ある意味で国語と算数・数学という教科の枠内で問われている問題だが、追求されているのは「教科を越えた総合的な問題の解決に、知識・

技能を効果的に活用する能力」を見るものとされてきた。OECD/PISA の学力観として、中教審は「キーコンピテンシー（主要能力）」を取り上げ、以下のように定義している。

　「単なる知識や技能だけではなく、技能や態度を含む様々な心理的・社会的なリソースを活用して、特定の文脈の中で複雑な課題に対応することができる力」（同答申、9頁脚注）

　ここで、「技能や態度を含む様々な心理的・社会的なリソースを活用して」というのは、「知識・技能・態度」などの心理的なリソース＝資源・手段のみではなく、「友人・師弟・親子・兄弟などの人間関係」などの社会的なものも活用しながら、ということ。また「特定の文脈の中で」というのは、理論的なすっきりした文脈ではなく、「具体的な実生活・実社会で」ということで、そういう文脈にある課題は複数の要因から成る、複雑な性質のものだということである。そのような課題の解決に向けて、身につけている種々の知識・技能・態度だけではなく、様々な人間関係も効果的に活用する能力が求められる、というのである。
　これは、現行学習指導要領でも最終的に求められているものと言ってよく、その意味ではこの「活用力」の育成が主眼なのである。しかし、これまでの教育課程でそれを直接に実現することは難しいと考えられて、教科の「習得型」学習と総合的な学習の「探究型」の学習の中間に、「活用型」の学習を新たに位置づけたのである。この意味で、「活用力」の育成が、まず「活用型」の学習の形で、「教科学習の中で」求められたと言ってよい。
　その上で、留意すべきは「活用型」学習という用語も、文部科学省の正式の文書では一切使われていないことである。これは先述のように、学習を「型分け」してしまうと、学校現場では教員がこれを機械的に扱い、例えば「習得型→活用型→探究型」としてパターン化し、三つの型の学習を、現場の子供たちの状況を無視して、固定的で味気ない学習の型としてしまう危険を生む。実際に、学習指導要領では、「活用型」の学習に関わる部分について、以下のような文章で説明している。

例えば小学校の場合（中学校・高校の場合は、本文中の「児童」が「生徒」に変わるのみ）、「第１章　総則」の「第４　指導計画の作成等に当たって配慮すべき事項」の最後に、「２　以上のほか、次の事項に配慮するものとする。」として、

　「(1)　各教科等の指導に当たっては、児童の思考力、判断力、表現力等をはぐくむ観点から、基礎的・基本的な知識及び技能の活用を図る学習活動を重視するとともに、（以下略）
　(2)　各教科等の指導に当たっては、体験的な学習や基礎的・基本的な知識及び技能を活用した問題解決的な学習を重視するとともに、児童の興味・関心を生かし、自主的、自発的な学習が促されるよう工夫すること。」

　しかし、このようなマイナス面を過度に配慮したことによって、「活用型」学習の存在・位置・意義が薄れて不明確となり、このままでは、高校の場合、従来と同様、教科の「習得型」学習の成果を、一気に総合的な学習における「探究型」の学習に結び付けることは容易でなく、両者間の段差を克服して現行学習指導要領の狙いを達成することは難しい。高校の教科調査官や教科書調査官の「活用型」の学習への認識や自覚の無さが疑われる。
　以上のように、「活用型」学習は、筆者の理解では、決して難しい、時間のかかるものではない。ただ、「何を活用させるか」という「探究活動に必要な、活用価値の高い知識・技能」を決められる、教員の教科内容に関する専門的力量の高さが求められると言えよう。とくに高校では、この「活用型」の学習がどれほど実行されるかが心配される。なぜなら、先述のように、高校への導入に関する認識が不十分なため、高校の教科書が「活用型」の学習を促すような工夫をしておらず、従前と同様、「習得型」学習から一気に「課題学習・課題研究」などの「探究型」学習を求める、旧態依然のものになっているからである。高校現場での「活用型」学習の実践を少しでも容易にするために、高校数学で、椋本洋氏（立命館大学）が編集代表者となり、筆者が監修した『数学活用型問題集（数学Ａ・数学Ⅰ）』（高大接

241

続教育研究会・活用部会編）などの積極的な利用を勧めたい。

(4) 「探究」による「思考力等」の育成

ところで、以上のような「活用型」学習の導入による「探究型」学習の質の向上を図って、現行の学習指導要領が実施されているのだが、その最終的な狙いは「探究」における「思考力等」から成る「活用力」の育成である。「活用」はまだ教科内部の学習に留まっているが、「探究」となると「教科横断」の、「実社会・実生活」に絶えず生起する「総合的な」諸問題に関わるものが多い。現在求められている育成すべき能力は、そのような「複雑で正解のない問題・課題を、みんなで協働しながら、広い視野に立って多面的に慎重に考え、少しでも望ましい解を見つける能力」だと言ってよい。

では、この「探究」の方はどのように具体的にイメージしたらよいのか。この「探究」の特徴については、「活用」との対比で、前節等ですでに述べた。まず、学校現場での実践では、この「探究」の場面は「総合的な学習の時間」で主として実行されるべきものと考えられよう。高校の学習指導要領では、この時間の目標として、次の5つの要素から成るものが示されている。これによって、この時間が主に「探究」に関わる時間であることが示される。

① 横断的・総合的な学習や探究的な活動を通すこと
② 自ら課題を見付け、自ら学び、自ら考え、主体的に判断し、よりよく問題を解決する資質や能力を育成すること（リテラシー）
③ 学び方やものの考え方を身に付けること
④ 問題の解決や探究活動に主体的、創造的、協同的に取り組む態度（コンピテンシー）を育てること
⑤ 自己の在り方生き方を考えることができるようにすること

そして、その解説には次のように記されている。

「各教科において基礎的・基本的な知識・技能の習得を重視するとともに、観察・実験やレポートの作成、論述など知識・技能の活用を図

る学習活動を充実すること、さらに総合的な学習の時間を中心として行われる、教科等の枠を超えた横断的・総合的な課題について、各教科等で習得した知識・技能を相互に関連付けながら解決するといった、探究活動の質的な充実を図ることなどにより、思考力・判断力・表現力等を育成することとしている。」
（文部科学省「高等学校学習指導要領解説『総合的な学習の時間』」平成21年12月）

　ここでは、「活用」を図る学習を「各教科」で充実するとともに、さらに進んで「教科を超える横断的・総合的な」活動として、「総合的な学習の時間」等における「探究」活動を充実させることで、最終的な狙いである「質の高い活用力＝思考力等」の育成が目指されている。
　ここに言われている「横断的・総合的な学習」とは、どのようなものと考えるべきか。その参考として、文部科学省の解説書が示したものは、次のように規定されている。

　　「横断的・総合的な学習」とは、各教科・科目等で身につけた、比較する、分類する、関連付ける、類推する、多面的・多角的に物事を見るなどのものの見方や考え方（情報分析力・課題発見力・構想力）を（中心として）、横断して総合的に知識・技能を活用しながら進める活動である。

　また、「探究的な学習」についても、次のように規定している。

　　「探究的な学習」とは、問題解決的な活動（物事の本質を探って見極めようとすること）が発展的に繰り返されていく一連の学習活動（知的営み）のことである。容易には解決に至らない日常生活や社会、自然に生起する複合的な問題を解決・探究する過程において、課題の設定、情報の収集、整理・分析、まとめ・表現といった学習の過程が繰り返され、さらにこの探究活動が何度も連続して行われ、学習活動が発展

的に高められていくものである。

　最終的に育成すべき能力は、このレベルの「探究」的な学習によるものである。

次期学習指導要領の学力観の方向性

　次に、「次期学習指導要領の学力観」について、その特質と方向性をやや詳しく見ておきたい。

　文部科学省は、2014年3月末に、1年余にわたる省内の「育成すべき資質・能力を踏まえた教育目標・内容と評価のあり方に関する検討会」の審議結果を「論点整理」として公表した。これは、中教審における次期学習指導要領への準備作業という位置づけのもので、2015年8月の中教審企画特別部会の「論点整理」もそれを受けてまとめられたので、その方向性を示しておきたい。

　まず現行学習指導要領の不十分な点は何かといえば、それは、事務方の文科省においてすでに「学習指導要領を、教育内容中心のものから資質・能力中心のものへ変えられなかった」という反省にあったと言ってよい。その観点から、検討会の「論点整理」も、中教審企画特別部会の「論点整理」も、共に今後の学習指導要領の構造・体裁について、「資質・能力」を主とし、「内容」を副とする記述に変える方向で、次の3点から見直すとした。
① 「児童生徒に育成すべき資質・能力」を明確化した上で、
② そのために、各教科等でどのような教育目標・内容を扱うべきか。
③ その育成状況を適切に把握し、指導の改善のために行う評価はどうあるべきか。

　その検討の結果は、以下のような4点にまとめられる。

1）育成すべき資質・能力ベースの学力観

　これは①の見直しの観点に対応した結論と言えるが、諸外国の動向や国立教育政策研究所の提示した「21世紀型能力」を踏まえつつ新たに検討が必要であるとして、次のようにまとめている。

　「自立した人格をもつ人間として、他者と協働しながら、新しい価値

を創造する力の育成」

　このような力の中身として、「主体性・自律性に関わる力」、「対人関係力」、「課題解決力」、「学びに向かう力」、「情報活用能力」、「グローバル化に対応する力」、「持続可能な社会づくりに関わる実践力」などが例示されている。
　ここで議論されたことの一つで重要なことは、「資質・能力」という用語の使い分けと、この二つのうち、「能力」ばかりが取り上げられることであった。第1点の「資質・能力」については、これを一語として扱うのか、別個のものとして扱うのかという問題で、結局、従来から文科省は、行政用語として両者を区別せず、一括りにして使うか、「資質」の中に「能力」を含めて広義に使ってきたことを踏まえ、今回も研究論文ではなく行政レベルの報告になるのだから、両者を区別せず一括して使用することとした。ただ、その上で「資質」と「能力」の違いはあるとして、中黒の点を入れることにした。
　筆者がこの点で不満だったのは、第2点の問題と関係するからであった。結局、国立教育政策研究所の「21世紀型能力」を見ても、「能力」ばかりが取り上げられ、教育基本法で教育の目的とされる「人格の完成」という視点は視野になく、「人格」という「資質」に関わる部分が、その「能力」の中の一部としてしか論じられていないのである。そのように「人格」的要素を「能力」の中に一元化するのは「コンピテンシー」論の特徴であり、それが新しい捉え方で長所である、との立場に立っていた。しかしそれでは、「能力」を支える「人格」的要素を含む「資質」しか取り上げられず、「能力」を抑制するような「人格的要素」は無視される危険があり、それでよいのか、という問題が残るのである。どんなにコンピテンシー的「能力」があっても、その人が「人格」的に信用できないなどの問題があったら、社会的に通用するだろうかと考えてほしいのである。

　2）資質・能力に対応した教育目標・内容について
　これも①に対応して、その中身の明確な構造化を試みたもので、現行学習指導要領もすでに「コンピテンシー」的能力観に立っているが、それが

学習指導要領の体裁にまで反映されていず、不徹底だったとの事務方の文科省の認識から、次期学習指導要領はより一層明確に「コンピテンシー」重視の方向を取り、その上で**「資質・能力」を主、「内容」を副とした形で、学習指導要領の構成を再構造化**しようとしているものである。まずOECD/DeSeCoによる「コンピテンシー」の性格づけを見ると、次のように規定されている。

「人生の成功と正常に機能する社会（持続可能な発展）のためにどのような能力が必要か、という課題に対して、人が持つべき単なる知識や技能を超える能力群」

この規定を前提にして、次の三つの能力が検討会の「論点整理」で示された。

ア）　教科等を横断する汎用的なスキル（コンピテンシー）等に関わるもの＝「汎用的スキル等」＋「メタ認知」

イ）　教科等の本質に関わるもの（教科等ならではの見方・考え方）

ウ）　教科等に固有な知識や個別スキルに関するもの

また国立教育政策研究所の「21世紀型能力」モデルの提案は、同研究所が学習指導要領の改訂に関わって出したものという点では、史上初めてのもので、その特徴は次のようにまとめられる。

・コンピテンシーと同様、人格的要素を能力の一部に含めて一元化していること。

・能力の構成要素を三つの層に分けていること。

　・基礎力：言語、数、情報を道具として使いこなす力

　・思考力：問題解決・発見・創造力、論理的・批判的思考力、メタ認知・適応的学習力

　・実践力：日常の生活環境に問題を見つけ出し、自分やコミュニティにとって価値のある解を見つけ出す力

これらを受けつつ、中教審企画特別部会の「論点整理」は、先の②の見直しの観点に対するものとして、改正された学校教育法第30条2項の、いわゆる「学力の三要素」の規定に最大限に依拠し、以下の「三つの柱」によって、各教科等における「資質・能力」を構造的に示そうとしている。

① 何を知っているか、何ができるか（個別の知識・技能）
② 知っていること・できることをどう使うか（思考力・判断力・表現力等）
③ どのように社会・世界と関わり、よりよい人生を送るか（学びに向かう力、人間性等）

　筆者は、この条文は法律規定で、直接には教育行政に対してのもので教員向けのものではなく、内容的にも、戦後から文部省・文部科学省が採用してきた三層構造・三要素の学力観とほぼ同じで、とくに目新しいものではないので、これに依拠することは不適当だと考える。問題の一つは、③の柱の中に「人間性」という全体的なものが、部分の一つとして扱われていることである。筆者ならば、①②の柱は部分、③の柱は全体で①②の柱を統制あるいは促進するもの、と位置づける。今後は、この「三つの柱」を念頭に、各教科等のワーキング・グループが具体的にどう構造的に可視化するかが注目される。

3）「資質・能力」に対応した学習評価について

　これは先の見直しの観点③に対応するもので、このような「コンピテンシー」的「資質・能力」の評価の基準は、これまでの「教えられたことをどれだけ身につけたか」「内容をどれだけ理解し知っているか」から離れ、「その身に付けた知識・技能を使って何ができるか」へと移されなければならない。つまり、評価基準の移行により、従来の取組みに加えて、「実際に何ができるか」の「パフォーマンス評価」を重視する方向に進むことになった。

　ただ、この評価の問題点は、「コンピテンシー」が一面的に「言動レベル」に焦点を当て過ぎて、その背後にある思考過程が不問に付されるので、子供が単なる「パフォーマンスする機械」のように扱われる危険を指摘する声もある。とくにこの評価法を「特別の教科 道徳」に不用意に適用しようとすることには、十分な注意が必要である。

4) その他

その他に重要な問題として議論されたのは、「内容」から「能力」へ重点を移す場合、いま話題となっているアクティブラーニングなどのような、「何かをできるようにする指導方法・指導形態」をも、学習指導要領に明記する必要があるのではないか、という問題である。従来、指導方法・指導形態は学校現場の教員の裁量に任せることが原則であったので、この変更は大きなものになると言えよう。解説書の方に詳しく書くことでよいのではないかという声もある。

また、「資質・能力」育成が重視されるようになると、今まで以上に学校現場での教員の、教科等の枠を越える創意工夫が求められるので、「カリキュラム・マネジメント」の強化・充実も必要とされる。これは単に「計画－実行－点検（評価）－改善（Ｐ－Ｄ－Ｃ－Ａ）」というマネジメント・サイクルを効果的に生かし、絶えざる改善に努める必要があるというのみではない。教科の学力のみを追求しているときは、各教科担任の教員に任せることができたが、実社会・実生活で求められる、正解のない複合的な問題解決の能力の育成には、各教科担任に一任できない、総合的な教育と学習活動が求められるわけである。それには、教科内容の精選を含む、教科間のつながりを容易に生み出せるような、カリキュラム全体の柔軟な構造化を図る必要があり、そのために全体をマネジする作業が、これまで以上に求められるということになる。この点がどれだけ具体的に実行されるかが問われることになろう。

おわりに

最後に２点、最近の教育動向と次期学習指導要領の学力観について、重要な論点を述べておきたい。第１点は、「公教育」の面では、「持続可能な開発のための教育 Education for Sustainable Development（ESD）」における「持続可能な地球環境づくり」を、「持続可能な社会づくり」に優先させて行うこと。したがって、次期学習指導要領の基調にはこの方針を据えることが望まれるのである。その際、教育全般を、近代以降のルソーから

デューイに至るまで、子供（人間）の善さを尊重し、それをできるだけ開発するという「能力（自己）開発型」のものから、子供（人間）には善さと悪さとの両面があり、両者の関係をコントロールすることができる、現代的な「能力（自己）制御型」のものへ変えること。さらに「教育の政治的中立性」を尊重して、子供を国家のために尽くすべき道具・手段と見るのではなく、その国家を対象化して吟味検討できる主体＝自立した人格として育てること、つまり「教化 indotrination」ではなく「教育 education」の「固有性」を自覚的に尊重することが重要である。昔から「出藍の誉れ」と言われてきたこの趣旨を実現してこそ、社会の望ましい発展が遂げられるからである。

　第2点は、将来は誰もが「社会人・職業人」として「一人前の大人＝主権者たる市民」になることを若い世代に明確に意識づける教育を、保護者も教員も真剣に行うことである。これは「大人全体」の問題だと言わざるを得ない。「社会人・職業人」として一番大切なことは何かと学生に問うても、まず誰も答えられない。それは「社会的信用」だと言うと、初めて聞いたという様子を示す。この「信用」は「能力」ではなく「資質」ないし「人間性・道徳性」に関係する。「一人前」の「自立した人間」は決して「能力」だけで済むものではない。社会全体に、「資質」や「人間性・人格性」を欠いた議論が多すぎることを反省すべきである。

[参考文献]
・安彦忠彦『「コンピテンシー・ベース」を超える授業づくり』図書文化社、2014年
・同『公立学校はどう変わるのか』教育出版、2011年
・同編『「活用力」を育てる授業の考え方と実践』図書文化社、2008年

7 習得・活用・探究に繋がる
アクティブラーニング

京都大学高等教育研究開発推進センター教授
溝 上 慎 一

習得・活用・探究という学習全体にわたってアクティブラーニング

　今日、21世紀型の資質・能力を育てるために、アクティブラーニングの導入、そのための授業改革が精力的に進められている。アクティブラーニングは、表だっては、「書く」「話す」「発表する」などの外化の活動を学習に組み込むことだが、ただ活動を組み込めば、それで21世紀型の資質・能力が育つというわけではない。21世紀型の資質・能力を育てるためには、活動を実社会や実生活の課題に繋げて取り組ませる、「活用」と「探究」といった学習の型（**第6章**［安彦忠彦］で説明）でのアクティブラーニングが求められる。**第3章**の隠岐島前高校の地域課題発見解決型キャリア教育、**第4章**の奈良女子大学附属中等教育学校をはじめとする数校の活用・探究事例が紹介されるのは、まさにこの理由からである。

　しかし、活用・探究を通してのアクティブラーニングは、習得を基礎として（**第1章**［下町壽男］、**第2章**［浦崎太郎］を参照）、活用・探究を見通したものとして、結果として習得‐活用‐探究という学習全体にわたって取り組まれなければならないものである。その理由として、基礎的な知

■ 図表7-1 ■

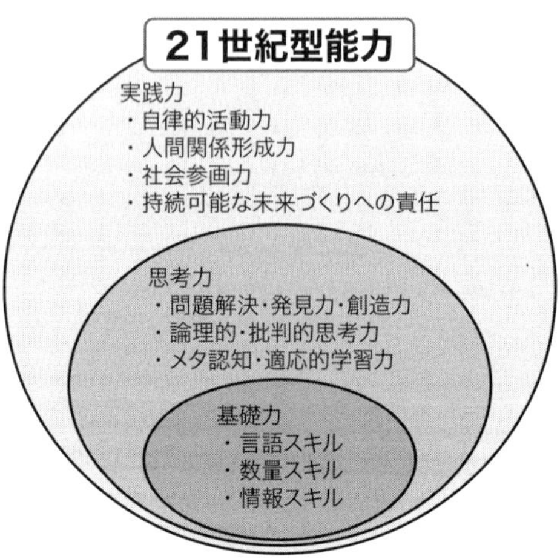

21世紀型能力

実践力
・自律的活動力
・人間関係形成力
・社会参画力
・持続可能な未来づくりへの責任

思考力
・問題解決・発見力・創造力
・論理的・批判的思考力
・メタ認知・適応的学習力

基礎力
・言語スキル
・数量スキル
・情報スキル

＊勝野頼彦（研究代表）（2013）．社会の変化に対応する資質や能力を育成する教育課程編成の基本原理　国立教育政策研究所・教育課程の編成に関する基礎的研究報告書5．図1（p.83）より

第 7 章　習得・活用・探究に繋がるアクティブラーニング

識や技能を欠いた活用・探究の課題への取り組みが、結果として薄っぺらい内容の学習になるからだということもあるが、それだけでなく、アクティブラーニングを通して育てたい資質・能力が、少なくとも「基礎力」「思考力」「実践力」といった三層に分かれるものであり（国立教育政策研究所の「21 世紀型能力」、**図 7-1** を参照）、決して実社会・実生活に直接的に繋がる「実践力」の側面だけではないからである（**第 6 章**［安彦忠彦］を参照）。実践力を育てるためにも、基礎力、思考力がその基礎として求められる。

組織的にアクティブラーニングを推進するための現場からの実践的提案

　アクティブラーニングは、特定の型や技法・戦略を提示する概念ではない。であるがゆえに、実践的なアクティブラーニングの取り組みが画一的なものになるはずはないし、そうなってはならない。本書で紹介される事例は、この視点を十分に理解して読まれなければならない。「AL はいつでもディープであるべきなのか」（**第 1 章**［下町壽男］）、「教科学習も進路学習も特別活動もすべてを重ねてやることが必要」（**第 2 章**［浦崎太郎］）、「生徒自身の問題意識や目的意識、将来像を明確にする 7 つの観点」（**第 3 章**［藤岡慎二］）、「自分の子どもを行かせたい学校に」（**第 5 章**［荒瀬克己］）といった考え方、その他のアクティブラーニング事例は、まさに現場からアクティブラーニングを推進するための実践的提案である。21 世紀型の資質・能力を育てるための方法という点では共通していながらも、それに至る学校のポリシーや地域特性、カリキュラム、教科や課題の特徴によって、バラエティ豊かな事例となっているのである。

　地域課題に取り組む探究的な学習が多く紹介されているのも、本書の特徴の一つであろう。しかし、地域課題への取り組みは、それだけを独立して取り出して見るのでは、価値が半減する。その点をうまく論じているのは、浦崎（**第 2 章**）である。浦崎は、「地域再生が教育再生のカギである」とし、学習を地域課題への探究に帰着させるかたちで、習得－活用－探究という全体的な学習構造を創り出そうとする。地域課題を探究的な学習として独立して取り組むのではなく、習得・活用といった教科学習と関連づ

253

けて取り組むのである。さらには、ふつうは実社会・実生活の課題に取り組み、21世紀型の資質・能力を育てると言って済ませるところを、地域の教育力を上げるための取り組みだと言う。「地域力と学力向上」との見方のもと、リアルな生活世界（地域）から社会に拡げて、広く生徒の社会性を育てようとする。また地域が全体となって子ども・生徒を育てようとする。それらが結局は、私たちが育てようとする子ども・生徒の21世紀型の資質・能力、ひいては学力向上に繋がると見る。藤岡（**第3章**）の隠岐島前高校の取り組みもこの観点で読むといい。その類似性が理解されよう。抽象化された理論の世界から形式推論的に導かれた提案ではなく、現場の研ぎ澄まされた感覚から導かれた提案である。

最新の施策から
——『論点整理』以降の教育課程企画特別部会のアクティブラーニングの視点

　中央教育審議会の委員を務めてきた（いる）荒瀬克己（**第5章**）や安彦忠彦（**第6章**）は、高大接続システム改革会議のまとめや教育課程企画特別部会の論点整理を参照しながら、アクティブラーニングの施策的な展開をまとめている。まずは、その展開をおさえたい。

　その上で、今年（2016年度）になって修正・発展している教育課程部会での「アクティブラーニングの視点」なる考えを理解する必要がある。そこでは、アクティブラーニングが「主体的・対話的で深い学び」を創り出す視点であると議論されている。詳しくは**図7-2**のとおりである。施策としての行政的なアクティブラーニングの概念化と現場での実践とのすりあわせをしっかりおこない、単なる活動としてのアクティブラーニングに堕さないように留意したい。

第7章 習得・活用・探究に繋がるアクティブラーニング

■ 図表7-2 主体的・対話的で深い学びの実現（「アクティブラーニング」の視点からの授業改善）について（イメージ）（案）■

「カリキュラム・マネジメント」を通じて他教科等の学習過程とも連携

「アクティブラーニング」の3つの視点からの学習過程の質的改善

知識・技能
- 生きて働く**知識・技能**の習得
- 習得・活用・探究の見通しの中で、教科等の特質に応じた見方や考え方を働かせて思考・判断・表現し、自らの考えを広げ深める「深い学び」が実現できているか。

思考力・判断力・表現力等
- 未知の状況にも対応できる**思考力・判断力・表現力等**の育成
- 子供同士の協働、教員や地域の人との対話、先哲の考え方を手掛かりに考えること等を通じ、自らの考えを広げ深める「対話的な学び」が実現できているか。

学びに向かう力・人間性
- 学びを人生や社会に生かそうとする**学びに向かう力・人間性**の涵養
- 学ぶことに興味や関心を持ち、自己のキャリア形成の方向性と関連づけながら、見通しを持って粘り強く取組み、自らの学習活動を振り返って次につなげる「主体的な学び」が実現できているか。

* 教育課程部会・高等学校部会（資料8）より（2016年5月9日）
* 深い学び：習得・活用・探究の見通しの中で、教科等の特質に応じて育まれる見方・考え方を働かせながら、「深い学び」が実現できているか。問いの見いだしや解決、自己の考えの形成、新たな価値の創造へと向かう過程が重視された授業が展開できているかという視点。
* 対話的な学び：子供同士の協働、教員や地域の人々との対話、先哲の考え方を手掛かりに考えること等を通じ、自らの考えを広げ深める「対話的な学び」が実現できているか。
* 主体的な学び：学ぶことに興味や関心を持ち、自己のキャリア形成の方向性と関連づけながら、見通しを持って粘り強く取組み、自らの学習活動を振り返って次につなげる「主体的な学び」が実現できているか。

あとがき

「学校や教師にとって都合のよい生徒をつくるのが教育なのではない。子どもを教え導くのではなく、子どもによりそってやるのが教師のしごとではないだろうか」(山田洋二ミュージアムでの「教育とは」より)。先生方の誰もが、自分に都合のよい生徒をつくろうとはしていないと思います。ただし、結果的に都合のよい生徒になっている、あるいはそうしむけていることはあるのではないでしょうか。

本書は、2015年8月に行われた産業能率大学主催「キャリア教育推進フォーラム」での安彦忠彦先生の講演にインスパイアされ、「能力を主体的に活かす自立した人格の育成」の重要性をできるだけわかりやすく伝えたいと考えて企画したものです。また、「活用」「探究」について紹介し、その理解の深化に寄与するとともに、地域との連携による教育の重要性とその効果を伝えることを目的としました。

山田洋二ミュージアムには、このような言葉もあります。「地域のあり方、家族のあり方を含めて、『暮らし』というものが一体どういうものであるべきか、そのモデルをぼくたちは取りもどさなきゃいけないんじゃないか」。この地域とのあり方を考えるヒントが探究事例の高校への取材から見出せた思いがあります。

探究活動でのベストプラクティスを探した結果、本書の事例紹介で取り上げた6校に辿りつきました。それぞれがオリジナリティ溢れる探究学習であり、取材するたびに感動を覚える高校ばかりでした。特に離島・中山間地域における地域と高校との連携による探究学習で、生きいきと学ぶ高校生とそれに寄りそう先生方の姿には、ある種の感銘すら受けました。山田洋二監督が言う「暮らしのあり方」のモデルが、これらの高校での学習から垣間見えたように思えます。

本書の前作にあたる『アクティブラーニング実践』を刊行した直後は、あまりに作業が膨大で、本来業務の合間に編集や校正をすることの大変さから、続編はないと考えていましたが、このような素晴らしい高校や先生方に出会え、本当に企画して良かったと思っています。

大変お忙しいところ執筆くださいました下町壽男先生（岩手県立花巻北高等学校 校長）、浦崎太郎先生（岐阜県立可児高等学校）、藤岡慎二様（㈱Prima Pinguino 代表取締役）、荒瀬克己先生（大谷大学　教授）、安彦忠彦先生（名古屋大学　名誉教授）、溝上慎一先生（京都大学高等教育研究開発推進センター教授）には心より御礼申し上げます。

　また、プロジェクトメンバーとして高校への取材に同行し、原稿作成をお願いした友野伸一郎氏（教育ジャーナリスト）、1章、2章、5章の原稿作成に協力頂いた上向浩氏（ライター）、表紙制作にご協力頂いた山下真司氏（キャリアガイダンス編集長）、編集に協力してくれた渡邊道子さん（産業能率大学）には本当に感謝しております。

　なによりもご多忙のところ取材に応じて下さり、貴重なお時間を割き、様々な取り組みを詳しくご紹介くださいました橋本雄介先生（桐蔭学園中等教育学校）、二田貴広先生（奈良女子大学附属中等教育学校）、島根県立隠岐島前高等学校の常松徹校長先生はじめとした先生方と隠岐学習センターの皆様、高木優先生（神戸大学附属中等教育学校）、西山正三先生（宮崎県立五ヶ瀬中等教育学校）、助川剛栄先生（岩手県立花巻北高等学校）、遠藤健先生（富士市教育委員会）、眺野大輔先生（静岡県教育委員会）、最後に京都市立堀川高等学校 探究委員会の皆さんと企画研究部の飯澤功先生、井尻達也先生には、言葉に言い尽くせぬ程に感謝しております。本当にありがとうございました。

　教科教育と課題探究学習の両輪があってこそ、真の教育改革が生まれ、確かな学力とそれを活かすことのできる人格の形成に繋がると確信します。本書が、そのような教育改革の一助となることを願っております。

2016年7月　プロジェクトを代表して
産業能率大学 入試企画部長　林　巧樹

著者略歴

下町 壽男（しもまち　ひさお）　　　　　　　　　　　　　　　　担当：1章

岩手県立花巻北高等学校　校長

　盛岡第三高等学校、花巻北高校等を経て県外派遣教諭として青森県立八戸西高校に勤務。岩手県教育委員会学校教育室「学力・授業力向上担当」主任指導主事、盛岡第三高等学校副校長、大野高等学校校長を経て現職。担当教科は数学。2014年度より、盛岡三高型アクティブ・ラーニングである「参加型授業」の推進を行うとともに、様々なコンテンツを開発し、アクティブ・ラーニングに関する発信、執筆、講演等を精力的に行っている。

[研究発表等]　国際数学教育者会議（ICME）カナダ大会（1992年）、日本大会（2000年）全国大会での発表及び講演は多数。
[著　　書]　『つながる高校数学―見方をかえれば、高校数学の全体像がわかる―』（ベレ出版）他。執筆協力は多数。
[ブ ロ グ]　「あなたと夜と数学と」を日々更新中。

浦崎 太郎（うらさき　たろう）　　　　　　　　　　　　　　　　担当：2章

岐阜県立可児高等学校　教諭　　改革推進部長
文部科学省　中央教育審議会学校地域協働部会専門委員
総務省　地域力創造アドバイザー

　中学校や博物館での勤務、まちづくり活動など、広範な現場体験を通して、幼少期～高校期のつながり、学校と地域のつながりについて全体像の解明に努め、教育再生の鍵が大人の協働性再生にあると確信。近年は、地域課題の解決にむけて多様な大人が協働する現場に高校生を送り込む「地域課題解決型キャリア教育」や、この活動と調和性の高いアクティブラーニング型授業の確立に尽力。2015年度より中央教育審議会学校地域協働部会専門委員、2016年度より総務省の地域力創造アドバイザーとして、高校と地域を一体的に再生するビジョンを発信するとともに、高校と地域が協働する体制の確立にむけた支援を全国各地で行っている。

藤岡 慎二（ふじおか　しんじ） 担当：3章

総務省地域力創造アドバイザー・教育政策アドバイザー
株式会社 Prima Pinguino 代表取締役

　1975年生まれ、慶応義塾大学政策・メディア研究科修了後、研究成果を活かし教育コンサルティング会社、株式会社GGC（現 Prima Pinguino）を設立。キャリア教育事業、推薦・AO入試事業を中心に事業を拡大。株式会社ベネッセコーポレーションなど大手教育関連企業とも協働。2009年から島根県海士町の島根県立隠岐島前高校魅力化プロジェクトに教育ディレクターとして参画。全国的に知られたプロジェクトへ。

　現在は、全国の自治体や教育委員会、高校と協働し、高校のみならず教育の魅力化を北は北海道から南は沖縄まで全国に展開。全国で公営塾・高校でのカリキュラム改革・教育寮の展開に従事。特にプロジェクト学習（PBL）を全校に導入している。ノーベル平和賞を受賞したムハマド・ユヌス博士が認めるソーシャル・ビジネス企業に。2017年度より大学教授を拝命予定。キャリアガイダンス（リクルート進学総研）「これからの推薦・AO入試指導」連載中

荒瀬 克己（あらせ　かつみ） 担当：5章

大谷大学　文学部　教授
京都市立堀川高等学校校長，京都市教育委員会教育企画監を経て2014年から現職。

　現在、関西国際大学、福井大学教職大学院の客員教授、京都市教育委員会指導部顧問、岡山県真庭市政策アドバイザー、学校法人駿河台学園駿台予備学校顧問、大学コンソーシアム京都高大連携推進室コーディネーター、中央教育審議会初等中等教育分科会、教育課程部会、教育課程企画特別部会等の委員、文部科学省改革推進本部・高大接続改革チームメンバー。

　中央教育審議会のキャリア教育・職業教育、高等学校教育、高大接続の部会等や、高大接続システム改革会議、教職大学院特別審査会、教員の資質能力向上に関する協力者会議、文部科学省言語力育成協力者会議等の委員、高等学校学習指導要領「総合的な学習の時間編」作成協力者、全国都市立高等学校長会長、京都市立高等学校長会長、兵庫教育大学教育行政能力育成カリキュラム開発評価委員会委員長、認定特定非営利活動法人日本文字文化機構理事、独立行政法人国立高等専門学校機構監事等を歴任。

　2007年，NHK番組「プロフェッショナル仕事の流儀」で「『背伸びが人を育てる』校長・荒瀬克己」として放送された。

［著　　書］『奇跡と呼ばれた学校』（朝日新書2007年1月）等。多数の著作や講演を行っている。

安彦 忠彦（あびこ　ただひこ）　　　　　　　　　　　　　担当：6章

神奈川大学特別招聘教授　名古屋大学名誉教授
　1964年3月東京大学教育学部卒業。同大学大学院教育学研究科博士課程1年中退後、大阪大学、愛知教育大学、名古屋大学、早稲田大学を経て、2012年4月より現職。この間、名古屋大学教育学部附属中・高等学校長、同大学教育学部長などを歴任。博士(教育学)。2005年2月より中央教育審議会正委員(第3期より第6期、2013年1月まで)、臨時委員（第7期、2015年1月まで）。この間、2003年の学習指導要領の一部改正、2011年の全面改訂に関わるとともに、次期学習指導要領への改訂のための有識者会議の座長を務める。専門はカリキュラム論(主に中等)を中心に教育方法・教育評価。

［主な著書等］『改訂版 教育課程編成論－学校は何を学ぶところか－』放送大学教育振興会、2006年
　　　　　　　『公立学校はどう変わるのか』教育出版、2011年
　　　　　　　『子どもの発達と脳科学－カリキュラム開発のために－』(編著)勁草書房、2012年
　　　　　　　『「コンピテンシー・ベース」を超える授業づくり』図書文化、2014年
　　　　　　　他多数。

溝上 慎一（みぞかみ　しんいち）　　　　　　　　　　　　　　　　担当：7章

京都大学高等教育研究開発推進センター教授（教育アセスメント室長）
大学院教育学研究科／桐蔭学園教育顧問
日本青年心理学会常任理事、大学教育学会常任理事
Journal of Adolescence, Editorial Board など。
　専門基礎は青年心理学で、自己・アイデンティティ形成、現代青年期を大きなテーマとして研究している。高等教育・高大接続では、学習と成長パラダイムやアクティブラーニング型授業、学校から仕事・社会へのトランジションをテーマとして研究・実践を行っている。
［主な著書等］『自己形成の心理学―他者の森をかけ抜けて自己になる』（世界思想社 2008）
　　　　　　『現代青年期の心理学－適応から自己形成の時代へ』（有斐閣 2010）
　　　　　　『高校・大学から仕事へのトランジション』（ナカニシヤ出版 2014）
　　　　　　『活躍する組織人の探求－大学から企業へのトランジション－』（東大出版会 2014）
　　　　　　『アクティブラーニングと教授学習パラダイムの転換』（東信堂 2014）
　　　　　　『高等学校におけるアクティブラーニング：理論編』ほかアクティブラーニング・シリーズ全7巻（東信堂 2016）など。
［HP］：http://smizok.net/

アクティブラーニング実践プロジェクト　　　　　　　　　　　　担当：編者

友野　伸一郎「原稿作成」（教育ジャーナリスト）
上向　浩「原稿作成」（ライター）
林　巧樹（産業能率大学　入試企画部）
渡邊　道子（産業能率大学　入試企画部）

表紙協力　キャリアガイダンス編集部

キャリアガイダンス vol.408 では、アクティブラーニング、探究などについて、本書と同様に詳しい事例が掲載されています。ぜひこちらもご参照ください。
http://souken.shingakunet.com/career_g/

アクティブラーニング実践Ⅱ 〈検印廃止〉
――アクティブラーニングとカリキュラム・マネジメントがよくわかる――

著　者　　下町　壽男
　　　　　浦崎　太郎
　　　　　藤岡　慎二
　　　　　荒瀬　克己
　　　　　安彦　忠彦
　　　　　溝上　慎一
編著者　　アクティブラーニング実践プロジェクト
発行者　　飯島　聡也
発行所　　産業能率大学出版部
　　　　　東京都世田谷区等々力6-39-15　〒158-8630
　　　　　(電　話) 03 (6432) 2536
　　　　　(FAX) 03 (6432) 2537
　　　　　(振替口座) 00100-2-112912

2016年8月31日　初版1刷発行

印刷所・製本所／日経印刷

(落丁・乱丁はお取り替えいたします)　　　　　　　　ISBN 978-4-382-05740-1
無断転載禁止